Alpinwandern Graubünden Nord

Alpinwandern Graubünden Nord

Prättigau – Davos – Albula – Rheintäler

Paul Meinherz

SAC-Verlag

Schweizer Alpen-Club SAC
Club Alpin Suisse
Club Alpino Svizzero
Club Alpin Svizzer

Die Angaben in diesem Buch wurden mit grösstmöglicher Sorgfalt und nach bestem Wissen und Gewissen der Autoren zusammengestellt. Eine Gewähr für deren Richtigkeit wird jedoch nicht gegeben. Die Begehung der vorgestellten Routen erfolgt auf eigene Gefahr. Fehlermeldungen, Änderungswünsche und Ergänzungen sind zu richten an: SAC-Verlag, *Alpinwandern Graubünden Nord*, Postfach, 3000 Bern 23.

1. Auflage

Grafik, Satz und Scans: Jordi AG – das Medienhaus, Belp
Karten: Martin Maier
Druck: Jordi AG – das Medienhaus, Belp
Bindung: Schumacher AG, Schmitten

Printed in Switzerland
ISBN-Nr. 978-3-85902-274-4

Inhaltsverzeichnis

Etappenübersicht

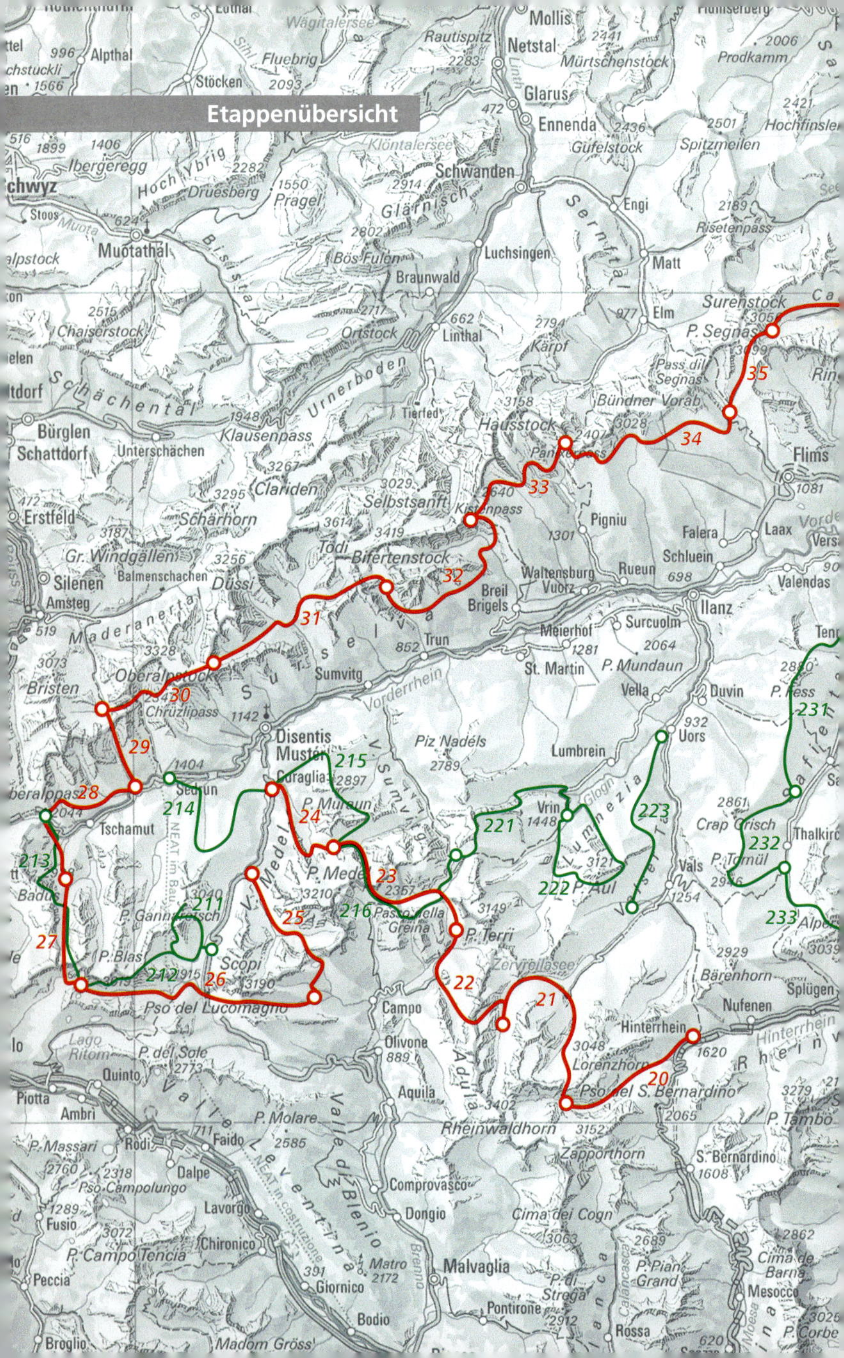

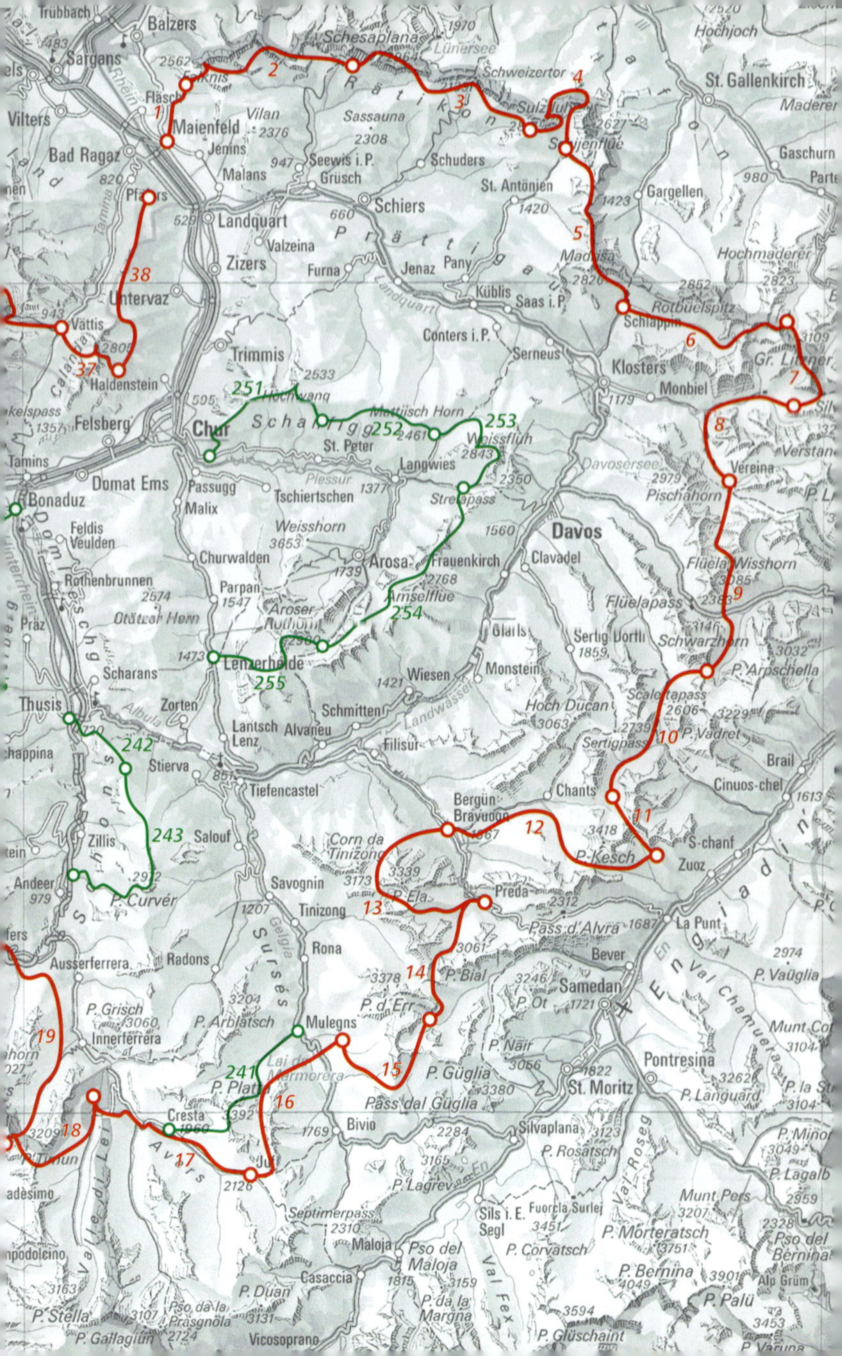

Trübbach
Balzers
Schesaplana
1970
Lünersee
Hochjoch
Sargans
Falknis
2562
2
Rätikon
Schweizertor
4
St. Gallenkirch
Fläsch
1
3
Sulzfluh
Madrisa
Maderer
Vilters
Maienfeld
Vilan
2376
Sassauna
2308
2627
Bad Ragaz
Jenins
Malans
947
Seewis i. P.
Grüsch
Schuders
Schijenflüe
Gaschurn
820
Pfäfers
St. Antönien
980
Gargellen
Schiers
1420
1423
529
Landquart
660
Prättigau
5
Valzeina
Zizers
Furna
Jenaz
Pany
Hochmaderer
38
Untervaz
Küblis
Saas i. P.
2820
2852
2823
943
Vättis
Schlappin
Rotbüelspitz
Conters i. P.
Calanda
2805
Serneus
6
3109
Trimmis
Klosters
Gr. Litzner
37
Haldenstein
2533
7
251
Hochwang
Monbiel
1179
1357
Felsberg
505
Chur
Schanfigg
Mattjisch Horn
253
8
252
2461
Weissfluh
St. Peter
2843
Tamins
Langwies
Davosersee
Vereina
Bonaduz
Domat Ems
Passugg
Plessur
1377
2350
2979
Pischahorn
Malix
Tschiertschen
Strelapass
Feldis
Veulden
Weisshorn
1560
Davos
Domleschg
Churwalden
3653
Arosa
Frauenkirch
Clavadel
1739
Flüela Wisshorn
Rothenbrunnen
2768
3085
Parpan
Amselflue
9
2574
1547
Aroser Rothorn
254
Flüelapass
2383
Präz
Glaris
Sertig Dörfli
3146
2980
1859
Schwarzhorn
1473
Lenzerheide
Monstein
3032
Scharans
255
Wiesen
P. Arpschella
1421
Thusis
Zorten
Hoch Ducan
Scalettapass
Albula
Schmitten
3063
2606
3229
Lantsch
Lenz
Alvaneu
Landwasser
2739
Sertigpass
10
P. Vadret
242
Filisur
Brail
Stierva
851
Tiefencastel
Chants
Cinuos-chel
1613
Schams
Bergün
Bravuogn
1367
12
11
243
Salouf
Corn da Tinizong
3418
S-chanf
Zillis
P. Kesch
3339
Zuoz
Andeer
3173
Savognin
2912
P. Ela
Preda
979
P. Curvér
1207
Tinizong
13
2312
Pass d'Alvra
1687
La Punt
Ausserferrera
Radons
Rona
3061
Bever
2974
Surses
14
P. Bial
Val Chamuera
3378
3246
Samedan
P. Vaüglia
3204
P. d'Err
P. Ot
1721
Engiadin'
P. Grisch
3060
P. Arblatsch
Mulegns
Mut Cotschen
19
Innerferrera
P. Nair
3104
Lai da Marmorera
Pontresina
241
15
3056
P. Güglia
1822
P. Platta
St. Moritz
3262
16
3380
P. Languard
Pass dal Güglia
P. la Stretta
Cresta
3104
3392
Val Roseg
18
3209
1960
1769
Bivio
Silvaplana
3123
P. Minor
2284
Avers
17
3049
P. Rosatsch
Juf
3165
P. Lagalb
2126
P. Lagrev
En
Madesimo
2959
Mount Pers
Septimerpass
Sils i. E.
Segl
Fuorcla Surlej
3207
2310
3451
2328
Valle di Lei
Pso del Bernina
Maloja
Pso del Maloja
P. Morteratsch
3751
Val Fex
P. Corvatsch
Campodolcino
P. Bernina
3901
Alp Grüm
1815
4049
Casaccia
3159
3163
P. Duan
P. da la Margna
P. Palü
3107
Pso da la Prasgnola
3131
3594
3453
P. Stella
2724
P. Gallagiun
Vicosoprano
P. Glüschaint
P. Varuna

Zum Geleit

Mit dem neu überarbeiteten Titel «Graubünden Nord» setzt der SAC-Verlag seine äusserst erfolgreiche Reihe des alpinen Bergwanderns fort. Es sind nicht nur die persönlichen Erlebnisse und die geografischen Kenntnisse, die der Autor Paul Meinherz in diesem Werk weitergibt. Vielmehr lässt er mit grosser Hingabe und einem umfassenden kulturellen Wissen alpine Bergwanderinnen und -wanderer «seine» Nordbündner Berge entdecken.
Ganz im Sinn der legendären SAC-Tradition als Gebietsführer konzipiert, eröffnet dieses neue Werk über 60 Wandermöglichkeiten: von einzelnen Tagesetappen bis zu mehrtägigen Trekkings, vom Talgrund des Rheins mit seinen wichtigen Zuflüssen bis zu den Nordbündner Dreitausendern. Neben der bekannten grossen Rundtour, die in einzelne Tagesetappen unterteilt werden kann, zeigt der Autor vor allem im zentral gelegenen Valsertal unbekannte Wege auf. Das reiche Fotomaterial vermittelt erste Eindrücke und stimmt optimal auf die verschiedenen Touren ein. Für die Planung können Sie sich auf die Schwierigkeitsangaben der SAC-Wanderskala stützen. Die Koordinaten und weiteren Angaben basieren auf den Landeskarten von swisstopo.

Im Namen des SAC danke ich Paul Meinherz für diesen neuen Alpinwanderführer. Er ist in Maienfeld daheim, unterrichtete an der Bündner Kantonsschule Deutsch und Geschichte und berichtet begeistert von Bündner Bergtouren, von Land und Leuten, Kultur und Geschichte. Er hat aus der Fülle der vorhandenen Möglichkeiten ein in sich stimmiges Gesamtwerk von einfachen bis anspruchsvollen Alpinwanderungen geschaffen. Was in einem SAC-Jahrbuch stand, trifft auch hier zu: «Man ahnt kaum, welch gewaltige Summe von Wissen und Können, welch enormer Aufwand an Kraftleistungen in solchen Publikationen enthalten sind.»

Geniessen Sie die Vorfreude beim Studieren von «Alpinwandern Graubünden Nord» und dann die grossartigen Bergerlebnisse auf den Touren. Ich wünsche Ihnen erlebnisreiche und unfallfreie Alpinwanderungen in Nordbünden.

Genf, 2008 Hans Bräm, Verlagskommission des SAC

■ Maienfeld unter dem Nebel darüber Calanda, Signia und Graue Hörner.

Vorwort

Ich danke dem Schweizer Alpen-Club SAC für den Auftrag, Hans Bräm für sein Vertrauen, Hans Ott für seine Unterstützung und Jürgen Schluchter, dem Kundenbetreuer, für die Gestaltung. Ich reihte ein Bergerlebnis ans andere, mein Skizzenbuch füllte sich, sah manchmal aus wie ein Traum. Andrea Buchli half die Fülle zu ordnen, ich danke auch ihm ganz herzlich dafür.
Danken will ich auch meiner Frau Ursi. Wir waren ein Bergsteigerpaar, stiegen schon auf der Hochzeitsreise auf Viertausender im Montblanc und auf dem Heimweg aufs Matterhorn. Bald folgten uns auch die vier Kinder, ich danke auch ihnen. Eine Familientour aufs Finsteraarhorn war nur einer der vielen Höhepunkte. Dank aber auch den vielen Jugendlichen, die meinen Einladungen zu J+S Ski- und Bergtouren-Kursen folgten. Dank den Wehrmännern, mit denen ich als stellvertretender Alpinoffizier der Fest. Brig. Sargans meine Dienstpflicht erfüllen durfte. Ich danke der Sektion Rätia, der ich 10 Jahre vorstand. Ihr Vertrauen in meine Bergsteigerei stärkte mein Selbstvertrauen. Ich danke auch Peter Donatsch, zusammen schufen wir «Alpinwandern Graubünden» 1998. Ganz herzlich danke ich auch den Bergführern Georg Sutter, Castrisch, und Leo Caminada, Disentis. Sie zeichneten mir in den Bergen am Vorder- und Hinterrhein einen Strich auf die Karte vom Ausgangspunkt zum Endpunkt der alpinen Wanderungen, und ich ging auf dem Strich Tag für Tag bergauf und bergab. Die letzten beiden Sommer war ich oft allein unterwegs, allein ist man den Bergen am nächsten. Ganz sicher ist beim Bergsteigen keiner.
Im Bündnerland klettern Kletterer im Rätikon und im Bergell, Bergsteigerzentren sind Silvretta, Oberengadin, Rheinwald und der Grenzkamm vom Oberalpstock bis zur Ringelspitze. Die Berge der Mitte sind anders, SAC-Hütten fehlen, Unterkünfte gibt es fast nur in den Siedlungsräumen und auf den Pässen. Einzelne Alphütten nehmen Bergsteiger auf. Auf- und Abstiege werden daher oft lang. Im Hochsommer steigen auch Schafe auf 3000 Meter, manche Höhen muss man mit ihnen teilen. Doch fehlen Hirten und Bergsteigern die Zeit, miteinander zu reden. Es lohnt sich, Versäumtes daheim nachzuholen. «Das Alpwesen Graubündens» von Richard Weiss ist ein Klassiker der Bündner Volkskunde. 50 Jahre nach seinem Erscheinen wurde es 1992 zum zweiten Mal aufgelegt. «Handfestes für Älpler und Erstaunliches für Zaungäste» lesen wir im «Handbuch Alp», Octopus Verlag von Giorgio Hössli, Kaspar Schuler u.a. In Mittelbünden steigt man fast nie in der Masse, der Kultur der Bündner Alpwelt kommt man dabei näher. Wie kaum ein anderes Buch orientiert «Kunst und Landschaft in Graubünden» von Leza Dosch, Verlag Scheidegger und Spiess, Zürich 2001, über Vielfalt und Eigenart des Landes.

Licht in unser Bergsteigen bringt auch: «Botschaft der Berge» von Reinhold Stecher, Bischof von Innsbruck. «Es gibt viele Wege zu Gott, einer führt über die Berge», stellt er als Leitsatz voran. Paul Huber: «Heilige Berge. Seit alters geht eine Kraft von den Bergen aus, drum wird überliefert, Gott habe sich den Menschen auf den Bergen geoffenbart». Martin Luther war wohl von seinen Romerlebnissen verärgert, als er 1510 feststellte: «Die Schweiz ist ein dürr und bergig Land».
«Reinhold Messners Philosophie» ist zwar kein Bestseller wie die Person Messner, aber sie ist in die «edition surkamp» aufgestiegen, eine Buchreihe für hohe Ansprüche. Was unterscheidet Menschen, die auf den Everest steigen? «Nichts, wer steigt heute nicht auf den höchsten Berg der Welt? Und doch, sie alle gehen an ihre Leistungsgrenze, aber sie können das Gefühl nicht teilen, weiter gegangen zu sein als alle anderen. Zu wissen, das kann im Moment sonst niemand auf der Welt, tut gut. Ich weiss, das wird immer wieder kritisiert, trotzdem ist es schön. Ich weiss, dass ich Ähnliches nicht mehr schaffen werde. Also werde ich dieses Gefühl nie mehr haben. Aber ich hatte es. Ich wusste dabei ganz genau: zurzeit kann diese Tour niemand klettern.»
Dieses Buch will niemanden an die Leistungsgrenzen führen, aber manche Touren sind lang, und ein Genuss sind sie nur für Geübte. Müde sein ist eine der grössten Gefahren.
«Heb dr Sorg», legte mir meine Mutter ans Herz, wenn ich z Berg ging, doch freute sie sich, wenn ihr Bub begeistert vom Berg zurückkam. «Heb dr Sorg» sage ich jedem, der meinen Alpinwanderungen folgt. Es täte auch mir ganz herzlich Leid, wenn einem Bergsteiger abseits gesicherter Routen auf Grund meiner Ratschläge ein Unglück zustiesse.

Maienfeld, im Frühling 2008 Paul Meinherz

■ Blick vom Schesaplana nach Osten; Lünersee – Kirchlispitzen, Drusen- und Sulzfluh. Am Horizont Wildspitz-, Fluchthorn und Engadiner-Berge.

Zu diesem Führer

Grundlage dieses Führers bildet «Alpinwandern Graubünden in 65 Etappen» von Peter Donatsch und Paul Meinherz, SAC-Verlag 1998/2001. Er beschreibt Bergwanderungen im Rätikon, Madrisa, Silvretta, Davos, Bergün, Rheinwald zum Oberalppass und führt über den Grenzkamm Graubünden/Glarus zurück zum Ausgangspunkt an den Rhein. In die Bündner Berge zu führen, wo sie am schönsten sind, war das Anliegen von Peter Donatsch, daraus eine Art Pilgerreise rund um Graubünden über Täler und Höhen zu formen, fiel mir auf dem Königspfad im fernen Lappland ein.

2007 erschien «Alpinwandern Südbünden, Engadin Müstair Puschlav Misox von Marco Volken und Remo Kundert». Mittel- und Nordbünden mussten jetzt neu bearbeitet werden. «Graubünden Nord» 2008 übernimmt 38 Etappen von Alpinwandern Graubünden 1998 (Ziffer 1–38) die Rundwanderung in engeren Grenzen wird beibehalten. Neu fügt sich ein zweiter Teil mit 22 Etappen (211–255) Prättigau, Davos, Plessur, Albula, Vorder- und Hinterrhein an.
In den Talschaften sind auch im zweiten Teil die Touren aneinander gereiht. Sie können meist auch einzeln ausgeführt werden. Raum Cuolm Lucmagn – Oberalppass, (2.1) lässt sich verbinden mit Vals – Lumnezia, (2.2) und dem Safiental (2.3). In Surses (Oberhalbstein) stehen Piz Platta und Piz Curver allein, (2.4), verbunden bieten sie ein besonderes Erlebnis. Von Chur (2.5) steigt man über Montalin, Hochwang, Weissfluh und über die Aroser Berge in fünf Tagen auf die Lenzerheide. Fünf Tage in der Stille hoch über den Weltkurorten mit ihren Bauten und zahllosen Gästen. Mit der Sicht auf ihre riesigen Hotels ist die Stille auf den Höhen besonders eindrücklich.

Routenbeschreibungen

Die hier verwendeten geographischen Bezeichnungen halten sich an die offizielle Schreibweise der Landeskarte 1:25 000; lokal gebräuchliche Flurnamen können gelegentlich davon abweichen. Bei touristischen Angaben, z.B. bei Berggasthäusern, Bus- und Seilbahn-Haltestellen usw., wurde dagegen die übliche (oft schriftsprachliche) Schreibweise angewandt, wie sie meist auch im Telefonverzeichnis, im Fahrplan und in Tourismusunterlagen vorkommt.

Etappen Kurzinformationen

T3	7 – 8 Std.	▶ 14,9 km	▲ 970 m	▼ 1800 m
Schwierigkeit	Zeit	Distanz	Aufstieg	Abstieg

Schwierigkeit

Die Schwierigkeitsbewertungen beruhen auf der SAC-Wanderskala (T1–T6, s. nächste Doppelseite) sowie der Hochtourenskala (in diesem Führer nur L) und der Felskletterskala (in diesem Führer nur I und II, s. unten). Sie beziehen sich stets auf günstige Verhältnisse und können bei ungünstigen Bedingungen wie Altschnee, Neuschnee, Vereisung, Nässe, Nebel oder Wind rasch ansteigen. Die jeweils schwierigste Stelle einer Etappe, und sei sie noch so kurz, bestimmt ihre Gesamtbewertung. Jede Bewertung kann mit +/– abgestuft werden.
Ein ernstes, immer wieder zu heiklen Situationen führendes Missverständnis ist die Annahme, dass Wandern dort aufhört, wo die Hochtourenskala einsetzt. In Wirklichkeit ist eine Alpinwanderung im oberen Schwierigkeitsbereich (T5, T6) in aller Regel bedeutend anspruchsvoller als beispielsweise eine Hochtour mit der Bewertung L. Ein wesentlicher Unterschied zur leichten Hochtour liegt darin, dass auf einer T5- oder T6-Route (früher BG) selten bis nie mit Seil oder sonstigen Hilfsmitteln gesichert werden kann und das Gelände deshalb absolut beherrscht werden muss, was ein hohes technisches wie psychisches Niveau erfordert. Typische Beispiele sind extrem steile Grashänge, wegloses Schrofengelände mit schlechtem Fels oder sehr exponierte Gratpassagen. Auf Grund der unterschiedlichen Merkmale einer typischen Hochtour und einer typischen «Extremwanderung» lässt sich ein Vergleich kaum anstellen, doch kann man davon ausgehen, dass *eine T6-Route vergleichbare Anforderungen stellt wie eine Hochtour im Bereich von WS bis ZS–!*

Zeit

Reine Marschzeit für normal trainierte Wanderer mit den üblichen Kurzpausen. Da längere Zwischenhalte (Mittagsrast o.ä.) darin nicht enthalten sind, *wird die effektive Begehungszeit in der Regel länger ausfallen*. Die Zeitangaben müssen nicht zwingend mit jenen der Wegweiser übereinstimmen.

Aus der Hochtourenskala (L, WS, ZS, S, SS, AS) und Kletterskala (I, II, III, IV …) werden hier nur verwendet:

L Leicht: bis ca. 25° geneigte, nicht ausgesetzte Firn- oder Eisfelder, nahezu spaltenfrei und ohne Bergschrund. Schwach geneigte Felsen, Kletterstellen im I. Schwierigkeitsgrad. Übersichtliches Gelände. Keine ausserordentliche Kondition, aber entsprechende Hochtourenausrüstung nötig.

I Geringe Schwierigkeiten im Fels: einfachste Form der Felskletterei (kein leichtes Gehgelände!). Die Hände sind zur Unterstützung des Gleichgewichts erforderlich. Anfänger müssen am Seil gesichert werden. Schwindelfreiheit erforderlich.

II Mässige Schwierigkeiten im Fels: Tritte und Griffe müssen gesucht werden. Die Fortbewegung erfordert ein gewisses Gleichgewichtsgefühl.

SAC-Wanderskala

Grad	Weg/Gelände	Anforderungen	Beispiele
T1 Wandern	Weg gut gebahnt, falls nach SAW-Normen markiert: gelb Gelände flach oder leicht geneigt, keine Absturzgefahr	Keine, für Turnschuhe, Orientierung problemlos, auch ohne Karte möglich	Dieser Führer enthält anspruchsvollere Touren.
T2 Bergwandern	Weg mit durchgehendem Trassee und ausgeglichenen Steigungen Falls markiert: weiss-rot-weiss Gelände teilweise steil, Absturzgefahr nicht ausgeschlossen	Etwas Trittsicherheit, Trekkingschuhe empfehlenswert Elementares Orientierungsvermögen	z.B. Etappe 1: Maienfeld – Enderlinhütte.
T3 anspruchsvolles Bergwandern	Am Boden ist meist noch eine Spur vorhanden, ausgesetzte Stellen können mit Seilen/Ketten gesichert sein, evtl. braucht man die Hände fürs Gleichgewicht Falls markiert: weiss-rot-weiss Zum Teil exponierte Stellen mit Absturzgefahr, Geröllflächen, weglose Schrofen	Gute Trittsicherheit, gute Trekkingschuhe Durchschnittliches Orientierungsvermögen Elementare alpine Erfahrung	z.B. Etappe 252: Skihaus Hochwang – Mattjisch Horn – Skihaus Casanna im Fondei. T3, kommt häufig vor.
T4 Alpinwandern	Weg nicht überall sichtbar, Route teilweise weglos, an gewissen Stellen braucht es die Hände zum Vorwärtskommen Falls markiert: weiss-blau-weiss Gelände bereits recht exponiert, heikle Grashalden, Schrofen, einfache, apere Gletscher	Vertrautheit mit exponiertem Gelände, stabile Trekkingschuhe Gewisse Geländebeurteilung und gutes Orientierungsvermögen Alpine Erfahrung	z.B. Etappe 233: Turrahus – Alperschällilücke – Cufercalhütte. Sind sehr viele in diesem Führer, ein bisschen schwierig soll es auch sein.
T5 anspruchsvolles Alpinwandern	Oft weglos, einzelne einfache Kletterstellen bis II Falls markiert: weiss-blau-weiss Exponiertes, anspruchsvolles Gelände, Schrofen, wenig gefährliche Gletscher und Firnfelder	Bergschuhe Sichere Geländebeurteilung und sehr gutes Orientierungsvermögen Gute Alpinerfahrung und elementare Kenntnisse im Umgang mit Pickel und Seil	z.B. Etappe 19: Rifugio Giovanni Bertacchi – Pass da Niemet – Punt da la Muttala – Sufers Nur für geübte Bergsteiger möglich, mit den Füssen allein kommt keiner ans Ziel.
T6 schwieriges Alpinwandern	Meist weglos, Kletterstellen bis II Meist nicht markiert Häufig sehr exponiert, heikles Schrofengelände, Gletscher mit Ausrutschgefahr	Ausgezeichnetes Orientierungsvermögen Ausgereifte Alpinerfahrung und Vertrautheit im Umgang mit alpintechnischen Hilfsmitteln	z.B. Etappe 31: Camona da Cavardiras – Alp Cavrein Sura – Val Gliems – Fuorcla da Punteglias – Camona da Punteglias. Nur für geübte Bergsteiger.

Unter *«bewanderbaren» Gletschern* versteht die Wanderskala Gletscher und Firnfelder, die im Sommer bei normalen Verhältnissen soweit ausapern, dass allfällige Spalten sicher erkennbar sind und ohne Spaltensturzgefahr umgangen werden können. (Dies entspricht der Realität auf verschiedenen Hüttenwegen). Unter diesen Voraussetzungen ist eine Hochtourenausrüstung nicht erforderlich.
Es versteht sich von selbst, dass auf solchen Touren bei ungünstigen Verhältnissen eine elementare Ausrüstung (Anseilmaterial, Steigeisen) und Kenntnisse über deren Anwendung erforderlich sein können.

■ **T4** Enderlinhütte – Falknis, inzwischen ist die Route blau-weiss markiert.

■ **T5** Etappe 4 Sulzfluh.

■ **T6** Aufstieg zum Piz Platta. Der Fels ist fest und gut griffig. Die Route ist wie die meisten anderen nicht markiert.

Ausgangs- und Endpunkt

Beginnt die Etappe in einer Ortschaft, finden sich hier Informationen über Anschlüsse ans Netz der öffentlichen Verkehrsmittel sowie die Adressen der örtlichen Auskunftsstelle (Verkehrsverein o.ä.). Im Falle von Berghütten und auf der Karte schlecht identifizierbaren Berggasthäusern werden die Koordinaten gemäss Landeskarte erwähnt. Ist der Ausgangspunkt nur zu Fuss erreichbar, folgt eine knappe Beschreibung des Zugangs aus dem Tal.

Wo komme ich unter?

In Mittelbünden sind Hütten rar. Die Sektion Arosa hat ihre Ramozhütte, die Sektion Davos ihre Elahütte und die Sektion Rätia die Cufercalhütte ob Sufers im Rheinwald. Sie sind noch wie in der Gründerzeit Hütten, in denen Bergsteiger selber kochen und beim Verlassen den Besen zur Hand nehmen. Sonst findet man in den Bergen der Mitte Unterkunft meist nur in den Siedlungen, nicht einmal dort überall. In manchen Alphütten könnte man schlafen. Ob es möglich ist, hängt von den Hirten ab, und die wechseln oft rasch. Die Hirtin auf der Furggenalp bei Arosa bot auf Voranmeldung Nachtessen und Frühstück an und legte damit gerne etwas zum Hirtenlohn. Die Touren sind oft recht lang, manche enden an Haltestellen der Postautos. Die Fahrpläne erfüllen die Wünsche der Leute im Tal, richten sich oft nach den Schülern, denn ihr Schulhaus steht oft im Nachbardorf. In der Ferienzeit können die Fahrten ausfallen.
Auf fast allen meinen Erkundungen benutzte ich Postauto und Bahn. Unbeständiges Wetter liess mich oft umkehren. Wieder und wieder fuhr ich im Zug durch die Ruinaulta, doch genug bekam ich davon gar nie. Die Rheinschlucht ist etwas vom Schönsten. Dass sie fast in der Mitte der Ferienecke der Schweiz dem Fieber der Baumeister nicht zum Opfer fiel, ist vielleicht Graubündens grösstes Glück.

In den SAC-Hütten besteht kein Konsumationszwang. Bei den meisten bewarteten Hütten hat es sich aber in letzter Zeit eingebürgert, die Mahlzeiten von den Hüttenwarten zu beziehen, da die Kochmöglichkeiten beschränkt sind und die Einnahmen aus der Konsumation die Hauptverdienstquelle der Hüttenwarte darstellen. Sehr oft sind die Kosten für Mahlzeiten in Hütten günstiger als für vergleichbare Speisen im Tal.

Zahlreiche weitere Angaben finden sich im laufend nachgeführten SAC-Führer *Hütten der Schweizer Alpen* von Remo Kundert und Marco Volken und unter www.sac-cas.ch. Für Hütten auf italienischem Gebiet lohnt sich stets ein Blick in www.huetten-biwaks.com und www.valtellina.com (dort unter *Escursioni*).

■ Cuvercalhütte – zum Selberkochen.

Karten

Die vierstelligen Nummern und Namen beziehen sich auf die benötigten Blätter der Landeskarte der Schweiz im Massstab 1:25 000, die alle auch in digitaler Form verfügbar sind. Für bestimmte Gebiete werden auch Kartenzusammensetzungen angeboten. Wichtig ist, stets über aktuelle Kartenausgaben zu verfügen, da sich im Gelände laufend Veränderungen ergeben (verfallene Wege, neue Vegetationsmuster und Waldgrenzen, Ausaperungen, Rutschgebiete usw.).

Die Route

Die Beschreibungen stützen sich auf die Ende 2006 aktuellen Kartenblätter im Massstab 1:25 000 (oder, falls nicht vorhanden, 1:50 000). Wo die Route klar ersichtlich verläuft, wird der Text kurz gehalten, an heiklen Stellen eher ausführlich. Die Angaben *links* und *rechts* beziehen sich stets auf die Marschrichtung. Wo nötig, werden die Angaben durch Himmelsrichtungen ergänzt.

Abkürzungen

N, S, E, W	Nord, Süd, Ost, West
CAI	Club Alpino Italiano
L	Leicht (s. Seite 17)
LK	Landeskarte
m, km	Meter, Kilometer
Min., Std.	Minuten, Stunden
P.	Punkt (in der LK kotiert)
SAC	Schweizer Alpen-Club
T1–T6	Schwierigkeitseinteilung der SAC-Wanderskala (s. Seite 18)
I, II	Geringe, mässige Schwierigkeiten im Fels (s. Seite 17)

Öffentlicher Verkehr

Einfach und schnell ist der Abruf von Verbindungen über die SBB-Homepage www.sbb.ch oder, von unterwegs, per SMS-Abfrage über das Mobiltelefon. Bei Seilbahnen, die nicht im Kursbuch (s. www.fahrplanfelder.ch) aufgeführt sind, wird eine Telefonnummer für Auskünfte angegeben. Informationen über Taxi-Dienste erhält man bei den Hüttenwarten, Verkehrsbüros und in der von Mountain Wilderness unter www.alpentaxi.ch veröffentlichten Übersicht; bei Seilbahnen leistet www.alternatives-wandern.ch gute Dienste.

Wetter

Es gibt mehrere Möglichkeiten, sich unterwegs über die Wetterentwicklung zu informieren, am besten telefonisch direkt bei MeteoSchweiz:
Automatischer Wetterbericht: Tel. 162 (aus dem Ausland 0041 848 800 162)
Alpenwetterbericht: Tel. 0900 162 138 (Tonband, täglich aktualisiert um 16 Uhr)
Persönliche Wetterberatung: Tel. 0900 162 333 (rund um die Uhr).

Wetterprognosen und -meldungen lassen sich auch per SMS und MMS auf das Mobiltelefon holen; Details dazu finden sich unter www.meteoschweiz.ch.

■ Alp Flix. Es wird ein schöner Tag.

Alarmierung des Bergrettungsdienstes

Schweiz (REGA): Tel. **1414**, aus dem Ausland 0041 333 333 333 (bei schwacher Netzabdeckung über SMS versuchen).
Italien (www.118italia.net): Tel. **118**, ab einem Schweizer Mobiltelefon keine Vorwahl nötig.
Europäische Notrufnummer: Tel. **112** (in der Schweiz von der regional zuständigen Kantonspolizei betreut, in Italien von den Carabinieri). Ein Notruf an diese Nummer ist auch über fremde Netzanbieter oder mit einer Prepaid-SIM-Karte ohne Gesprächsguthaben möglich.
Notfunk Schweiz: **161.300 MHz** (E-Kanal, s. www.rega.ch)
Besonders in eng eingeschnittenen Tälern und in höher gelegenen Regionen weist die Mobilfunk-Abdeckung grosse Lücken auf; selbst bei Sichtverbindung zu bewohnten Gebieten kann man sich ausserhalb des Empfangsbereichs befinden. Die Vorstellung, in einer brenzligen Situation einfach das Mobiltelefon zücken und Hilfe anfordern zu können, ist trügerisch und schon vielen zum Verhängnis geworden. Überdies sind die Einsatzmöglichkeiten der Helikopter bei Nebel, starkem Wind und in der Nacht sehr eingeschränkt.

Militärische Schiessübungen

Auf den Schiessplätzen finden Schiessübungen mit scharfer Munition statt. In Brigels und Hinterrhein üben die Soldaten den Abschuss von Fliegern, ihre Geschosse fallen unkontrolliert irgendwo zu Boden. Bei Schiessübungen muss man das ganz Gebiet meiden. Der Zugang zur Zapporthütte führt über den Panzerschiessplatz Hinterrhein. Bei häufigen Schiessübungen wird der Hüttenweg zur Zapporthütte durch Schiesswachen bei der Hütte und unten im Tal gesperrt.
Auskunft: Waffenplatz Mels 081 725 11 95 (zuständig für ganz Graubünden)
S-chanf 081 851 32 78 oder 081 851 33 20

Schiessübungen der Übungstruppe werden fast überall durchgeführt, sie werden mit Plakaten bekannt gegeben, und das Schiessgelände wird überwacht.

■ Von der langen Leine in die Kabine.

Bergwandern, aber sicher!

Allgemeines zu den Touren dieses Führers

Unsere Devise beim Zusammenstellen der Etappen lautete: Einerseits möglichst Höhe halten und nur dann in die Talschaften absteigen, wenn es wirklich nicht anders geht; und andererseits, den Schwierigkeitsbereich der Etappen in einer klar definierten Bandbreite zu halten. Alpinwandern – in dieser Reihe erscheint der vorliegende Führer – ist eine an der Grenze zwischen Bergwandern und Bergsteigen angesiedelte, anspruchsvolle Fortbewegungsart, die manchmal die Zuhilfenahme der Hände oder eines Pickels erfordert, Selbstständigkeit bei der Routenfindung und alpine Erfahrung verlangt, sowie Übung im Umgang mit der Landeskarte (im Massstab 1:25 000) voraussetzt. Sollten wir eine typische Etappe charakterisieren, sie würde so aussehen: 7 Std., T4, bei Nässe heikel.

Vorbereitung

Zur guten Tourenplanung gehört ein genaues Studium der Karte und des Wanderführers, um sich mit der Strecke und deren Umgebung vertraut zu machen, sowie das Eintragen der geplanten Route in die Karte. Von grösster Bedeutung bei der Auswahl einer Tour ist die *realistische* Einschätzung der eigenen Fähigkeiten und jener der Begleiter (körperliche Verfassung, Trittsicherheit, Schwindelfreiheit, alpine Erfahrung, Orientierungsvermögen, psychische Verfassung). Wer mit verwendeten Schwierigkeitsbewertungen nicht vertraut ist, tastet sich mit Vorteil langsam an die anspruchsvolleren Touren heran.

Wenn möglich, sollte man nicht allein in die Berge gehen, sondern erfahrene Begleiter suchen oder sich einer Gruppe anschliessen. Selbst dann lohnt es sich, bei Bekannten (oder Hoteliers, Hüttenwarten usw.) eine Nachricht über das Ziel und die beabsichtigte Zeit der Rückkehr zu hinterlassen. Ein genauer Eintrag ins Hüttenbuch kann bei einer Suchaktion entscheidend weiterhelfen. Hüttenwarte können zudem wertvolle Informationen zum Zustand der Wege und Routen liefern, auf die man nicht verzichten sollte.

Das Wetter

Bei günstigem Wetter ist Alpinwandern wunderschön. Blitzschnell kann an einem sonnigen Tag jedoch ein Gewitter aufziehen, dichte Wolken verdunkeln die Sonne, und Nebel raubt einem die Sicht. Es wird kalt, beginnt zu regnen oder – das ist in Höhen über 2500 m auch im Sommer möglich – zu schneien. Dagegen hilft vor allem eins: Vor der Wanderung den Wetterbericht hören und

■ Ist ein Seil da, hält man sich daran.

eine Tour auswählen, bei der man rechtzeitig wieder im Tal oder in der Hütte ist, wenn z.B. Gewitter angesagt sind. Was auch hilft: Ein Verzicht, wenn das Wetter für das gewählte Ziel zu unsicher oder zu schlecht ist; ein früher Start; und ein Rückzug, falls man der Wetterentwicklung nicht mehr traut. Wer trotzdem von einem Gewitter überrascht wird, sollte exponierte Lagen wie Grate, Gipfel und einzelne Bäume verlassen. Am sichersten ist man im Wald oder in Kauerstellung an einem trockenen Ort, nicht aber in Felsnischen und unter freistehenden Felsblöcken.

Ausrüstung

Für die hier vorgestellten Touren sind gute, stabile und eingelaufene Berg- oder Wanderschuhe mit griffiger Sohle ein Muss. Nicht fehlen dürfen auch ein guter Wind- und Regenschutz, ein warmer Pullover oder eine Faserpelzjacke, Handschuhe und eine gute Mütze. Grelle und knallige Kleider sind nicht nur ein Modegag, sie werden von Rettungsleuten – und Jägern – auch besser gesehen. Im Frühsommer und im Herbst sowie bei nassem (oder taufeuchtem) Gras sind Gamaschen angenehm. Weiter gehören Sonnenbrille und Kopfbedeckung zur Packliste, ebenso eine kleine Apotheke und eine Stirn- oder Taschenlampe.

Alpintechnisches Material ist im Allgemeinen nicht erforderlich; Ausnahmen sind, wo nötig, erwähnt. Dennoch kann ein kleiner Pickel häufig unschätzbare Dienste leisten, besonders in der Vor- und Nachsaison oder bei unerwarteten Schwierigkeiten. Leichtmodelle mit weniger als 400 g Gewicht (bei ca. 50 cm Länge) stören am Rucksack kaum und eignen sich gut als ständige Begleiter.

Wanderstöcke schonen die Gelenke. Beim Begehen von Schneefeldern bieten sie eine Gleichgewichtshilfe, auf kurzen Strecken kann man damit vielleicht auch Trittstufen in den harten Schnee ritzen. Ein Sturz lässt sich mit Stöcken aber niemals aufhalten. In felsigem Steilgelände und auf Blockhalden gehören Stöcke an den Rucksack geschnallt.

Als Orientierungsmittel empfehlen wir nebst einem guten Höhenmesser dringend die angegebenen Landeskarten im Massstab 1:25 000, und zwar in der aktuellen Ausgabe (Informationen über den Nachführungsstand finden sich in Buchhandlungen oder unter www.swisstopo.ch). Bei Nebel oder schlechter Sicht kann auch ein Kompass oder GPS äusserst hilfreich sein. Orientierungshilfen sind jedoch nur so gut, wie man damit umzugehen weiss.

Nicht vergessen sollte man Speis und Trank, denn ein Schwächeanfall wegen mangelnder Verpflegung kann, zusammen mit einem Schlechtwettereinbruch, unangenehm bis sehr gefährlich werden. Besonders im Herbst findet sich vielfach über weite Strecken kein Trinkwasser, um eine leere Flasche nachzufüllen.

Etappeneinteilung, Marschzeiten

Die einzelnen Etappen sind mitunter recht lang und anstrengend, weshalb sie gute Kondition und einen haushälterischen Umgang mit den Kräften bedingen. Bei vielen Routen sind deshalb Abkürzungen (s. *Varianten*) erwähnt; oft besteht zudem die Möglichkeit, eine andere Etappeneinteilung zu wählen, oder eine lange Etappe in zwei Tagen zu bewältigen (s. *Unterwegs einkehren*).

Der Zeitaufwand einer Tour lässt sich aus zwei Komponenten berechnen – einerseits aus der für die Horizontaldistanz benötigten Zeit, andererseits aus einem Zuschlag für den Auf- bzw. Abstieg. Als Faustregel gilt in einfachem Gelände: Für 1 km Horizontaldistanz werden 15 Minuten veranschlagt, pro 100 Höhenmeter Aufstieg (bzw. Abstieg) gibts 15 (bzw. 8) Minuten Zuschlag. Ausgeklügelter ist die Berechnungstabelle der Schweizer Wanderwege SAW (www.swisshiking.ch). Die Zeitangaben dieses Führers berücksichtigen auch Beschaffenheit und Steilheit des Geländes sowie technische und orientierungsmässige Schwierigkeiten – und gelten für Wanderer, die den Ansprüchen gut gewachsen sind. Kurze Stundenhalte sind darin inbegriffen, nicht jedoch die längeren Pausen. Der tatsächliche Zeitbedarf wird also stets höher ausfallen als die in diesem Führer angegebenen Marschzeiten.

Allerdings sollte man sich nicht auf diese Zeiten fixieren. Jeder Mensch geht sein Tempo und hat sein eigenes Zeitgefühl, das wiederum von Kondition, Belastung, Tagesform, Wetter, Dauer der Weitwanderung abhängig ist. Wichtig ist nicht, ob man nun für eine Tagesetappe eine halbe Stunde mehr oder weniger benötigt. Wichtig ist, ob man die Strecke in einem Tag bewältigen kann. Nebst den Pausen wird man auch eine ausreichende Zeitreserve einplanen, um zulegen zu können, sollte es die Situation (Schlechtwetter, Notfall) erfordern.

Heikel ist der Erwartungsdruck, das Tagesziel auf Biegen und Brechen erreichen zu müssen (oder zu wollen). Das darf nicht dazu verleiten, gefährliche Passagen unüberlegt anzugehen: Im Zweifelsfall kehrt man besser um. Eine Gruppe sollte sich zudem stets nach den konditionell und technisch Schwächsten richten. Diese werden bestimmt nicht sicherer oder schneller, wenn man ihnen das Gefühl vermittelt, sie würden die Gruppe behindern. Das Gras wächst auch nicht schneller, wenn man daran zieht.

Wenn man möglichst früh aufbricht, einen regelmässigen Gang einschlägt und nicht um jeden Preis versucht, die Zeitangaben der Beschreibung und der Wegweiser zu unterbieten, wird man vermutlich gar nicht als Letzte ins Ziel laufen – und dabei genug Zeit haben, um die Natur, die Ruhe, die würzige Luft und die Aussicht zu geniessen, und (auf) die Menschen und ihre Kultur zu achten. Aber: Gehe, wenn du gehst, und schaue, wenn du stehst.

Wege und Routen

Viele Wege in der Schweiz sind nach den offiziellen Richtlinien der Schweizer Wanderwege SAW markiert:

Wanderwege (gelb) erfordern keine besondere Erfahrung. Abschnitte mit Absturz- oder Rutschgefahr sind durch geeignete Massnahmen wie Stufen oder Geländer gesichert.

Bergwanderwege (weiss-rot-weiss) sind überwiegend schmal, verlaufen meist durch steiles Gelände und können exponiert sein. Gute körperliche Verfassung und Vorbereitung werden vorausgesetzt, die Verhältnisse und Gefahren des Gebirges müssen richtig eingeschätzt werden. Grundsätzlich ist Trittsicherheit nötig, zum Teil auch Schwindelfreiheit. Feste Bergschuhe mit griffiger Sohle, Kälte-, Sonnen-, Wind- und Regenschutz und topographische Karten gehören zur Grundausrüstung. Auf solchen Wegen können Wetterverschlechterungen rasch zu schwierigeren Bedingungen führen. An exponierten Stellen muss mit Steinschlaggefahr oder erhöhter Rutsch-/Absturzgefahr gerechnet werden.

Alpine Routen (weiss-blau-weiss) führen durch teilweise wegloses Gelände, steile Geröllhalden oder Steinschlagrunsen, über Schneefelder und Gletscher oder durch Felspartien mit Kletterstellen. Bauliche Vorkehrungen beschränken sich auf Sicherungen von besonders exponierten oder schwierigen Stellen. Auf alpinen Routen werden eine sehr gute körperliche Verfassung, Schwindelfreiheit, Trittsicherheit, Gebirgserfahrung und Kletterfertigkeit vorausgesetzt. Gewisse Routen können den (korrekten) Einsatz von Seil und Pickel erfordern. Die Begehung von alpinen Routen ist mit erhöhtem Risiko verbunden, zusätzlich muss man die erhöhte Lawinengefahr im Frühling und Frühsommer sowie rasche Wetterumstürze mit Kälte und Schneefall beachten. Aufgeschichtete Steinsäulen (Steinmannli) ergänzen oft die Farbmarkierungen.

Auch auf markierten Routen sollte man den eigenen Standort jederzeit kennen, denn Nebel kann schnell aufkommen. Bei schlechter Sicht ist es noch wichtiger, den Weg nicht zu verlassen. Ist die Route trotzdem abhanden gekommen, wartet man erst einmal ab, bis die Sicht besser wird: Im Nebel einen verlorenen Weg wieder zu finden, ist meist reine Glückssache. Im Zweifelsfall ist der Rückweg auf der bekannten Route grundsätzlich besser als der Pfad ins Unbekannte. Wer sich in einer Gegend nicht auskennt, hält sich zudem mit Vorteil an die Hauptroute und verzichtet auf (vermeintliche) Abkürzungen.

Es versteht sich von selbst, dass Zäune und Gatter von bestossenen Alpen nach Benützung wieder geschlossen werden, da sonst das Vieh entweichen kann.

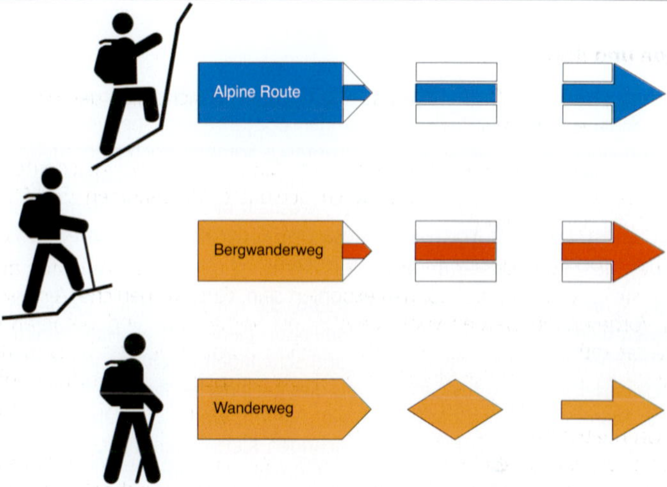

■ **Den Farben nach.** Nur offizielle Wege sind so markiert.

■ Enderlinweg, Blick ins Churer Rheintal.

Alpines Gelände

Ob eine steile *Grasflanke* begehbar ist, hängt von vielen Faktoren ab. Schaf- oder Wildwechsel, leichte Terrassierungen oder Sträucher helfen häufig beim Queren einer Flanke, während langes, anfangs Sommer noch niedergedrücktes Gras oder Nässe besonders heikel sind. Ein Sturz in einer steilen Grasflanke lässt sich in der Regel kaum aufhalten, weshalb in solchem Gelände Vorsicht geboten ist. Die beste Fortbewegungsart ist in der Regel der aufrechte Gang, Wanderstöcke sind hier von grossem Nutzen.

Unter *Schrofen* versteht man Grasflanken, die mit zahlreichen kleineren und grösseren Felsen durchsetzt sind. Diese Felsen dienen oft als Haltepunkte und ermöglichen bei guter Trittsicherheit und Schwindelfreiheit das Vorankommen durch wesentlich steileres Gelände, als dies bei einer reinen Grasflanke der Fall wäre. Man bewegt sich häufig auf allen Vieren, wobei die Hände mehr zum Stützen des Gleichgewichts als zum richtigen Klettern eingesetzt werden. Die Landeskarte allein genügt übrigens nicht, um die Begehbarkeit einer weglosen, steilen Gras- oder Schrofenflanke zu beurteilen, denn sie gibt keine Auskunft über die kleinräumigen Details, auf die es ankommt. Hier helfen nur Angaben aus Führern oder von Gebietskennern weiter.

Blockwerk ist wie Geröll, nur viel gröber. Die einzelnen Steinbrocken können zwischen 20 cm und einigen Metern gross sein. Im Gegensatz zum feinen Geröll besteht hier die Gefahr, dass ein Block unter der Belastung des Körpergewichts kippt und zum Ausgleiten führt – bei besonderem Pech kann man sich dabei den Fuss unter einem zentnerschweren Felsbrocken einklemmen. Eine wache, flinke Gangart ist von Vorteil: Kondition, kräftige Sprunggelenke und ein guter Gleichgewichtssinn erlauben es, von Stein zu Stein zu hüpfen und beim allfälligen Umkippen eines Brockens längst auf dem nächsten zu stehen. Die Begehungszeit hängt wesentlich von der Technik und körperlichen Verfassung ab: Wer sich unsicher von Block zu Block arbeitet, wird rasch viermal so lange benötigen wie ein geübter Wanderer. Blockwerk verlangt robuste, hohe Schuhe, während Wanderstöcke bloss behindern.

Im Frühsommer ist in Höhen von 2000 Metern und darüber in schattigen Lagen und an Nordhängen mit *Restschnee*, Lawinenschnee und Schneefeldern zu rechnen. Führt der Weg über Schnee, ist grosse Vorsicht angebracht. Solche Abschnitte können sehr gefährlich sein, besonders wenn der Schnee hart und das Gelände steil ist. Umgekehrt setzt der Winter in den Bergen deutlich früher ein als in Tallagen. Bereits im Oktober kann man auf weiten Strecken auf eine durchgehende *Schneedecke* stossen. Schon wenige Zentimeter Schnee reichen, um Wege und Markierungen, Steine, Felsplatten und Löcher zu bedecken und zu Fehltritten zu führen.

Keine der im Führer vorgestellten Touren führt über einen «richtigen», hochalpinen *Gletscher*, der im Sommer ein konsequentes Anseilen erfordern würde. Vereinzelt werden zwar Eisfelder oder Gletscher-Randbereiche betreten, deren allfällige Spalten lassen sich aber meist problemlos umgehen. Je nach Steilheit, Ausaperung und Oberflächenrauigkeit können diese Eisflächen allerdings eine erhebliche Ausrutschgefahr darstellen. Ein Eispickel zum Stufenschlagen gehört deshalb stets mit, und sei der Gletscher noch so harmlos. In gewissen Fällen, wie beim Maighelsgletscher (Etappe 27), sollte man auch die Mitnahme von Steigeisen erwägen. Wenn man sie dann doch nicht braucht: umso besser.

Aufgrund der gegenwärtigen, massiven Klimaerwärmung sind die Gletscher und Firnfelder stark im Rückzug begriffen, was den Wanderern zweifellos neue Erlebnisräume eröffnet. Andererseits werden die Moränen dadurch instabiler und heikler zu begehen sein, das vom Eis hinterlassene Material liegt häufig lose auf Felsbändern herum und kann zu Steinschlag führen, und die zum Vorschein kommenden Felsen sind oft Gletscherschliffplatten, völlig blank poliert und haltlos.

■ Im Neuschnee ist auch der Schasaplana nicht einfach.

Alpines Rettungswesen

In der Schweiz wird die Bergrettung von folgenden Organisationen und Institutionen gewährleistet:
Die Alpine Rettung Schweiz ARS, eine Stiftung des Schweizer Alpen Clubs (SAC), die Schweiz. Rettungsflugwacht Rega (ganzes Schweizer Berggebiet ohne Kanton Wallis) und die Kantonale Walliser Rettungsorganisation (KWRO).

Diese Organisationen betreiben rund um die Uhr eine Alarmzentrale. Sie können erreicht werden über:
Tel. 1414 Rega.
Tel. 144 Sanitätsnotruf, wird im Kanton Wallis von der KWRO betreut.

Selbstverständlich werden Anrufe auf diese Nummern unabhängig vom Kantonsgebiet an die zuständige Organisation weitergeleitet.
Hinweise, wie diese Alarmzentralen erreicht werden können, siehe Abschnitt Alarmierung.
Der Einsatz der Bergrettung kann sich bei ungünstiger Witterung verzögern.

Alpine Gefahren und Risiken

Die meisten Bergunfälle sind eine Folge von risikobehafteten Entscheidungen und Handlungen im Umgang mit den spezifischen Gefahren der Gebirgswelt.

Die wichtigsten Gefahren sind:
> Sturz
> Lawinen
> Spalteneinbruch
> Steinschlag
> Eisschlag
> Blitzeinwirkung
> Wechtenabbruch

Bei einem Wetterumschlag können sich diese Gefahren vervielfachen, oder sie können nicht mehr rechtzeitig erkannt werden.

Die hauptsächlichsten Risikofaktoren sind:
- Selbstüberschätzung
- mangelnde Vorbereitung
- fehlende Ausbildung
- Gruppendynamik
- unzureichende körperliche Verfassung
- mangelhafte Ausrüstung

Vorbeugen ist besser als heilen:
Gute Kenntnisse und ständiges Beobachten der Berge sind die besten Voraussetzungen, um Unfälle zu vermeiden.

Diese Kenntnisse muss man sich selbst aneignen, indem man:
- Fachliteratur liest und studiert,
- fachspezifische Kurse besucht,
- das Gelernte in die Praxis umsetzt und ständig übt.

Tourenvorbereitung:
- Wetterbericht Tel. 162 oder Alpenwetterbericht abhören.
  Tel. 0900 552 138.
- Tourenplanung auf LK 1:25000 vornehmen.
- Zeitplan unter Beachtung der Jahreszeiten und Schlüsselstellen (Umkehr) aufstellen.
- Tourenziel und Route den eigenen Fähigkeiten und denen der Teilnehmer anpassen.
- Im Zweifelsfalle stets einen Bergführer engagieren.
- Tour evtl. mit Bergführern, Hüttenwarten u. a. besprechen.
- Beabsichtigte Tour mit Rückkehrort und -zeit einer Kontaktperson bekannt geben bzw. im Hüttenbuch vermerken.

Tourenbeginn:
- Ausrüstung kontrollieren.
- Lokale Beurteilung der Verhältnisse.
- Routenwahl: den Verhältnissen und den einzelnen Teilnehmern anpassen.

Während der Tour:

- Wetterentwicklung beobachten (Wind, Temperatur, Nebel usw.).
- Teilnehmer beobachten.
- Mögliche Gefahren und gefährliche Stellen frühzeitig erkennen und umgehen.
- Zeitplan einhalten – evtl. Umkehr vor Schlüsselstelle.

Verhalten bei Bergunfällen:

- Ruhe bewahren
- Lage beurteilen
- Verunfallte(n) vor weiteren Unfällen schützen
- Eigene Sicherheit
- ERSTE HILFE leisten

Alarmieren:

Heute besteht auch im Alpenraum häufig die Möglichkeit, mittels eines Mobiltelefons (GSM-Standard) Hilfe anzufordern. Vor allem in abgelegenen hochalpinen Regionen oder in tief eingeschnittenen Tälern ist dies aber vielerorts nicht möglich.

Eine Kommunikation kann bei solchen Situationen mit folgenden Hilfsmitteln erreicht werden:

SAC-Hüttentelefone (bei unbewarteten Hütten evtl. nur über Tel. 1811), SOS-Telefone bei Kraftwerkanlagen usw.

In sehr abgelegenen Gebieten ist nach wie vor ein Notfunkgerät mit dem freigeschalteten E-Kanal 161,300 MHz die einzige Möglichkeit, um im Notfall Hilfe anfordern zu können. Nähere Informationen dazu finden sich auf der Homepage der Rega und der KWRO (www.rega.ch, www.kwro.ch).

Inhalt einer Meldung:

WER	Name, Standort, Verbindungsmittel
WAS	Art, Umfang und Wichtigkeit des Unfalles
WO	Koordinaten, Höhe ü. M. und Ortsbezeichnung
WANN	genaue Zeit des Ereignisses
WIEVIELE	Verletzte – Verletzungsart
WETTER	Sichtweite, Wind, Niederschläge usw.
HINDERNISSE	Kabel, Leitungen usw.
EIGENE MITTEL	Funk, Rettungsmaterial usw.
GETROFFENE MASSNAHMEN	Was wurde bereits unternommen?

ACHTUNG Bei SOS-Telefonen Rückruf verlangen. Telefon nicht verlassen. Sich bei schlechter Funkverbindung etwas verschieben.

Alpine Notsignale:

Zeichengebung für die Flugrettung:

NO
Hilfe nicht notwendig

YES
Hilfe notwendig

Internationales Notrufzeichen:
Sechsmal in der Minute ein Zeichen geben (blinken, rufen, pfeifen), eine Minute warten, Zeichen wiederholen.
Antwort: dreimal in der Minute ein Zeichen geben, eine Minute warten, Zeichen wiederholen.

Helikopter-Rettung

Helilandeplatz ausserhalb Lawinenfeld vorbereiten:
Hindernisfreier Platz, 25 auf 25 m festtreten
Horizontale Aufsetzfläche 6 auf 6 m
Keine losen und aufrecht stehenden Gegenstände am Platz
Hindernisfreier Anflug, in zwei Richtungen mit 45°
Bei diffusem Licht Umgebung markieren

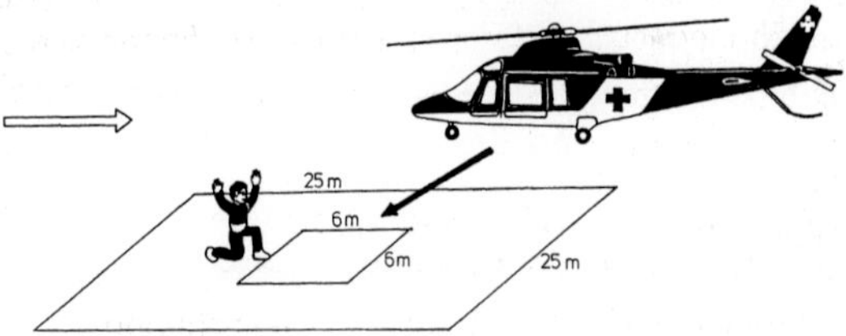

Wind 25×25 m = hindernisfreier Raum
6×6 m = Aufsetzfläche

Verhalten am Landeplatz:
Ausser Einweiser alle mindestens 20 m vom Landeplatz weg

Einweiser mit Rücken zum Wind, Arme erhoben
Beim Einschweben des Helis Standplatz halten, evtl. kauern
Annäherung zum Heli erst bei stehendem Rotor und von vorn
Achtung mit Ski, Stöcken und Sonden

Keine losen Gegenstände liegen lassen

Achtung mit Antennen, Skis, Sondierstangen usw.

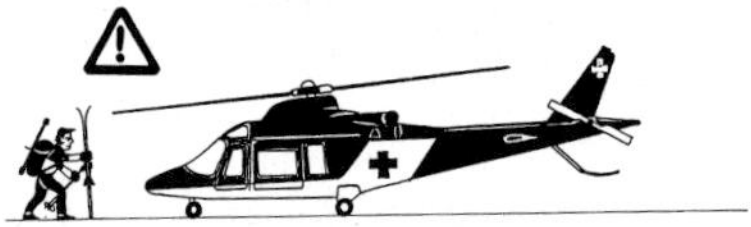

Sich nur von vorn und in gebückter Haltung dem Heli nähern
Nur von der Talseite herangehen

Augenkontakt zum Piloten behalten. Bei laufenden Rotoren sich dem Helikopter immer nur von vorne und erst auf Zeichen der Besatzung nähern.

Vor dem Flug ins Spital wird der Seilkamerad abgeholt.

Haftung für die Kosten einer Rettungsaktion

Ob ein Rettungseinsatz durch einen unbeteiligten Dritten, einen Kameraden des Hilfsbedürftigen oder durch den in Not Geratenen selbst aufgeboten wird, hat keinen Einfluss auf die Frage, wer die Kosten des Einsatzes zu tragen hat. Hiefür gelten folgende Regeln:

> Der in Not Geratene hat alle in seinem Interesse gemachten Auslagen zu ersetzen, die notwendig oder nützlich und den Verhältnissen angemessen waren. Dieser Anspruch besteht auch in dem Falle, wo der beabsichtigte Erfolg nicht eintritt.
> Wer sich von einer Tour nicht wie vereinbart zurückmeldet und trotz telefonischen oder anderen Nachforschungen nicht gefunden wird, muss die Kosten für die daraufhin angeordnete Suchaktion ersetzen, auch wenn diese unnötig oder ergebnislos war.
> Wer für einen Dritten, der sich in Not befindet, Hilfe besorgt, haftet nicht für die Kosten der durch ihn veranlassten Hilfeleistung.
> Wer einem in Not geratenen Menschen hilft und dabei Aufwendungen beisteuert oder zu irgendwelchem Schaden kommt, muss diese Auslagen nicht selbst tragen.

Erste Hilfe

Frage	Zeichen/Symptome	Zustand
1. Bewusst-sein?	> Nicht ansprechbar > Nicht weckbar (in den Arm kneifen, nie schütteln, um bestehende Verletzungen nicht zu verschlimmern) > Reagiert nicht	Bewusstlos Erstickungs-gefahr
2. Atemwege frei? Beatmung nötig?	> Atmung rasch, oberflächlich, unregelmässig, röchelnd oder schnappend > Gesicht (vor allem Lippen) und Fingernägel blau verfärbt > Keine Atembewegung sicht- und fühlbar > Ein- und Ausströmen der Atemluft weder hör- noch spürbar (mit Ohr an Nase und Mund des Patienten prüfen)	Atemstillstand oder ungenügende Atmung Akute Erstickungs-gefahr
3. Kreislauf? (Circulation)	> Venenblutung: flächenhaft sickernd bis stark fliessend > Schlagaderblutung: entsprechend dem Pulsschlag spritzend oder strömend > Mischblutungen (Venen- und Schlagaderblutungen) sind häufig > An innere Blutungen denken > Auf Blut achten, das von den Kleidern aufgesogen wurde > Rascher, nur schwach fühlbarer Puls > Blasse, nasse (feuchtklebrige) und kühle Haut > Teilnahmslosigkeit oder auch auffallende Unruhe, Erregung > Flache, beschleunigte Atmung	Blutversorgung lebenswichtiger Organe gefährdet Kreislauf-versagen Schockgefahr Schock

Lebensrettende Sofortmassnahmen

Kopf nach hinten, Mund nach unten

1. Wenn Atmung ausreichend: Seitenlagerung
2. Vor Kälte (auch von unten), Nässe und Hitze schützen
3. Ununterbrochen überwachen

Äusserste Sorgfalt: Wirbelsäulenverletzung immer möglich

Sofort beatmen (Mund zu Nase, notfalls Mund zu Mund)

1. Kopf schonend nach hinten strecken, Unterkiefer gegen Oberkiefer, Unterlippe gegen Oberlippe pressen
2. Vorsichtig Luft in die Nase einblasen, Ausatmen beobachten (sehen/hören), dann 12–15 Beatmungsstösse pro Minute
3. Bei starkem Widerstand und/oder fehlendem Ausatmen Kopfhaltung verbessern, Fremdkörper entfernen

---

1. Patienten flach lagern
2. Blutenden Körperteil (wenn möglich senkrecht) hochhalten
3. Bei ungenügender Blutstillung Fingerdruck herzwärts
4. Druckverband mit weichem Druckpolster (Stoff, möglichst hoch und schmal) und Binde anlegen, notfalls doppelt
5. Falls Druckverband ungenügend: Finger- oder Faustdruck direkt in die Wunde (eventuell mit Druckpolster)
6. Verletzte Gliedmasse hochlagern und ruhigstellen
7. > In der Regel und bei unbekannter Ursache horizontale Lagerung
   > Ist die Schockursache mit Sicherheit eine starke Blutung oder ein grosser Flüssigkeitverlust (z. B. bei Verbrennungen): Beine etwa 30 cm anheben
   > Nichtbewusstlose Schockpatienten mit Atemnot, Brustverletzung (ohne Blutung in den Luftwegen), Herzinfarkt: Oberkörper hochlagern
8. Schutz vor Kälte, Nässe, Hitze. Zuspruch, Überwachung

Willkommen als Gast in der Natur!

Sie können als Gast in der Natur selbst Ihren eigenen Weg, Ihr Tempo und Ihren Rhythmus bestimmen. Diese Freiheit ist ein kostbares Gut. Sie ist jedoch nicht grenzenlos, denn Freiheit setzt Verantwortung gegenüber Natur und Mitmensch voraus.

Der Lebensraum Alpen ist reichhaltig und vielfältig. Viele Pflanzen und Tiere sind spezialisiert auf einen engen Lebensbereich und reagieren sensibel auf Störungen. Mit Ihrer Rücksicht helfen Sie, diesen Lebensraum intakt zu halten.

Unsere Verantwortung gegenüber Natur und Mitwelt ist nicht auf das Verhalten auf der Tour selbst beschränkt. Auch das Vorher und Nachher, die Planung, das Material, die Verkehrsmittelwahl, die Hüttenübernachtung und die Abfallentsorgung sind darin eingeschlossen.

Optimale Tourenvorbereitung

Berücksichtigen Sie bei der Tourenvorbereitung auch Natur- und Umweltaspekte.

Auch bei der Tourenvorbereitung kann jeder Bergtourengänger einen wichtigen Beitrag für die Umwelt leisten, in dem er bzw. sie sich auf der Tour mit regionalen Produkten aus dem Berggebiet verpflegt. Wer Produkte aus der Region kauft, hilft nicht nur den Unternehmen der Region. Er leistet auch einen anderen wertvollen Beitrag für die Umwelt: Die Transportwege für diese Produkte sind kürzer und dies bedeutet, dass weniger Verkehr sowie weniger Luftschadstoffe und Lärm die Region beeinträchtigen. In der Tourenvorbereitungsphase kann ausserdem in Erfahrung gebracht werden, ob das Tourengebiet noch weitere Highlights bietet, die eine Bergtour bereichern können und zum Verständnis für die jeweilige Region und die Natur beiträgt.

Energiefresser Anreise

Auch Ihr Beitrag zur Reduktion des überbordenden privaten Freizeitverkehrs zählt! Benutzen Sie wenn immer möglich den öffentlichen Verkehr.

Der Freizeitverkehr macht in der Schweiz mit über 60 Milliarden Personenkilometern mehr als die Hälfte des gesamten Verkehrsaufkommens aus. Bergsteiger und Kletterer legen für ihr Hobby jährlich grosse Distanzen zurück. Eine durchschnittliche Anreise zur Bergtour braucht rund 35-mal mehr Energie als eine Hüttenübernachtung. Ihre Ausgestaltung der «Reise zum Berg» ist somit besonders umweltrelevant. Geben Sie dem öffentlichen Verkehr den Vorzug. Falls Sie auf das Auto angewiesen sind, bilden Sie Fahrgemeinschaften oder setzen Sie auf kombinierte Mobilität (z.B. Zug und Mobility-Auto für die letzten km). Der SAC stellt Informationen und Planungshilfen zur Verfügung.

Die simple Abfallregel

Lassen Sie nichts zurück als Ihre Fussspuren, nehmen Sie nichts mit als Ihre Eindrücke.

Diese alte amerikanische Wildnisregel sollte für alle Bergtourengänger als allgemeingültige Verhaltensregel akzeptiert werden. Jeder möchte die Natur in seiner Ursprünglichkeit geniessen dürfen. Ein Berggipfel, der von liegengelassenem Abfall übersäht ist, regt im anständigen Berggänger keine angenehmen Gefühle. Mit der Einhaltung dieser Wildnisregel ermöglichen wir unseren Nachfolgern das gleiche Naturerlebnis, wie wir es selber schätzen.

Das lange Leben von Abfällen in der Natur

Das Verrotten von liegengelassenem Abfall dauert sehr lange. Dies verdeutlicht die untenstehende Tabelle. Hinzu kommt, dass herumliegender Abfall für Wildtiere tödliche Gefahren bergen kann, da sie sich lebensgefährlich daran verletzen können.

Abfälle	Verrottungsdauer
Bananenschale	3 Monate
Taschentuch	3 Monate
Zeitung	3 bis 12 Monate
Zündholz	6 Monate
Zigarettenstummel	1 bis 2 Jahre
Kaugummi	5 Jahre
Aludose	100 Jahre
Feueranzünder	100 Jahre
PET-Flasche	100 bis 1000 Jahre
Kreditkarte	1000 Jahre
Glas (-flasche)	4000 Jahre

Innehalten – Sehen – Staunen

Halten Sie ab und zu inne, schauen Sie hin und staunen Sie!

Die alpine Natur, in der Sie sich bewegen, ist unendlich vielfältig. Sie können diesen Reichtum ganz bewusst erleben! Je mehr Sie wahrnehmen, desto mehr werden Sie ins Staunen geraten. Sie verhalten sich achtsamer und werden auch bereit sein, die Natur und die Umwelt vor übermässigen Eingriffen zu schützen.

Wahrnehmen und Sehen ist uns nicht einfach so gegeben. Es kann geschult und verbessert werden. Sie können sich von Kennern anleiten lassen, können Kurse und Exkursionen besuchen oder Bücher über ausgewählte Naturthemen lesen. All dies wird Ihre Tour bereichern und Ihr Naturerlebnis vertiefen.

Zu Gast in der Natur

Verhalten Sie sich rücksichtsvoll und respektieren Sie Einschränkungen.

Ihr rücksichtsvolles und naturschonendes Verhalten trägt dazu bei, dass die Bergtourengänger als Gäste in der Natur willkommen sind und dass der freie Zugang erhalten bleibt. Respektieren Sie bestehende, offizielle und vom SAC anerkannte Einschränkungen des freien Zugangs aus Naturschutzgründen. Es ist vor allem wichtig, dass sich alle Bergtourengänger an die geltenden Verhaltensregeln innerhalb der Naturschutzgebiete halten.

Verantwortung als Leiter

Bereichern Sie Ihre Tour mit aktiven Naturerlebnissen. Achten Sie auf umweltschonendes Verhalten Ihrer Teilnehmer.

Als Leiter sind Sie verantwortlich für die Sicherheit Ihrer Teilnehmer. Sie tragen aber auch die Verantwortung für den Umgang mit der Natur. Sie sind Vorbild und Autorität gleichzeitig. Öffnen Sie Ihren Teilnehmern die Augen für die Schönheit und den Wert der Natur und erhöhen Sie so den Erlebniswert auf einer Tour. Die beiden vom SAC mit herausgegebenen Bücher «Lebenswelt Alpen» und «Alpen aktiv» sowie weitere Publikationen des SAC-Verlags helfen Ihnen dabei. Wagen Sie es auch, nötigenfalls mit Autorität gegen ein Fehlverhalten einzuschreiten.

Unterwegs in der Bergnatur – Knigge für Wanderer

> Halten Sie sich wenn immer möglich an die markierten Routen und Wege. Abkürzungen fördern oft die Erosion und Schutthalden-Pflanzen sind besonders empfindlich. Schliessen Sie immer alle Weidegatter.

> Nehmen Sie Rücksicht auf die Wildtiere – stören Sie sie nicht und halten Sie immer genügend Abstand zu ihnen.
> Pflanzen sehen in der freien Natur am schönsten aus.
> Das Sammeln von Beeren und Pilzen sollte massvoll erfolgen.
> Wasser, Energie und sonstige Rohstoffe sind in den SAC-Hütten knapp. Sie sollten deshalb nicht verschwendet werden.
> Jeder trägt seinen eigenen Müll wieder ins Tal zurück.
> Lokale Produkte bereichern Ihre Verpflegung. Versuchen Sie wo immer möglich, regionale Produkte für Ihre Bergtouren zu verwenden.
> Wildes Campieren ist etwas vom Schönsten! Es ist aber unabdingbar, vorgängig abzuklären, ob es erlaubt ist (Erlaubnis des Grundeigentümers).
> Ihr Hund soll die Berge auch geniessen dürfen – hingegen gehört das Jagen von Rehen und Gämsen nicht zu seinem Wanderprogramm. Im Zweifelsfalle gehören Hunde immer an die Leine.
> Betrachten Sie das Gebirge als das, was es ist: eine grossartige Kultur- und Naturlandschaft, in den Hochregionen eine der letzten Wildnislandschaften Europas. Bewegen Sie sich in der Bergnatur deshalb mit Respekt und Verantwortungsbewusstsein!

Wo erhalte ich Informationen?

Weiterführende Informationen zu umwelt- und naturschutzrelevanten Themen in den Schweizer Bergen finden Sie unter dem Link «Berge und Umwelt» auf www.sac-cas.ch und auf www.natursportinfo.ch.

■ Reitpferde in der Alpenfrische ob Maienfeld.

■ Wettereinbruch von Norden am Falknis.

Ihr Berge

«Jahrhunderte sprudelten hervor, zahllose Menschengeschlechter, eins ums andere kam und verging euch zu Füssen. Ihr Berge! Unverstanden, gefürchtet hieltet ihr Wacht, sehnsüchtig den Morgen eueres gütigen Eingreifens ins Schicksal der Menschen erwartend.

Wie heilige Feuer haben in einzelnen Menschen Funken gezündet, um plötzlich in wild aufgepeitschter Glut als Bergleidenschaft zum Himmel zu schiessen. Eure gefahrvolle Pracht, die gehüteten Rätsel, welche die alten mieden, wurden auf einmal den jungen Menschen begehrenswerte Ziele. Sie zogen sie plötzlich mit unwiderstehlicher Kraft an. Das Erlebnis des Hochgebirgswunders hob sie mit einem einzigen Ruck aus ihrem faden Durchschnittsleben in die Regionen eines geadelten Daseins empor.»

Stark gekürzt nach Hans Morgenthaler: «Ihr Berge». Hamo wuchs in «der harmlosen Atmosphäre mittelschweizerischer Kartoffeläcker in Burgdorf auf». Sein Vater war Stadtpräsident. Der Student trat 1911 in Zürich dem Akademischen Alpenclub bei, einer Gruppe, die in der letzten Phase der Pionierzeit des Bergsteigens mit akademischer Gründlichkeit ihre Bergerlebnisse aufzeichnete und sich darauf auch etwas einbildete. Zu dieser Gruppe zu gehören «war das einzige Ideal, das ich kannte». Neun Jahre später berichtete er von der Aiguille de la Tsa: «Es ist uns allen verleidet worden. Ich habe das Seil in kleine Stücke geschnitten und samt den Steigeisen in ein Moränenloch hinuntergelassen und Steine darauf... damit sind die Berge endgültig abgetan. Sogar die alpine Welt sei unterdessen entweiht und nüchtern geworden, eines der Symbole unserer Zeit. Die Hütten seien jetzt überlaufen von Leuten, die von der alten Heiligkeit nichts wussten, schwatzende Gesellschaften verschwitzter Leute machen sich in den vergrösserten Clubhütten breit.»

Darf da ein Büchlein noch mehr Leute zum «Alpinwandern» locken?

Alpinwandern ist romantisch

In irgendeiner Schulstunde haben wir es alle gehört:

Wem Gott will rechte Gunst erweisen,	den schickt er in die weite Welt,
Dem will er seine Wunder weisen	in Berg und Tal und Strom und Feld.
Den lieben Gott nur lass ich walten;	der Bächlein, Lerchen, Wald und Feld
Und Erd und Himmel will erhalten,	hat auch mein' Sach' aufs best' bestellt!

Das Gedicht steht in Joseph von Eichendorffs Erzählung: «Aus dem Leben eines Taugenichts» von 1826. In jenen Jahren wurde Schulbildung Pflicht, Europa fing an, an die Vernunft der Menschen zu glauben, seither gehört die Welt den Tüchtigen. «Du Taugenichts» liess Eichendorff den Vater seinem Sohn sagen, «du lässt mich meine Arbeit allein machen, geh hinaus in die Welt, und erwirb dir selber dein Brot.» Dem Taugenichts aber war das ganz recht:

«Wenn ich ein Taugenichts bin, so ists gut, so will ich in die Welt gehen und mein Glück machen.» Sein Glück aber findet er nicht auf ausgetretenen Strassen und Wegen, er fragt weder Wegweiser noch Wegzeichen nach einem Ziel, er will nach Italien, aber den Weg will er entdecken. Das will Alpinwandern auch. Sogar Bergsteiger leben heute in einer verschulten und verplanten Welt. Sie messen sich wie in Beruf und Gesellschaft an anderen Menschen, erleben nicht stille Wälder, Bergblumenwiesen und raue Felsen. In der Höhe zu sein ist nicht genug. Der erste Dreitausender ruft nach einem Viertausender. Der Dom ist mit 4574 die höchste Spitze der Schweiz. Der Mont Blanc bringt Bergsteiger auf 4807 Meter, der Everest wäre der höchste der Welt, und die Besten klettern im elften Grad.

Schläft ein Lied in allen Dingen, die da träumen fort und fort,

Und die Welt fängt an zu klingen, triffst du nur das Zauberwort.

So singt Eichendorff weiter. Mein Büchlein möchte ein Zauberwort sein, nicht Wegweiser und Wegzeichen. Zum Klingen bringt man die Berge nur abseits markierter und gesicherter Routen, denn Weganlagen entzaubern die Berge. Am glücklichsten macht Bergsteigen, wenn man mit eigenen Augen seinen Weg findet, wenn man der Nase nach geht. Landeskarten mögen uns zeigen, was hinter den Graten und Spitzen liegt, Kompass und Höhenmesser helfen, wenn Nebel die Berge verhüllt. GPS geht noch viel weiter.

Und doch wurde der Schlossjunker Eichendorff Jurist und ein Beamter der Stadt. Und der Taugenichts wird in Italien getäuscht und betrogen. Daheim aber wartete eine Frau, die ihm Ruhe und Frieden brachte. Der Alpinwanderer wird nach einem Tag voll wundersamer Entdeckungen auch froh, wenn er in einer gastlichen Hütte einen freundlichen Hüttenwart findet und Bergsteiger, die mit ihm reden.

Etappe 1

Die Clubhütte am Berghang über den Weinbergen

Maienfeld – Enderlinhütte

Die erste Etappe der Haute Route durch Graubünden beginnt im flachen Rheintal, verlangt ausgiebig Zeit in den historischen Winkeln von Maienfeld, mit letzten Resten der Stadtmauern aus dem Hochmittelalter und führt dann sanft durch die Weinberge hinauf. Auch der Steigwald gehört noch den Wanderern, ab dem Enderlinstein gehen wir aber unter die Bergsteiger. Ziel ist die Enderlinhütte am Falknis hoch über dem Bündner Rheintal. Nach 38 Tagesetappen werden wir den Ausgangspunkt Maienfeld wieder erreichen.

T2 2 Std. 30 Min. ► 6,0 km ▲ 1020 m ▼ 20 m

Routencharakter und Schwierigkeit Kurzer, leichter Hüttenanstieg von 600 m auf 1500 m. Es sind fast beliebige Ausgangspunkte möglich. Beim Enderlinstein auf 974 m setzt der Enderlinweg an. Er ist steil, aber gut gepflegt.

Zeit 2½ Std.

Ausgangspunkt Maienfeld, historisches Städtchen am Eingang von Graubünden. SBB Chur – Zürich und Chur – St. Gallen, Postauto nach Bad Ragaz, Landquart, Fläsch und Jenins. Fahrplanfelder 880, 900, 905, 900.65 PW: Autobahnausfahrt Maienfeld bis St. Luzisteig (713 m). P vor der Passhöhe. Tourismus Bündner Herrschaft im Städtli: Tel. 081 330 19 12. Gaststätten und kleine Hotels.

Hotel Alpenrose
7304 Maienfeld
Tel./Fax: 081 302 13 25.
5 Doppelzimmer. Ganzjährig geöffnet.

Hotel Heidihof
Bovel, 7304 Maienfeld
Tel. 081 300 47 47, Fax 081 300 47 49.
E-Mail: info@heidihof.ch

Swiss Heidihotel
7304 Maienfeld
Tel. 081 303 88 80, Fax 081 303 88 99.
E-Mail: info@swissheidihotel.ch

Fläsch oder Bad Ragaz, Jenins oder Malans oder sogar Balzers sind ebenfalls mögliche Ausgangspunkte. Von der Station Bad Ragaz über die Eisenbahnbrücke, auf dem Rheindamm nach N und durch die Weinberge, das Holz und den Föreliwald auf die St. Luzisteig. Die verschiedenen Feld- und Waldwege durch den Steigwald führen alle zum Enderlinstein im Loch (974 m).

Endpunkt Enderlinhütte (1501 m) 760.570/211.10

SAC-Sektion Piz Sol, 9470 Buchs.
Hüttenwart Niclaus Saxer, Malans. Tel./Fax 081 322 95 54, in der Hütte 079 681 61 29. (40 Plätze). Bewartet von Juni bis Oktober an Wochenenden. Getränke.
Die Hütte liegt auf Falknisbargün in einer Waldlichtung am Weg zum Falknis-Gipfel.

Einfachster Abstieg ins Tal Nach Maienfeld.
Auf der Aufstiegsroute nach Maienfeld.

Karten 1155 Sargans, 1156 Schesaplana

Unterwegs einkehren
Landgasthof Luzisteig, auf der St. Luzisteig.
Tel. 081 302 72 22 und 302 72 81, Fax 081 302 74 34.

Die Route Von Maienfeld durch die Weinberge zur Pola, hier links abbiegen und durch prächtigen Eichenhain zu P. 664 und über Weiden zum alten Schützenhaus am Waldrand auf 720 m. Von der Westecke des Parkplatzes führt ein schmaler, alter Waldweg gerade aufwärts bis zum Enderlinstein (P. 977). Beim Enderlinstein links hoch und gut markiert auf dem Steg nach links über die Lochrüfe. Nun auf dem steilen, gepflegten Enderlinweg zur Enderlinhütte. 2½ Std.

Von Bad Ragaz über die Eisenbahnbrücke, auf dem Rheindamm nach N bis P. 502, dann durch die neuen Weinberganlagen ins Holz und den Föreliwald. Die Steigstrasse querend durch den Steigwald zum Enderlinstein und auf dem Enderlinweg zur Hütte. 3¼ Std.

Von St. Luzisteig durch das Gelbovel bei P. 837 dem Waldweg nach rechts folgend bis zur nächsten Kurve. Ein Wegweiser zeigt den Fussweg, der zum nahen Steg über die Rüfe führt; wieder hinauf und beim Enderlinstein auf den Enderlinweg. 2 Std.

Sehenswürdigkeiten Maienfeld und St. Luzisteig

Das Weinstädtchen Maienfeld inmitten seiner Rebberge, das Bauerndorf Fläsch und der Weltkurort Bad Ragaz mit der Taminaschlucht, wo aus grosser Tiefe 36 Grad warmes Wasser aus den Felsen sprudelt. 800 m nördlich von St. Luzisteig liegt die Schanz, eine eindrückliche Festungsanlage der Bündner an ihrer Nordgrenze; es handelt sich dabei vielleicht um das bedeutendste Bauwerk des Freistaates Alt Fry Rätia. Die bestehenden Anlagen stammen aus der Restaurationszeit.

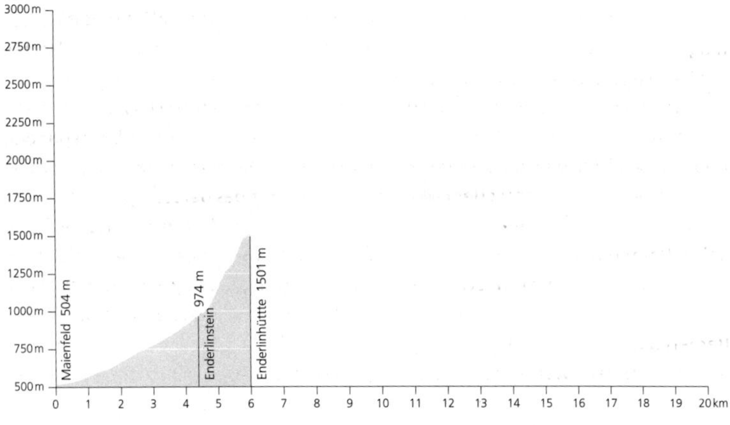

Der Weg eines Bergführers

Enderlinhütte und Enderlinweg erinnern an Fortunat Enderlin von Maienfeld. Der Schweizer Alpen-Club hat einmal versucht, jeden Personenkult in den Bergen zu unterbinden: Die Namen von Hütten und Gipfeln, die nach Personen benannt waren, sollten geändert werden. Tatsächlich hat die Besitzersektion Piz Sol ihre Hütte eine Zeitlang Falknishütte genannt, aber der Name Enderlin war stärker und hat überlebt.

Noch weiss in Maienfeld jedermann, dass Fortunat Enderlin ein «Bergführer» war. Er lebte von 1824 bis 1918. Als die ersten Gäste in die Berge geführt werden wollten, gab es noch keine Ausbildungskurse für Führer. Der erste Bündner Bergführerkurs fand erst 1890 statt. Fortunat Enderlin war einer dieser «Bergführer», sein Beruf war es nicht; aber der Falknis wurde mit der Zeit sein Berg. Am 19. Juli 1880 führte er Eduard Imhof (Vater) und Andreas v. Sprecher aufs Glegghorn; die Tour gilt als die erste touristische Besteigung dieses Bergs. Enderlin war damals 56; wahrscheinlich hatte er das Glegghorn schon früher bestiegen, ein Tourenbuch führte er nicht.

Als Bauernsohn konnte Enderlin das elterliche Gut in der Bünte ob Maienfeld übernehmen. Zusammen mit seiner tüchtigen Frau Verena bewirtete er dort Gäste aus dem nahen Kurort Ragaz. Bei einem kühlen Trunk die Fremden zu unterhalten, habe ihm besser behagt, als in der Glut der brennenden Sonne im Weinberg zu werken. Bergsteigen war für ihn auch ein bisschen Flucht vor der täglichen Arbeit. Über hundertmal habe Fortunat den Falknis bestiegen, aber das ist in seinem langen Leben gar nicht so erstaunlich: Ein knappes Dutzend Besteigungen pro Sommer reichten, und mit 90 Jahren stand er zum letzten Mal auf dem Gipfel.

1910 baute er etwa auf halbem Weg eine Hütte. Sein Sohn half ihm dabei. Gut möglich, dass er es schätzte, einen Teil des mühsamen Aufstiegs am Vortag zurückzulegen, er war 86, aber der Falknis war noch immer sein Berg. Wer mit ihm in Maienfeld aufbrechen durfte, in seiner Hütte sein Gast war, ihm dann am Morgen auf seinem Weg folgte, den er gefunden, immer wieder begangen und jedesmal da und dort etwas verbessert hatte, der kam dem Falknis näher. Bergführer Enderlin war weder Fachmann noch Lehrer des Bergsteigens, er betrieb auch keine Bergsteigerschule. Enderlin markierte seinen Weg nicht und verfasste keine Routenbeschreibung. Er musste den Leuten den Falknis selber zeigen, er wollte dabeisein, Schritt für Schritt. Er war hier vertraut, liebte Bäume und Blumen, Felsen und Tiere. Von dieser Liebe sprang oft ein Funke auf seine Gäste über. Dem Bergerlebnis fügte sich eine Begegnung mit diesem Mann an, dem der Falknis Inhalt des Lebens war und der den Gästen weit mehr zu zeigen hatte als nur den Aufstieg. PM

Etappe 2

Rheinpanorama von Chur bis zum Bodensee

Enderlinhütte – Falknis – Fläscher Tal – Ijes – Schesaplanahütte (Seewis)

Ein ausgesetzter Pfad führt über die steilste Bergflanke der Bündner Herrschaft und überwindet sogar Felsstufen, die mit Eisenstiften und Drahtseilen bestens gesichert sind. Ein Rauschen begleitet uns bis weit in die Höhen, doch rauschen die Autos auf ihrer Bahn, nicht der Rhein in seinem Bett. Auf dem Falknis folgt unser Blick dem Rhein noch einmal bis hinunter zum Bodensee, dann aber wenden wir uns dem Kranz der Bündner Berge zu: Rätikon, Silvretta, Bernina, Oberalp, Tödi – irgendwann werden wir auf unserer Haute Route auch dort vorbeikommen!

T4 6–7 Std. ▶ 16,0 km ▲ 1950 m ▼ 1540 m

Routencharakter und Schwierigkeit Ausgesetzter Weg zum Falknis mit einzelnen Felsstufen, die aber mit Eisenstiften und Drahtseilen gesichert sind. Wer den Weg bei Nebel oder Dunkelheit verliert, findet sich in den sehr steilen, von Felsen durchsetzten Grasflanken vor allem im Abstieg schwer zurecht. Der Übergang über das Barthümeljoch ist markiert, aber bei Nebel nicht leicht zu finden. Der Enderlinweg ist blau markiert.

Zeit 6–7 Std.

Ausgangspunkt Enderlinhütte (s. Etappe 1)

Endpunkt Schesaplanahütte (1908 m) 770.590/212.770
SAC-Sektion Pfannenstiel, 8708 Männedorf.
Tel./Reservation: 081 325 1163, Hüttenwart Hans Gansner-Lüthi, 7212 Seewis.
Tel. 081 325 15 95. Bewartet von Mitte Juni bis Mitte Oktober.

Wohlgenährt in der Herbstsonne am Falknis.

Einfachster Abstieg ins Tal Nach Seewis. Über Cani nach Seewis. T2 4 Std.

Karte 1156 Schesaplana

Talort Seewis. Dorf auf sonniger, stiller Terrasse, Hotels, Gaststätten. Medizinisches Rehabilitations-Zentrum.
Kur- und Verkehrsverein: Tel./Fax 081 325 10 81 oder 081 325 11 95.
Mit SBB bis Landquart, anschliessend RhB Landquart – Davos bis Seewis/Valzeina; weiter mit Postauto oder mit Postauto ab Landquart nach Seewis. Fahrplanfelder 910 und 910.20.

Variante Vom Malanser Älpli
Ausgangspunkt Malanser Älpli (1801 m). Mit der Älplibahn von Malans. Postauto von Landquart und Bad Ragaz. Fahrplanfeld 900.65.
Älplibahn: Fahrt auf Verlangen. Samstag/Sonntag oft lange Wartezeiten. Reservation Talstation Älplibahn: Tel. 081 322 47 64 oder Sekretariat Igis 081 322 47 76. Vom Älpli auf gutem Fahrweg über Vorderalp, Bad, Fläscheralp bis zur Abzweigung Ijes. Zeit vom Älpli zur Schesaplanahütte: 5–6 Std.

Über Stürfis und Cani
Statt zur Alp Ijes aufsteigen auf dem Alpweg abwärts nach Stürfis. Ein Fussweg führt nach Cani weiter. Er ist nach den Alphütten nicht sichtbar, aber markiert, wird im Wald deutlich und endet auf dem Alpweg in Cani, der zur Schesaplanahütte führt.

Gipfel Falknis (2562 m) T3 ¾ Std. Vom Fläscher Fürggli über Weglein in Schafweiden markiert zum Falknis Gipfel. Abstieg auf der gleichen Route oder im Frühsommer über Altschnee direkt zum Obersee abrutschen, sonst zurück zum Fläscher Fürggli und von dort ins Fläscher Tal bis zum Untersee.

Naafkopf (2570 m) T3 1 Std. Wegspuren.
Vom Barthümeljoch ohne Schwierigkeiten auf den Naafkopf, die Dreiländerspitze Schweiz-Liechtenstein-Österreich.
Abstiegsmöglichkeit zur Pfälzerhütte. T2 1 Std. Wegspuren.

Die Route Von der Hütte auf dem Enderlinweg erst durch Fichten und Bergföhren hinauf zu den ersten kleinen Felsstufen. Darüber weit nach rechts zur meist trockenen Rüfe (sie kann bei Gewittern unpassierbar werden). Über glatte Platten an Seilen und Eisenstiften gut gesichert an den Fuss des Simeliturms (sinwel = rund) und unter ihm auf gutem Weglein, aber sehr ausgesetzt, auf die Weiden, die zum Fürggli hochführen (2247 m). 2½ Std.

Auf markiertem Weg über Schafweiden weiter zum Gipfel (2560 m). ¾ Std. Im Frühsommer auf Altschnee direkt zum Obersee, sonst zurück zum Fürggli und auf markiertem Weg zu den Hütten. Beim untersten See (P. 1889) (im Sommer oft ausgetrocknet) verlässt man den Alpweg und folgt Wegspuren (ohne Markierung) nach E und auf dem Alpweg nach Ijes. Dem Viehweg auf gleicher Höhe nach E folgen, bis Wegzeichen und dürftige Wegspuren links abzweigend über grüne Matten zum Barthümeljoch hochführen. 2¾ Std.
Der Anschluss an den Liechtensteinerweg ist hier bei Nebel nicht leicht zu finden. «Kellerna» nennen die Einheimischen dieses unübersichtliche Karrenfeld mit Dolinen und Rippen. Über Altschnee und Schutt nördlich am Tschingel vorbei und zur Gross Furgga (2359 m). Hier ist die Schesaplanahütte täuschend nahe; auf dem Liechtensteinerweg zuerst Richtung Chlei Furgga und dann über viele Rippen und Rinnen kurzweilig zur Hütte. 2 Std.

Sehenswürdigkeiten Alp Stürfis. Hier ist im 17. Jahrhundert in den Wirren des Dreissigjährigen Kriegs ein stattliches Walserdorf verschwunden. Ein grosser Teil der Bevölkerung starb an der Pest, die Überlebenden wanderten ins Tal nach Maienfeld ab. Sie waren dort als Bürger willkommen. Auf den Weiden, die die Walser von Wald und Steinen befreiten, sömmern heute Maienfeld und Fläsch gemeinsam 600 bis 700 Stück Vieh und über 1000 Schafe. Gedenkstein auf dem alten Kirchhügel.

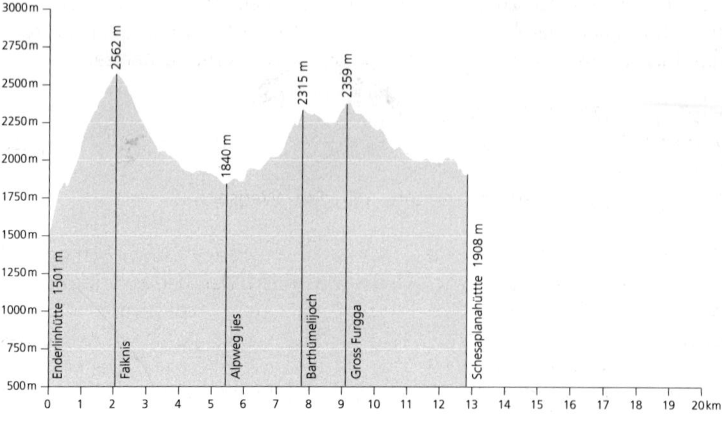

Etappe 3

Sererhards «Mirabilia der Berge»

Schesaplanahütte – Schesaplana – Gamsluggen – Golrosa – Carschinahütte (St. Antönien)

Die Schesaplana ist der populärste Berg der ganzen Gegend. 600 Meter hoch ist der Abbruch, der am Morgen ganz finsteren, am Mittag leuchtend weissen ostalpinen Dolomitplatte. Wir steigen voll Staunen durch diese Wand hoch. Ein findiger Forscher hat schöne Versteinerungen entdeckt. So unglaublich es auch scheint, wir müssen nicht klettern, um auf den Gipfel zu gelangen. Schon vor über 200 Jahren beschrieb der Pfarrer und Chronist Nicolin Sererhard die Aussicht vom Schesaplanagipfel. Richtige Bergfreude, ja Begeisterung klingt aus den Worten seines amüsanten und äusserst lesenswerten Berichts. An schönen Tagen fällt es leicht, auf dem Schesaplanagipfel seine Worte nachzuempfinden.

T4 7 Std. ▶ 17,9 km ▲ 1390 m ▼ 1700 m

Routencharakter und Schwierigkeit Der Schweizerweg ist ein gut ausgebauter Felsenweg. Wenige Stellen sind ausgesetzt, aber gut gesichert. Der Abstieg beginnt mit einem steilen Firnfeld, wird aber bald angenehm. Die Gamsluggen sind sogar bei guter Sicht nicht ganz leicht zu finden, bei Nebel äusserst schwierig. Die Orientierung ist erst ab Golrosa problemlos.

Zeit 7 Std.

Ausgangspunkt Schesaplanahütte (s. Etappe 2)

Endpunkt Carschinahütte (2236 m) 781.620/208.980
SAC-Sektion Rätia, 7000 Chur.
Tel. Hütte: 079 418 22 80. Hüttenwart Thomas Solèr, Bündtestr. 2c, 7000 Chur, Tel. 079 279 08 61.
Reservationen: 081 416 35 22, Fax 081 416 53 85, E-Mail: tom.soler@bluewin.ch

■ Dort ruhen wir aus: Schesaplanahütte im Aufstieg zum Gipfel.

85 Plätze (12 Plätze im freundlichen Winterraum mit Küche). Bewartet Mitte Juni bis Mitte Oktober.
Die Hütte liegt auf der Carschinafurgga unter der SW-Wand der Sulzfluh und ist ein vielseitiger Stützpunkt für Wanderungen.

Einfachster Abstieg ins Tal Über Obersäss und Untersäss zum Fahrsträsschen nach Partnun und St. Antönien. 2 Std. Über Drusa und Schuders nach Schiers. 4 Std. bis Schuders.

Karten 1156 Schesaplana, 1157 Sulzfluh

Verschiedenes Die romanischen Wörter «sassa», Fels, und «plana», Ebene, erklären den Namen Schesaplana. Völlig überraschend breitet sich auf dem ebenen Felsen ein Gletscher aus und erweckt einen unerwarteten Eindruck: Eine hochalpine Gletscherlandschaft, die ringsum in tiefgrüne Täler abfällt.

Talort St. Antönien (1420 m)
Abgeschlossenes Hochtal, typische Walsersiedlung mit Zentrum «Platz» und verschiedenen Fraktionen.
SBB bis Landquart, RhB Landquart – Davos bis Küblis, anschliessend Postauto nach St. Antönien, Fahrplanfelder 900, 910 und 910.55. Mit PW über Landquart – Küblis nach St. Antönien.
Verkehrsverein: Tel./Fax 081 332 32 33.
Hotels, Pensionen und Ferienwohnungen.

Variante Vom Schesaplanagipfel zur Totalphütte OeAV (2380 m) absteigen. Sie ist bewartet von Pfingsten bis Oktober (14 Plätze). Weiter zur Douglashütte OeAV (1973 m). Restaurant, geöffnet von Pfingsten bis Oktober, 55 Betten, 150 Plätze im Lager. Winterraum. Auskunft Verkehrsamt Brand, Tel. 0043 5559 5550.
Von der Douglashütte über den Oefenpass zur Lindauerhütte OeAV (Restaurationsbetrieb über Pfingsten und Juni bis Oktober; 23 Betten, 103 Plätze im Lager. Winterraum). Zurück über das Drusator zur Carschinafurgga.

Die Route Von der Hütte führt der Schweizerweg markiert und gut gesichert durch die weisse, zum Teil wilde Fluh hie und da etwas ausgesetzt auf das Plateau hinauf. Im Nebel nicht ganz leicht zu finden, bei Neuschnee nicht zu empfehlen. Vom Rand des Gletschers in leichtem Gelände zum Gipfel. 2½ Std. Über den Südgrat zur Scharte absteigen und links, meist über Schnee, in die Ostflanke auf die Tote Alp. Auf etwa 2550 m zweigt der markierte Weg rechts ab. Die Wegspuren zur Gamsluggen werden durch Schneefelder und kleine Stufen unterbrochen, und die Gamsluggen ist nicht leicht zu finden.

Man erreicht sie auf markiertem Weg von rechts nach links und fast horizontal. (Man kann auch zum Lünersee absteigen und von der Lüneralp übers Cavelljoch nach Golrosa gelangen; Umweg von 1 Std.) Von der richtigen Scharte führt der Abstieg zuerst ganz deutlich nach rechts (W), man versuche nicht, irgendwo weglos abzusteigen. Von P. 2129 «Bi den Seeli», zum Teil weglos nach Golrosa. 1 Std.
Bei Nebel führen hier verwirrende Wegspuren in alle Richtungen. Man suche jedenfalls die Schutzhütte und folge dort den Wegweisern. Sie weisen von nun an den Weg zuverlässig bis zur Carschinafurgga. 3 Std.

Sehenswürdigkeit Kirche St. Antönien
Reformierte Kirche von St. Antönien: zusammen mit Fläsch die erste reformierte Gemeinde Graubündens. Die Kirche stammt aus dem 14. Jahrhundert. Schiff mit Holztonne überwölbt, Chor mit gotischem Sterngewölbe.

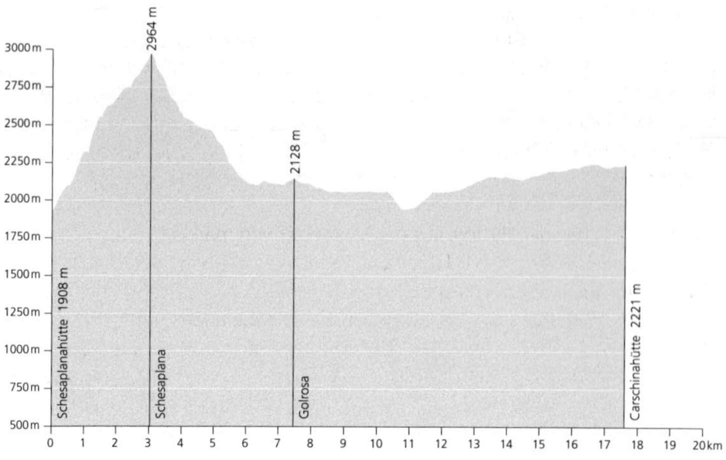

Schesaplana-Bergreise

Der Bericht über die Erstbesteigung der Schesaplana um 1730 durch den Seewiser Pfarrer Nicolin Sererhard mit zwei Begleitern nimmt in einem der meistzitierten Bücher über Graubünden viel Platz ein. Sererhard soll auch im vorliegenden Wanderführer ausführlich zu Wort kommen. Sein Werk «Einfalte Delineation aller Gemeinden gemeinen dreyen Bünden», geschrieben um 1742, gedruckt 1872, wurde auf Anregung von Professor Johann Jakob Scheuchzer verfasst. Scheuchzers «Naturgeschichte des Schweizerlandes» diente dem Bündner Pfarrer als Vorbild. Der Abschnitt über die Tour auf die Schesaplana ist die älteste reine Bergfahrtenbeschreibung aus den Ostalpen.

«Meine Schaschaplana Bergreis hat mich in noch mehr Verwunderung versezet als der Tschingel. Meine Reisegefährten waren der jetzige Ganey Badwirt und ein alter, nunmehr 83-jähriger Jäger. Wir pernoctierten in der Alp auf dem wilden Heu, morgens stiegen wir eine gäche Felsenkehle (Schafloch) hinauf bis in die Höhe, da wir durch enge Kluppen auf den grossen Gletscher hin kamen, da musste mich schon über drei Ding verwundern, dann beym Eintritt sezte mich auf einen Stein, ein wenig zu ruhen, mochte aber keinen Augenblick erleiden auf dem Stein zu sitzen, beschaute ihn, da befande, daz er mit vielen kleinen Spizlein überzogen, die ebenso spizig als Nadeln gewesen. Als wir über einen traten, fanden wir zuerst eine hole Tiefe, da kam es mir spanisch vor, als alldorten gar nichts anders sehen konnte als Himmel und Schnee. Doch eben in dieser Gegend gewahrete noch eine Curiositaet, dann wir sachen vor diesem Eingang gegen über ein Stück Gletscher einer Oval-Ründe, der seine in recta linea artige Züg hatte, die bey ihrer Endung um etwas krum gebogen und auch durchhin um etwas schwärzlich waren, da sonst allenthalben ringsum her alles nur Schnee ware. Dieser Plaz machte just die Figur wie ein gepflügter Aker, an deme die Furchen noch zu spühren sind Ich schreibe dieses zu dem favonio (Föhn), welcher zuoberst all die Felsenkähle angeputscht und per repercussionem durch die enge Kluppen seinen Zug und eben an diesem seinen Anstich gehabt, an welchem er durch seine den Schnee erweichende Natur und per circulationem besagte Würkung gemacht, dass aber die surculi oder kleine Fürfelsen um etwas angeschwärzt, rührt eben von bemelter Ursach, weil der stark blasende und durch die enge Klupp hindurchgetriebene Wind etwas Erdstaub und Sand mit sich wird geführt, und allhier in den durch ihn erweichten Schnee hinterlassen haben.

Wir marschierten über den entsetzlich grossen Gletscher und betrachteten auch mit Verwunderung die ungeheuren Gletscher-Spält. Bei einem dieser, in welchem die Sonne hineinglänzte, legte ich mich auf den Bauch und schaute in die Tiefe hinab, bis mir das Gesicht verging; konnte doch den Grund des abyssi mit dem Gesicht nicht erreichen.

Wir kamen endlich auf den obersten Gipfel des Berges, da ging es erst an eine rechte Verwunderung, nachdem noch vorher hier unten auf dem grossen Gletscher ein Erstaunen vorgegangen, denn wir fanden auf diesem Gletscher Stücke von Nuss-Schalen, Ross- und Menschenhaar, Hobelschnitten, worüber wir uns nicht wenig verwunderten. Ich schrieb es den Sturmwinden zu, welche dergleichen Dinge in der Tiefe erhoben und durch die Luft hier her getragen gleichsam wie fliegende Spreuel. Auf dem obersten Gipfel sahen wir mirabilia. Finde diesen Gipfel den höchsten des sich weit erstreckenden Gebirgs Rhaeticonis, dessen auch Guler und Sprecher in ihren Chroniken Meldung tun; bald all andere scheinen gegen ihn, wenn man auf diesem Gipfel stehet, niedrig und zum Teil auch nur Büchel zu sein. Der Prospekt an diesem Ort ist etwas admirables. Man siehe rings umher etliche hundert hohe Gebirge mit ihren hervorragenden Gipfeln, welche meistens weis bekappet oder mit weisen Gletscher Flecken versehen. Solcher Gebirge siehet man von danen vier bis fünf Rayen hinder einandern in einer recht wundersamen concatenation, dz man von weitem meynte, diese concatenation zieche sich bey jedem Reyen recht circul-wes rings umher. Man siehet, soweit als es das Auge ertragen mag, nichts als Bergen und Bergen, eine unglaubliche Weite rings umher, aussert bey einer einigen Oeffnung über den Lindauer See hinaus ins Schwaben Land, da präsentiert sich das schönste Ansehen von der Welt; die Städte Lindau, Constanz, die Insel Reichenau, Arbon, Hochen-Emis etc. scheinen einem ganz nahe zu sein, mit dem Perspectiv kann man die Tächer und Gebäu gar wohl distinguiren. Weiter hinaus mag man wohl einige Tage Reisen weit ins Schwabenland übersehen, da praesentieren sich dem Aug eine unzählbare Menge von Städten, Dörfern, Kirchen-Thürri hinter einandern. Item eine seltsame Versicolorität der mancherlei Feldern, Akern, Waldern etc., dz mans ohne Verwunderung und Lust nicht ansehen kann. Wann einer den äussersten Bezirk rings herum umreisen sollte, den man hier übersehen kann, wurde er wohl viel Wochen zubringen müssen.

Die ganze Eidgenossenschaft und Bünden ist hier zu übersehen und noch sehr weit weiter hinaus über beidere Gebirge hin. Unter etlich hundert übersehenden Gebirgen mag diesem Berggipfel keines das Aussehen benehmen, als nur der Gotthard ob Waltensburg um etwas, die andern appariren alle so weit, als es das Aug ertragen mag, übersichtlich. Unter so vielen Berg-Ländern kommt einem allhier keines bergigter vor als das Tyrol. Da siecht man einen gächen Felsenspiz hinder dein andern, das es von weitem anzusehen, gleisam wie ein Wald. Der Pfarrer Sererhard sieht seine Heimat Graubünden als göttliche Schöpfung. Sie ist wie die ganze Erde: voll allenthalben der Güte des Herrn, wo immer man die Aufmerksamkeit hinwendet, findet man Spuren und Merkmahle der Allmacht, Weisheit und Güte unseres Gottes, wer will die Wunder des Herrn alle erzählen können.» PM

Etappe 4

Als Bergwanderer auf einen Kletterberg

Carschinahütte – Gemschtobel – Sulzfluh – Karrenfeld – Tilisunahütte – Sulzfluhhöhlen – Partnun (St. Antönien)

Bei der Carschinahütte gibt sich die Sulzfluh senkrecht und unnahbar. Nach dem Blockgewirr einer wilden Bergsturzlandschaft erlaubt aber eine kurze, felsige Stufe den Einstieg ins Gemschtobel, dann geht es leicht zwischen lotrechten Kalkwänden zum Gipfel, der den schönsten Einblick in die wilden Drusentürme vermittelt. Über ein abweisendes Karrenfeld zur gastfreundlichen Tilisunahütte. Das nur sanft geneigte, blendend weisse Karrenfeld gleicht einem wild zerrissenen Gletscher mit Spalten und Stufen. Es bildet den schönsten Kontrast zu den steilen Felswänden der Süd- und Südwestseite. Tief unten auf dem Partnunsee kündigt ein kleines Ruderboot die Nähe des Ferienortes St. Antönien-Partnun an.

T4 6 Std. 30 Min. ▶ 11,3 km ▲ 870 m ▼ 1320 m

Routencharakter und Schwierigkeit Bis zum Gemschtobel markierter Wanderweg. Dann muss man sich während den ersten Metern mit den Händen behelfen. Deutlichen Markierungen folgend, aber weglos über das Karrenfeld zur Tilisunahütte. Bei Nebel halte man sich genau an die Markierungen. Karte und Kompass sind unerlässlich.

Zeit 6½ Std.

Ausgangspunkt Carschinahütte (s. Etappe 3)

Prof Dr. h. c. Eduard Imhof kann das Zeichnen in seinen Bergen im Rätikon auch mit 90 nicht lassen.

Endpunkt Partnun (1763 m)
Partnun war früher die Sommersiedlung der St. Antönier; jetzt bringen sie ihr Heu auf dem guten Fahrsträsschen schon im Sommer ins Dorf.

Berggasthaus Sulzfluh
7246 St. Antönien
Tel./Reservation: 081 332 12 13, Fax 081 332 37 29.
50 Betten in 10 Zimmern. Geöffnet Ostern bis Ende Oktober. Petroleumbeleuchtung im Restaurant.

Einfachster Abstieg ins Tal Zum Mittelsäss und auf Alpweg über Untersäss nach St. Antönien. 2 Std. Oder auf markiertem Wanderweg von der Carschinahütte nach S zum Bärgli und über Aschüel auf Fahrsträsschen nach St. Antönien. 2½ Std.

Karte 1157 Sulzfluh

Unterwegs einkehren
Tilisunahütte (2208 m)
OeAV-Sektion Vorarlberg, 23 Betten, 103 Lager, 25 Notlager, Funkverbindung. Bewartet Mitte Juni bis Anfang Oktober.

Talort St. Antönien (s. Etappe 3)

Die Route Von der Carschinahütte durch Bergsturztrümmer nach E zur Brunnenegg. Bei Sulz auf Wegspuren, die Höhe haltend, zum Einstieg ins Gemschtobel. Eine Felsstufe von 50 m führt in die grünen Flanken des Gemschtobels. Über Schutt und Geröll steigen wir auf einem gutem Weglein weiter und gelangen über einen kleinen, nach W gerichteten Firnhang zum schönsten Aussichtsgipfel. 2½ Std.
Abstieg längs der Landesgrenze nach NE durch die fremdartig anmutende Mondlandschaft des grossen Karrenfelds zur Tilisunahütte. 1¼ Std. Zurück nach Partnun führen drei Wege, sie sind alle etwas rau, aber gut markiert. Am kürzesten ist das Tilisunafürggli, besonders rauh und steil das Grüen Fürggli; es führt an den Sulzfluhhöhlen vorbei. Am leichtesten ist der Gruobenpass. Bei Nebel wird diese Karren- und Dolinenlandschaft sehr unübersichtlich, weil die Wegrichtung immer wieder wechselt. 2–3 Std.

Sehenswürdigkeit Sulzfluhhöhlen, das Karrenfeld nordöstlich der Sulzfluh, Karren- und Dolinenlandschaft am Gruobenpass.
Lawinen: Dank der Lawinenverbauungen am Chüenihorn und der Lawinenkeile bergseits an jedem Haus lebt man heute in St. Antönien nach schweren Katastrophen auch im Winter sicher. Hinter den Schutzbauten hat auch der Wald am Chüenihorn wieder Wurzeln gefasst. Es kann aber immer noch vorkommen, dass die Leute bei grosser Lawinengefahr ihre sicheren Häuser während Tagen nicht mehr verlassen. Darüber freuen sich am meisten die Schulkinder!

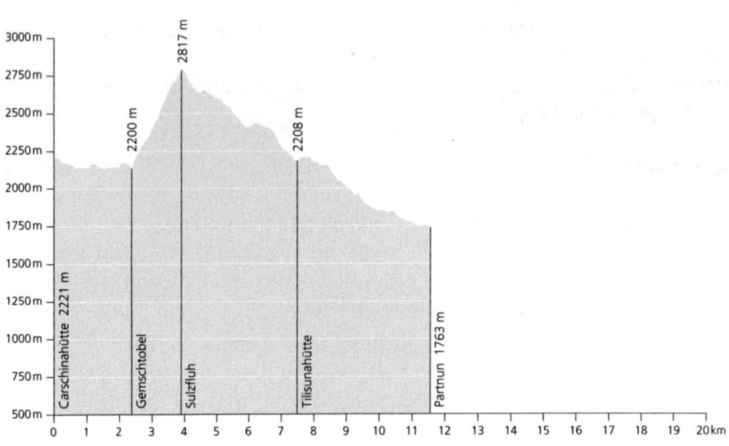

Höhlengeheimnisse an der Sulzfluh

Der Wissenschaft sind die Sulzfluhhöhlen seit über 200 Jahren bekannt. Ihre ganze Ausdehnung wurde allerdings erst in den letzten 15 Jahren erfasst, als Mitglieder der Arbeitsgemeinschaft das grosse Höhlensystem zu erforschen und zu vermessen begannen. Dabei stiessen sie auch auf Reste von Höhlenbären, einer Gattung, die vor über 10 000 Jahren ausgestorben ist.

Dies war der erste Nachweis von Höhlenbären in Graubünden. Nach gründlichen Vorbereitungen begann das Paläontologische Institut der Universität Wien 1990 mit systematischen Ausgrabungen. Geborgen wurde vor allem Knochenmaterial von Höhlenbären, aber auch von Braunbären, Wolf und Vielfrass. Die rund 100 000 Jahre alten Funde sind auch klimageschichtlich von grossem Interesse. Der Höhlenbär konnte als reiner Pflanzenfresser nur in ausgesprochen warmen Phasen in Höhen oberhalb von 2000 Metern überleben.

Die Fundstellen lagen 150 m vom Eingang entfernt; die Materialien wurden an diese spätere Lagerstätte geschwemmt. Eine Besonderheit sind die Knochen des Vielfrasses, des grössten Vertreters aus der Familie der Marder, der in Europa heute nur noch in den Gebirgen Skandinaviens lebt. In Eiszeiten wurde er von den vorstossenden Eismassen nach Süden gedrängt. So gelangte er in die Alpen.

Die Höhlenbären der Sulzfluhhöhlen waren etwas grösser als die heutigen Braunbären. Ihr Verdauungsapparat war weniger entwickelt als jener der wiederkäuenden Huftiere oder der Hasen. Sie waren deshalb auf energiereiche Nahrung angewiesen. Diese fanden sie hier nur vor 80 000 bis 120 000 Jahren, und zwar entweder in der Warmzeit zwischen Riss- und Würmeiszeit oder in einer der warmen Phasen zu Beginn der Würmeiszeit.

Schon 1864, nur wenige Monate nach der Gründung, führte die Sektion Rätia des SAC eine Exkursion zu den Sulzfluhhöhlen durch. Die Ergebnisse sind in einem Büchlein festgehalten. Darin schreibt Johann Coaz, der Sektionspräsident und spätere eidgenössische Oberforstinspektor: «Jeder knüpfte die Röcke gehörig zu, rüstete Hammer, Fläschchen und Taschen und zündete sein Laternchen an. Zuerst kommt man über Schutt und Schlammmassen. Der Querschnitt wird keilförmig, wölbt sich oben 20 Fuss hoch, so dass man sofort sieht, dass man sich nicht in einer Felsspalte, sondern in einer Auswaschungshöhle befindet. Die Teilnehmer sprangen über Stufen hinunter, krochen durch Engnisse, verteilten sich in Verzweigungen und riefen einander wie Kobolde zu.»

Nach einiger Zeit stiess die Expedition auf einen Felsblock, der feucht und schmierig war. Sie kletterten hoch und auf der andern Seite wieder hinunter. In einer Nische standen sie plötzlich vor einem See. «Man hätte meinen mögen, ein Maler habe die Gruppe mit Künstlersinn geordnet, so gelungen sah die Staffage aus. Einen Augenblick war alles ruhig, jeder streckte sein schwaches Lichtlein in die Nische hinein und bog sich gegen dieselbe vor. Da plötzlich zischte es durch die Höhle, gleichzeitig ist dieselbe und der kleine See von einem grellen rötlichen Licht erfüllt, in dessen Schein auch der Kobolde Gestalten und blasse Gesichter aus dem Dunkeln hervortraten. Aber kaum ½ Minuten dauerte das Licht der abgebrannten bengalischen Flamme, das Bild verliert sich wieder in dem matten Schein der schwachen Laternenlichter. Dagegen ertönte der Beifall der Gesellschaft durch die Hallen, und als ob die Schallwellen sich den Wänden entzünden, wurde es wieder helle, und die dunklen Höhlenwände zeigten sich von einem mattgrünem Licht übergossen von ganz anderm Effekt als das rötliche. Unser Sektions-Feuerwerker wollte auf eine schöne, augenfällige Art sagen, wie sehr es darauf ankomme, in welchem Lichte man eine Sache betrachte.»

Dann wird Coaz wieder sachlicher: «Merkwürdigerweise besitzt die Seehöhle (eine der Sulzfluhhöhlen) wie auch die andern von uns besuchten nur winzige Stalakmiten und Stalaktiten. Wir fanden einen einzigen grösseren Stalaktit, 1 Fuss hoch) und 2½ Zoll Durchmesser.» Dagegen erzählt Pfarrer Gatani, der die junge Sektion Rätia zur Expedition angeregt hat: «Die Sulzfluhhöhle ist in ihren inneren Teilen eine wahre Werkstatt der kristallisierenden Natur. Die weissen Wände mit grotesken Figuren von erhabener Arbeit gezieret, worin Einbildungskraft, so gut als in der berühmten Baumanushöhle, allerlei Bilder finden kann, Altarstücke, Statuen, Gesimse, kleine Eisberge oder was man will. Die obern Gewölbe sind ganz glatt und haben sogar verschiedene artige Eselsrücken, als wären sie mit Menschenkunst gemacht, alles ist nett und mit einem schönen Weiss übertüncht. Unzählige Wassertropfen hängen in diesem Gewölbe, und doch kann man lange horchen, bis ein einzelner hier oder dort fällt.»

Coaz fährt fort: «Leider wurden wir nicht in diese interessanten Höhlen geführt.» Die Expedition findet nur wenig Tropfsteine, und Coaz zitiert die Gründe von Professor Theobald: «Erstens ist das Gestein sehr dicht und lässt nur wenig Wasser durchsickern, und zweitens ist an der Oberfläche die äussere vegetabilische Bodendecke dünn oder fehlt ganz. Dadurch wird dem Sickerwasser zuwenig Kohlensäure beigemischt, um eine zur Tropfsteinbildung hinreichende Kalkmasse in sich aufzulösen.» Noch ist das Höhlensystem nicht vollständig erforscht, für Unkundige verwirrend und sehr gefährlich. Es sieht gegenwärtig auch nicht danach aus, dass die Höhlen zur Attraktion für Touristen werden könnten. PM

Etappe 5

In Kalk und Gneis wachsen unterschiedliche Blumen

Partnun – Riedchopf –
St. Antönierjoch – Gafierjoch –
Juonen Fürggli – Madrisajoch –
Ereztälli – Schlappin (Klosters)

Eine unwegsame, lange, aber grossartige, ab dem Madrisajoch sogar richtig alpine Etappe! Nach einem steilen Aufstieg auf den Riedchopf tänzeln wir stundenlang über den Grat, der die Schweiz von Österreich trennt. Der Abschnitt vom Juonen Fürggli ins Ereztälli könnte sich in den Hochalpen befinden, so grossartig und spannend präsentiert er sich. Auf dem Juonen Fürggli stehen wir einen Augenblick sogar ratlos da: Wo weiter? Wir müssen tatsächlich dem Wildwechsel folgen und in die nächste Gratscharte steigen, wo die gewaltigen, wie von einem Riesen hierher geschleuderten Felsblöcke des Ereztälli sichtbar werden. Wir steigen dorthin ab und erreichen danach Alpweiden. Durch schattige Wälder führt ein Alpweg in die ehemalige Walsersiedlung Schlappin.

T5 6 Std. 15 Min. ▶ 14,0 km ▲ 1440 m ▼ 1540 m

Routencharakter und Schwierigkeit Spannende Bergwanderung, die am Madrisajoch feinen Spürsinn für die beste Route voraussetzt. Auf neuem Fussweg über den Riedchopf zum St. Antönierjoch und noch etwas weiter, dann wegloser Abschnitt. Einige Stellen verlangen sehr gute Trittsicherheit. Bei der Überschreitung vom Juonen Fürggli und Madrisajoch muss man den Weg zwischen Felszacken und über Gratscharten selber suchen. Diese weglosen Übergänge haben fast hochalpinen Charakter. Im Ereztälli müssen wir ein wildes Blockgewirr queren.

Zeit 6¼ Std.

Ausgangspunkt Partnun (s. Etappe 4)

Das kleine Ausgleichsbecken der Rätia Energie ist dem Walserdörfchen Schlappin fast zur Zier geworden.

Endpunkt Schlappin mit prachtvollen, schwarzbraunen Blockholzbauten; der Ort ist heute noch Sommersiedlung einzelner Bauern von Klosters.

Berghaus Erika
Am Schlappiner See, 7252 Klosters Dorf
Tel./Reservation: 081 422 11 17, Fax 081 422 11 17.
16 Plätze im Lager, 3 Doppelzimmer. Ganzjährig geöffnet.
Busbetrieb auf Anfrage.

Einfachster Abstieg ins Tal Nach Klosters
Fahrsträsschen nach Klosters, 1¼ Std.
Fahrbewilligung auf dem Polizeiposten Klosters.

Karten 1157 Sulzfluh, 1177 Serneus

Talort Klosters Dorf (1124 m)
Touristenort inmitten herrlicher Wiesen, Weiden, Wälder und Alpen.
Mit SBB nach Landquart, RhB Landquart – Davos bis Klosters. Fahrplanfeld 910.
Mit PW über Landquart – Davos bis Klosters.
Verkehrsbüro Klosters: Tel. 081 410 20 20.
Zahlreiche Hotels, Geschäfte, Banken.

Varianten Statt der heiklen Umgehung der Gargäller Chöpf steigt man zum Gafier See ab und erreicht den Grat wieder bei P. 2460.
Anstelle der alpinen Überschreitung vom Juonen Fürggli zum Madrisajoch und weiter ins Ereztälli kann man auf gutem Weg vom Gafier Joch zum Rätschenjoch queren und über die Saaser Alp Schlappin erreichen.

Gipfel Rätschenhorn (2703 m) Bei der Variante über das Rätschenjoch lohnt sich der kurze Aufstieg auf das Rätschenhorn. T4 20 Min.

Die Route Von Partnun Stafel auf dem Weg nach Plasseggen bis zur Abzweigung Rotspitz in der Engi auf 2027 m (Wegweiser auf Stein am Boden). Neu angelegter Weg zum Rotspitz bis Abzweigung Riedchopf (Wegweiser mit Stange). Auf dem linken Steilhang windet sich der markierte Weg über P. 2540 zum Gipfel. 2½ Std.
Auf gutem Weg über den Grat zum St. Antönierjoch. Auf P. 2506 endet der Pfad. Auf dem Grat weiter an den Fuss der Gargäller Chöpf. Diese werden auf der W-Seite umgangen. Wegspuren führen auf dem auf der Karte deutlich sichtbaren Band von N nach S abwärts – nicht bis an den Wandfuss absteigen. Man erreicht den Grat immer noch absteigend bei P. 2467. Kurzweilig mit

beidseits herrlichen Ausblicken über den Grat weiter zu P. 2521 und geführt von vielen Steinmännchen zum Riesensteinmann im Juonen Fürggli. 2 Std. Auf der Ostseite von P. 2682 leicht ansteigend über Gamswechsel zur obersten Scharte der Gandataler Chöpf zwischen P. 2732 und P. 2639. Achtung: Nicht ins Gandatal absteigen! Über sehr steile Grasflanken und Felsplatten in das gewaltige Blockfeld im Ereztälli absteigen, auf 2450 m quer durch das Blockfeld nach Süden zu den Weiden der Saaser Alp. Weiter entweder nach links zum Weg, der vom Schlappiner Joch ins Dörfchen Schlappin führt, oder zur Bergstation der Madrisabahn, 800 m über Klosters. 2½ Std.

Sehenswürdigkeit Flora. Eindrucklicher Wechsel der Alpenflora vom Kalkgebiet der Sulzfluhdecke zum kristallinen Gestein der Plasseggen-Madrisakette.

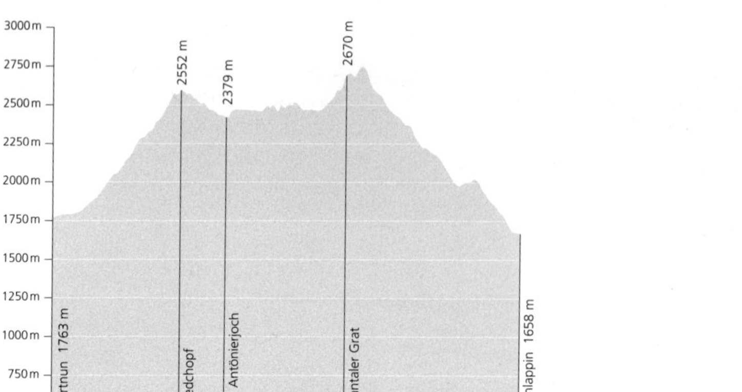

Etappe 6

Ein langes Bergtal – ganz hinten locken die Berge

Schlappin – Schottenseefürggli – Seegletscher – Seelücke – Saarbrückner Hütte (Gaschurn)

Eine lange Talwanderung muss nicht langweilig sein! Nach sieben Kilometern sind wir erst 350 m höher. Ein Bergtal ist das Schlappin gleichwohl mit Steilflanken rechts und Steilflanken links. Nach zwei Stunden windet sich der Schlappinbach um das Plattenhorn, genau hinter ihm liegt in traumhafter Einsamkeit der Hüenersee. Völlig ratlos sucht man den Ausgang; er führt über das wilde Schottenseelüggli zum Schottensee. Am Seegletscher finden wir eine Eiszeitlandschaft, nichts als Steine, Wasser und Sand, alles ganz weich, die blau-weissen Zeichen auf den Felsen am Rand sind das einzig feste Element. Seelücke schreibt man schon mit «ck», wir sind an der Grenze der schweizerdeutschen Ortsnamen.

T4 5 Std. 30 Min. ▶ 12,6 km ▲ 1360 m ▼ 490 m

Routencharakter und Schwierigkeit Keine Schwierigkeiten bis zum Hüenersee. Nach dem Alpweg zum Innersäss ist es an uns, den Weiterweg zu finden. Wegzeichen führen uns durch riesige Blockfelder im verwirrenden Gelände zum Hüenersee. Der Weiterweg über das Schottenseelüggli zum Schottensee und zur Seelücke ist mit «alpin» angeschrieben.

Zeit 5½ Std.

Ausgangspunkt Schlappin (s. Etappe 5)

■ Frühsommer im Seetal.

Endpunkt Saarbrückener Hütte (2538 m) 797.950/197.400
DAV-Sektion Saarbrücken, A-6794 Partenen/Vorarlberg.
Tel./Reservation: 0043 5558 4235, Tel./Fax Hüttenwarte Paula und Wilhelm Weiskopf: 0043 5442 62439.
20 Betten, 65 Plätze im Lager. Bewartet drei Wochen über Ostern und 1. Juli bis 30. September.
Die Hütte steht am Ostsporn des Klein Litzner etwa 100 m über dem Vorfeld des Litznergletschers. Höchstgelegene Hütte im Silvrettagebiet.

Einfachster Abstieg ins Tal Zur Bielerhöhe
Fahrsträsschen zum Madlenerhaus DAV und zur Bielerhöhe an der Silvrettastrasse. 3 Std.

Karten 1177 Serneus, 1178 Gross Litzner

Talort Galtür in Tirol (1584 m) Der Ort liegt am Ausgang des Jamtals an der Silvrettastrasse, von Feldkirch durchs Montafon über die Bielerhöhe und Ischgl nach Innsbruck.

Variante Vom Schottensee auf Wegspuren zur Schweizerlücke (2745). Ganz am oberen Rand des Schweizergletschers in eine Lücke in der Rippe am rechten Gletscherrand und weiter auf Trittspuren leicht ansteigend über den Kromergletscher zur Kromerlücke. Zuerst sehr steil, aber auf gutem Weglein zur Hütte. Viel begangener Übergang von der Tübinger Hütte zur Saarbrückener Hütte. 3 Std. vom Schottensee.

Gipfel Chlei Seehorn (3031 m) WS. 1½ Std. von der Seelücke.
Über den Seegletscher an das linke untere Ende der steilen Firnzunge, die zum Sattel der beiden Gipfel führt. Nach Überschreiten des Bergschrundes rechts über den Steilhang hinauf bis unter die Gipfelfelsen. Nach rechts auf den Grat und über diesen zum Gipfel.

Die Route In den ersten zwei Stunden gewinnen wir auf dem Alpsträsschen nur 200 m Höhe, ab Innersäss folgt man den Wegzeichen an den Tanzlauben vorbei zum Hüenersee. Wegweiser: Schijenfurgga rechts; wir müssen links zum Schottenseefürggli («alpin» steht auf der Tafel). 3½ Std.
Vom Fürggli führen deutliche Wegspuren nach S hinunter, wir sollten aber nach N. Man lasse sich nicht vom schwach ausgetretenen Weglein abbringen, die Grasflanken in der Falllinie sind sehr steil und von den Lawinen ganz glatt gefegt. Die Eiszeitlandschaft nördlich des Schottensees ist eindrücklich und gut passierbar. Zur Linken, an den Felsen auf der Nordseite des Seegletschers,

sind blau-weisse Wegzeichen angebracht; sie geben die Richtung an. Den Weg muss man am Rand des Seegletschers hinauf zur Seelücke selber suchen. Bei Nebel ist ein Kompass unerlässlich. 1½ Std.
Auf der Nordseite der Lücke liegt lange Schnee, man kann die Hütte auch bei schlechter Sicht nicht verfehlen; links zieht sich ein Felssporn hoch, hier kommt man gar nicht an der Hütte vorbei, und von rechts trifft man sicher auf das Fahrsträsschen, das von der Bielerhöhe zur Hütte führt. Wegspuren und Markierungen geben den kurzen Abstiegsweg an. ½ Std.

Sehenswürdigkeit Bergbauernarbeit. Besonders eindrücklich erkennbar ist die Arbeit der Bergbauern, die im Schlappin ihre Alpweiden räumten und Steine zu Haufen auftürmten, um dazwischen ein schmales Streifchen Weideland zu gewinnen.

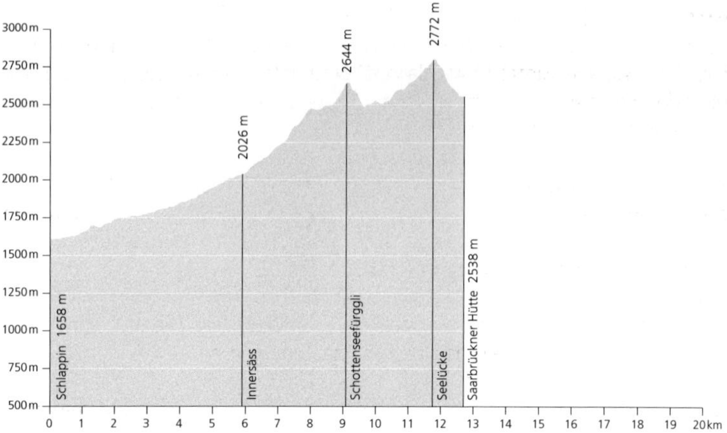

Etappe 7

Im Zwiegespräch mit Gletscherzungen

Saarbrückner Hütte –
Litzner Sattel – Winterlücke –
Klosterpass – Rote Furka –
Silvrettahaus (Klosters)

Eine Etappe von sehr hochalpinem Charakter – sensationell, spannend und gar nicht mühsam. Schon nach 10 Minuten betreten wir den Litznergletscher, blankes Eis knirscht bei jedem Schritt. Der Litzner Sattel ist aper, ein herrlicher Punkt, ringsum Gletscher und Grate und wilde Zacken, vielleicht können wir in der Nordwand des Gross Litzner sogar Bergsteiger beim heiklen Aufstieg beobachten. Zierliche Spuren weisen den Weg über das schneeweisse Firnfeld zur Winterlücke. Die Rote Furka ist «Drehscheibe» in den Silvrettabergen: Breit und grosszügig liegt der Silvrettagletscher vor unsern Füssen und dahinter der mächtigste all dieser Gipfel – das Verstancklahorn.

T5 4 Std. 30 Min. ▶ 7,7 km ▲ 650 m ▼ 850 m

Routencharakter und Schwierigkeit Vier kleine Pässe zwischen Felszacken werden überschritten. Die Route ist durchwegs markiert, überquert aber einen kleinen Gletscher, Firnfelder und felsige Scharten. Bei schlechter Sicht ist der Weg schwer zu finden, sogar kurz vor der Hütte sind noch Irrwege möglich.

Zeit 4½ Std.

Ausgangspunkt Saarbrückner Hütte (s. Etappe 6)

■ Auf der Schulreise über den Silvrettapass bindet der Lehrer seine Schüler fest ans Seil.

Endpunkt Silvrettahaus (2341 m) 798.450/192.550
SAC-Sektion St. Gallen, 9000 St. Gallen.
Tel. Hütte: 081 422 13 06.
Hüttenwart Gerlinde Haas + Philipp Werlen.
Postfach, 7250 Klosters.
Mail: silvrettahuette@bluewin.ch, www.silvrettahuette.ch
Tel. 081 416 28 03.
75 Plätze. Bewartet Ende Juni bis Anfang Oktober. Liegt eine Viertelstunde vom Rand des Silvrettagletschers entfernt.

Einfachster Abstieg ins Tal Nach Klosters
Auf dem Hüttenweg über Alp Sardasca. 3–4 Std. (Bus-Taxi von Klosters bis Sardasca).

Karten 1178 Gross Litzner, 1198 Silvretta

Talort Klosters (s. Etappe 5)

Variante Abkürzung von Etappe 7 auf Etappe 9
Von der Winterlücke weglos über Ober Silvretta nach Sardasca und Novai absteigen. Noch im Wald stossen wir auf den Fahrweg nach Vereina und folgen ihm bis zur Abzweigung des Wanderwegs unterhalb Stutzegg, P. 1628. Dem Inner Ruchbach entlang in herrlicher Wanderung zum Berghaus Vereina. Von Novai ½ Std.
Diese Variante ist eine Möglichkeit, die Rundwanderung abzukürzen und von Etappe 7 direkt zu Etappe 9 vorzurücken.

Die Route Von der Saarbrückner Hütte auf dem Fahrsträsschen zur ersten Kurve, dann auf gutem Fussweg zum Rand des Litznergletschers. Er ist hier nicht ganz ohne Spalten, wer sie ganz meiden will, steige noch etwas weiter ab und am Nordrand des Gletschers in den Litzner Sattel hoch. (Ein Abstecher auf den Sattelkopf lohnt sich.) 1 Std.
Auch im Hochsommer wirkt der Weiterweg winterlich, wer will, steigt im «Glötter» hoch, die andern folgen den Spuren auf dem Firnfeld. Am obern Rand achte man auf einige Spalten, denn die letzten Schritte zur Winterlücke führen in jedem Fall über Schnee. Auf deutlichem Weglein durch schuttreiche Felsen nur wenig absteigen und gleich wieder hoch zum Klosterpass. 1 Std.
Auf Wegspuren und Steinmännchen folgend über Felsrücken und kleine Stufen nach S zur Roten Furka absteigen. 1 Std.
Man suche hier den weiteren Abstieg zum Rand des Silvrettagletschers leicht rechts der Furka, wo das gut ausgetretene Weglein (weiss-rot-weiss markiert)

beginnt. Deutliche Wegweiser stehen auf der Moräne am Gletscherrand und weisen den Weg zur Silvrettahütte. Achtung: Zwischen den Buckeln der Moräne orientiere man sich genau und steige ja nicht ins Galtürtälli ab! 1 Std.

Sehenswürdigkeit Silvrettahaus. Hier errichtete der SAC 1865 seine dritte Hütte. Später wurde etwas tiefer ein richtiges Berghaus gebaut. Die alte Hütte steht noch, doch das Berghaus ist jetzt SAC-Hütte geworden. Eindrückliche Lage in Gletschernähe mit freiem Blick ins Prättigau.

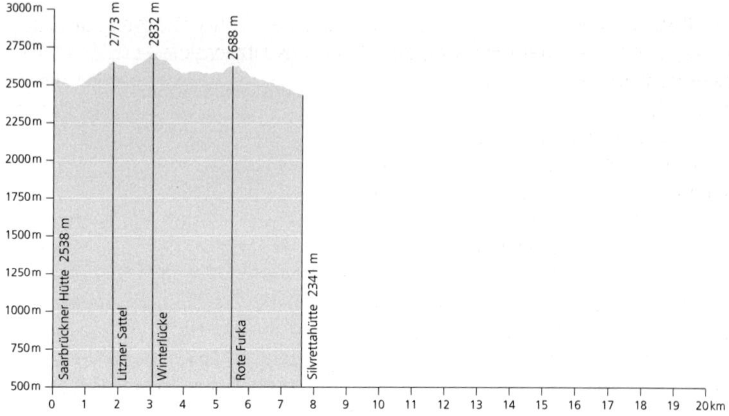

Etappe 8

Von Berghaus zu Berghaus

Silvrettahaus – Novai – Berghaus Vereina

Das Verstancklahorn versperrt uns den Weiterweg und lässt links und rechts keinen Übergang frei. Wir müssen absteigen. Aber schon im Wald von Novai steht ein Wegweiser: Berghaus Vereina. Das ist unser Ziel.

T2 4 Std. ▶ 12,2 km ▲ 660 m ▼ 1050 m

Zeit 4 Std.

Ausgangspunkt Silvrettahütte SAC

Endpunkt Berghaus Vereina 1948 m, Koord. 187 950 / 794 100
Tel. 081 422 12 16 w.k.A. Klosters Winkelstrasse 11, Tel. 081 422 25 80

Bündnerstübli, Restaurant, Vereinabus von und nach Klosters, ab Klosters Abfahrt bei Sport Gotschna. Gemäss einem Versprechen des Besitzers an den SAC wird den Mitgliedern und allen Mitgliedern Alpiner Vereine für das Matratzenlager die Taxe der SAC-Hütten verrechnet. Das Berghaus liegt einmalig schön auf einer mit Bergföhren bewachsenen Kuppe, wo Täler und Tälchen nach allen Seiten sich öffnen. Fast beliebig viele Tagestouren vom Berghaus aus.

Einfachster Abstieg ins Tal Von Novai nach Klosters

Karten 1198 Silvretta, 1197 Davos

Die Route Auf dem Hüttenweg von der Silvrettahütte nach Sardasca und weiter zur Weggabelung im Novaierwald P. 1416. (Verpflegungsmöglichkeit in Alp Novai, Untersäss) (2½ Std). Auf dem Fahrweg nach Vereina bis zur Abzweigung des Wanderwegs unterhalb Stutzegg P. 1628. Dann dem Inner Ruchbach entlang in herrlicher Wanderung zum Berghaus Vereina.

■ Berghaus Vereina im ersten Licht, noch im Schatten dahinter die Südwand des Fergenkegels.

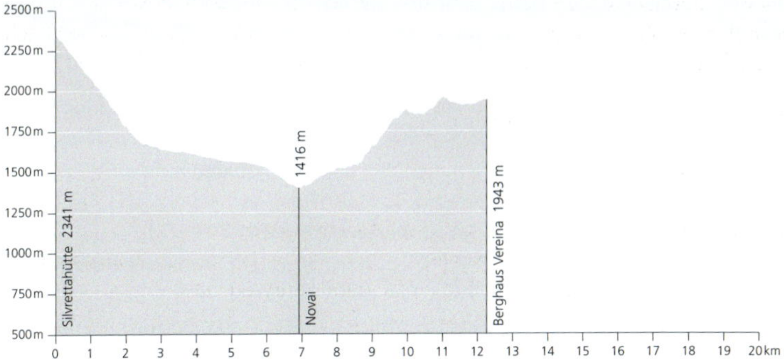

Ein Volk der Hirten

Der Topos von den Schweizern als Volk der Hirten ist zwar einerseits ein veraltetes und verzerrtes Idealbild, andererseits sind noch heute viele Hirten im Sommer auf den Alpen beschäftigt. Vor 50 Jahren hat Richard Weiss «Das Alpwesen Graubündens» beschrieben. John Matieu schreibt zur Neuauflage von 1992: «Seit den Feldaufnahmen von Richard Weiss in den Jahren 1934 bis 1937 hat sich das Bündner Alpwesen gründlich verändert. Man wird heute keinen Hirten mehr sehen, der seine Füsse in Schuhe mit Holzsohlen steckt und sich mangels Socken mit Riedgras oder Lumpen behilft. Aber das Buch von Richard Weiss ist ein Klassiker der Volkskunde mit Ausstrahlungen in manch andere Wissenschaftszweige.» Der Professor für Volkskunde hat die Älpler ernst genommen.

Einzelsennereien sind auch im Puschlav und in der Mesolcina verbreitet, in romanischem Kulturgebiet also. Mathieu warnt vor kulturgeschichtlichen Begründungen dieser Art, überhaupt vor der Bezeichnung «uralt» irgendeines Zustandes in unserm Alpwesen. Man habe sich auch in Fragen der Alpwirtschaft abgewöhnt, in Jahrtausenden zu denken. Die spätmittelalterliche Verlagerung von der Kleinvieh- zur Grossviehhaltung habe das Alpwesen entscheidend verändert; heute tun dies vor allem die technischen Neuerungen.

Älpler und Älplerinnen von heute stammen immer weniger aus der nahen Gegend und sind oft gar nicht Bauern. Die meisten Hirten- und Sennhütten sind zeitgemäss eingerichtet, sauber und bequem, denn die Menschen, die im Sommer rund hundert Tage auf der Alp verbringen, sollen sich wohl fühlen können. Noch vor nicht allzu langer Zeit stand in der Sennerei neben dem Kochherd der Esstisch, an dem Senn, Zusenn, Kuhhirt, Batzger (so nennt man den Hüttengehilfen), und manchmal noch ein Hirtenbub zur Mahlzeit zusammensassen. Es war der einzige Aufenthaltsort für die vier bis fünf Menschen. Wer sich zurückziehen wollte, legte sich auf seinen Platz im gemeinsamen Lager. Dabei sieht sich die Arbeitsgemeinschaft auf der Alp am Tag der Alpfahrt vielleicht zum ersten Mal, und nach der Alpentladung geht jeder wieder seinen eigenen Weg.

Die Alpwirtschaft ist in Graubünden doppelt wichtig. 80000 Tonnen Heu müsste man für die 17000 Kühe einbringen, wenn sie im Tal blieben; diese Menge entspräche dem Futter, das die Tiere in den drei Sommermonaten auf der Alp zehren. Sie setzen in dieser Zeit 2 Millionen Kilo Fleisch an, und 1000 Älpler verwerten 10,6 Millionen kg Alpenmilch, das ist die vorgeschriebene Höchstmenge. Daraus werden 592000 kg Käse und 91000 kg Butter hergestellt. Während die Zahl der Kühe erstaunlich konstant ist, steigt die Zahl der Ziegen und Schafe. Nur jede zwanzigste Alp wird nicht genossenschaftlich genutzt – 190000 Hektaren alpines

Kulturland werden in Gemeinschaftsarbeit gepflegt. Die Bauern vieler Gemeinden müssen noch immer für jede Kuh, die sie alpen, auf den Sommerweiden oben Fronarbeit leisten. In mancher Hinsicht sind die Landwirte auf dem Weg zurück zur Natur. Die «Mutter-Kindbezieunng» auf der Weide ist wieder möglich: Mutterkuhhaltung heisst das Fachwort. Allerdings dürfen erst etwa vier von hundert Kühen ihr Kalb säugen. In Frankreich sind es schon 47! Das Fleisch gealpter Tiere ist feiner und wird den Konsumenten seit ein paar Jahren als «Natura Beef» angeboten. «Natura Beef» ist ein Qualitätslabel; nur Fleisch von Kühen, die einen Sommer auf der Alp waren, darf unter diesem Namen verkauft werden.

In Graubünden werden etwa 80 000 Schafe gesömmert. Die Organisation Pro Specie rara bemüht sich, vom Aussterben bedrohte Rassen zu retten. Dazu gehört beispielsweise das Oberländer Schaf mit seinem schwarz behaarten Kopf, den schwarzen Beinen und einem weissen Wollmantel. Ein Züchter auf der Luzisteig hält eine andere seltene Rasse: das fuchsfarbige Engadinerschaft. Sein mageres, an Wildbret erinnerndes Fleisch ist besonders wohlschmeckend.

Schafe leben oft in grossen Herden von weit über 1000 Tieren; Tierseuchen bilden hier immer wieder eine Gefahr. Gegenwärtig ist es die Moderhinke, eine Erkrankung der Klauen. Dank sehr straffer Kontrollen sind die Bündner Schafe aber meist seuchenfrei. Schafhaltung ist billig, der Hirt braucht zwar eine angemessene Unterkunft, die Schafe hingegen nicht. Auch das Futter ist günstig, es kostet 18 bis 30 Rappen pro Tier und Sommer. Der Preis für ein Tier steigt gleichzeitig um 40 bis 80 Franken: ein sensationeller Mehrwert.

Der Zug einer Schafherde auf einer Alp ist ein schönes Bild. Überhaupt verschönern belebte Alpen unsere Bergwanderungen, und eine weidende Herde mit ihrem Geläute verleiht der Landschaft besonderen Reiz. Vielleicht dient uns eine Alphütte bei Regen als Unterstand, es gibt sogar einzelne Notunterkünfte und Telefonanschlüsse für Notfälle. Rechnen wir noch die Pflege der Wege und Weiden dazu, so ist der Beitrag der Bergbauern an den Genuss auf Bergwanderungen nicht zu unterschätzen. Die «Bergferien» der Tiere werden vom Bund unterstützt, je nach Alter und Art fein säuberlich abgestuft: So werden für die Sömmerung eines Schafes 10 Franken bezahlt, für eine Milchkuh 300. Sogar die Bergbauern sind auf den Erholungswert des Alpsommers angewiesen: Sie finden in ihren Reihen nicht mehr genügend Leute, die im Sommer «z Alp» gehen. Ein Viertel der Bündner Alpkäsereien wird von jungen Menschen ans dem Unterland betrieben, eine ganze Anzahl davon sind Studenten, die ihre Sommerferien zu einem Bergerlebnis besonderer Art machen. So werden in der landwirtschaftlichen Schule Plantahof in Landquart jährlich um die fünfzig Frauen und Männer in einem Kurs von drei Wochen in die Kunst des Käsens eingeführt. PM

Etappe 9

Bergwanderung quer zum Passverkehr

Berghaus Vereina – Jörigletscher – Chant Sura – Munt da Marti – Chamanna da Grialetsch (Davos)

Das Berghaus Vereina wäre zum Bleiben geeignet, aber das weisse Spitzchen des Flüela Wisshorns lockt hinten im Jörital. Die Wanderung über den Gletscher prägt uns und den Tag für kurze Zeit, wir stapfen schweigsam wie richtige Alpinisten höher, aber im Abstieg über Schafweiden an die Flüelastrasse tauchen wir in eine andere Welt ein: Motorräder dröhnen vorbei, jagen einander in die Kurven und die Fahrer drehen auf den Geraden wieder voll auf. Der Lärm verstummt gleich nach Munt da Marti, wir nähern uns dem Bergkranz von Grialetsch, und mittendrin steht das Tagesziel.

T4 7–8 Std. ▶ 15,0 km ▲ 1550 m ▼ 950 m

Routencharakter und Schwierigkeit Ein kurzer Abschnitt beim Überschreiten der Gratscharte am Flüela Wisshorn T4.
Bergwanderweg bis zu den Jöriseen, auf markiertem Bergweg zur Winterlücke, dann über den mässig steilen Jörigletscher zur Gratscharte bei P. 2941 und weglos über Blockgestein und Alpweiden an die Flüelastrasse. Auf markiertem Hüttenweg zur Grialetschhütte.

Zeit 7– 8 Std.

Ausgangspunkt Berghaus Vereina (s. Etappe 8)

Eigentlich sollte man im Jörisee fischen, nicht alpin weiterwandern in die Chamanna da Grialetsch.

Endpunkt Chamanna da Grialetsch (2542 m) 792.810/176.310
SAC-Sektion St. Gallen, 9000 St. Gallen.
Tel. 081 416 34 36. Hüttenwart H.P. Reiss, 7277 Davos Glaris. Tel. 081 401 14 51.
68 Plätze. Bewartet von Juli bis Oktober.
Die Hütte steht wenig südlich der Fuorcla da Grialetsch und ist Ausgangspunkt für sehr lohnende, leichte Gletschertouren.

Einfachster Abstieg ins Tal Nach Davos
Nach Dürrboden – Dischma – Davos (3 Std., 1 Std. bis Dürrboden).

Karten 1197 Davos, 1217 Scalettapass

Unterwegs einkehren Flüela-Hospiz

Talort Davos (1552 m)
Grosser Fremdenverkehrsort («höchste Stadt der Alpen») im Landwassertal.
SBB nach Landquart, RhB Landquart – Davos. Fahrplanfeld 910.
Mit PW Landquart – Davos. Von Süden über den Flüelapass.
Zahlreiche Hotels, Geschäfte, Banken.

Variante Winterlücke – Wägerhus – Flüela-Hospiz
Von der Winterlücke auf markiertem Weg zum Wägerhus an der Flüelastrasse (2207 m) absteigen und auf Wanderweg am Flüela-Hospiz vorbei zum Beginn des Hüttenwegs nach Grialetsch.

Gipfel Flüela Wisshorn (3085 m) WS. 1 Std. Von der Winterlücke über den NW-Grat in leichter Blockkletterei und evtl. über den NE-Grat in die Scharte vor P. 2941 absteigen.

Die Route Auf bequemem Weg zu den Jöriseen, auf markiertem Weglein zur Winterlücke. Erst über den Grat, dann über den Gletscher nach SE zur Scharte südlich von P. 2941. 3 Std.
Weglos in die groben Blockfelder und über Schafalpen an die Flüelastrasse absteigen. 1½ Std.
Entweder über die Brücke bei P. 2176 oder, indem man die Susasca weiter oben überspringt, zum Beginn des Hüttenwegs über Munt da Marti zur Grialetschhütte. 2 bis 2½ Std.

Chamanna da Grialetsch und ihre Besucher.

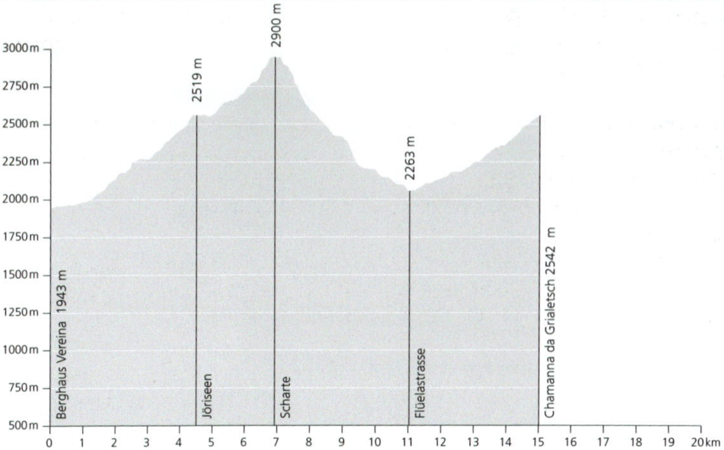

Etappe 10

Von der Sanftheit der Gletscher

Chamanna da Grialetsch – Fuorcla Vallorgia – Scalettapass – Chamanna digl Kesch (Bergün)

Auf Grialetsch führen alle Wege zum Gletscher. In ¾ Stunden erreicht man von der Hütte den Rand des Eises. Man steigt durch sanfte Schneemulden hoch, als läge darunter kein Eis. Ein Klischee wird widerlegt: Gletscher sind nicht durchwegs gefährlich, sie können ruhig sein, harmonisch, sie wirken auf das Auge ausgleichend. So offen ist auch die Fuorcla Vallorgia zwischen Piz Vadret und Piz Grialetsch, ein Flugzeug könnte hier landen! Den Nachmittag füllt eine Höhenwanderung. Hoch über der Alp Funtauna führt ein aussichtsreicher Weg zur Chamanna digl Kesch.

T4 6 Std. 30 Min. ▶ 13,4 km ▲ 960 m ▼ 870 m

Routencharakter und Schwierigkeit (T4 nur bis zum Scalettapass) Weglos auf Firn und Gletscher über kleine, bei Nebel schwierig zu findende Lücken und Pässchen zum Scalettapass. Zur Keschhütte führt ein markierter Bergwanderweg.

Zeit 6½ Std.

Ausgangspunkt Chamanna da Grialetsch (s. Etappe 9)

Endpunkt Chamanna digl Kesch (2632 m) 786.550/168.870
SAC-Sektion Davos, 7260 Davos.
Hütte: Tel. 081 407 11 34. Hüttenwart Erika + Ruedi Käser, 7494 Wiesen. Tel. 081 404 17 26.
85 Plätze, Winterraum 30 Plätze. Bewartet Juli bis Oktober. Die Hütte liegt auf aussichtsreicher Kuppe am Fuss des Piz Kesch, der ganz Mittelbünden beherrscht.

Einfachster Abstieg ins Tal Über Chants nach Bergün (2 Std. bis Chants, 4 Std. bis Bergün).

Karten 1217 Scalettapass, 1237 Albulapass

Talort Bergün (s. Etappe 12)

Ausrüstung Schuhwerk für eine längere Gletscherwanderung.

Variante Über den Scaletta-Saumweg
Von der Chamanna da Grialetsch auf dem Hüttenweg Richtung Dürrboden absteigen, beim Schönbüel auf den alten Scaletta-Saumweg wechseln und auf ihm zum Pass. Weiter wie unten.

Gipfel Piz Grialetsch (3131 m)
L. 1 Std. Ein herrlicher, rundum von Gletschern umgebener Punkt. Von der Fuorcla Vallorgia nach NW auf den oberen Schuttrücken hinauf. Auf ihm weiter, bis der Gipfelkopf durch seine Südflanke über steile Schutthänge leicht zu ersteigen ist. Sehr lohnend.

Die Route Von der Hütte auf einem Pfad nach S über einen Gras- und Schutthang auf die Terrasse P. 2665 und weiter, bis sich der Pfad in Gletschernähe verliert. Am westlichen Rand ist der Gletscher fast spaltenlos, man steigt rechts haltend zur Fuorcla Vallorgia und von ihr nochmals 40 m über Schnee oder Geröll auf die Schulter südlich des Piz Grialetsch. Nun auf gleicher Höhe nach W zum kleinen Seelein, von dort nach S, bis man am Ende der Felsrippe rechts steil hinauf auf eine Gratschulter gelangt, von der sich ein unbenannter Gletscher zum Scalettapass hinunterzieht. Rechts haltend über den ganz sanften Gletscher hinunter zum Scalettapass. 3½ Std.
Auf dem Passweg nach S absteigen bis zur Abzweigung (Wegweiser an einer Stange: Keschhütte). Am steilen Südhang des Chüealphorns führt nun der schmale, aber gut markierte Bergweg auf gleicher Höhe nach W. Er biegt kurz ins Val Sartiv ein, wo er auf den Weg vom Sertigpass trifft, den steilen Osthang des Piz Forun durchquert und erst kurz vor dem Talschluss die Talsohle des Val dal Tschüvel erreicht. 100 m höher auf grüner Kuppe steht das Tagesziel, die Keschhütte. 3 Std.

Sehenswürdigkeiten Bergün
Das Dorf Bergün an der «Via Imperiala» entwickelte sich zu einem Gesamtkunstwerk. Zwanglos ordnet sich jeder Einzelbau in ein stattliches Ganzes. Bürgerstolz und Liebe zum Schönen sind hier Gestalt geworden. Bergüner Heimatmuseum.

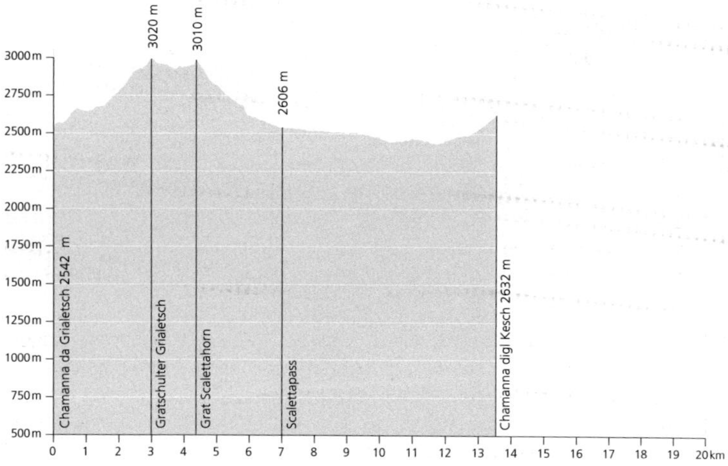

Der Passweg über Grialetsch war für Saumtiere gepfadet. Leistungsfähiger war der Transport im Winter auf Schlitten. Als eine Trainkompanie im Winter 1985 in drei Wochen den Pass für Pferdeschlitten fast ganz öffnen konnte, verschüttete eine Lawine ihren Arbeitsplatz während ihrer Mittagspause in einer sicheren Hütte.

Etappe 11

Wettlauf auf dem Gletscher

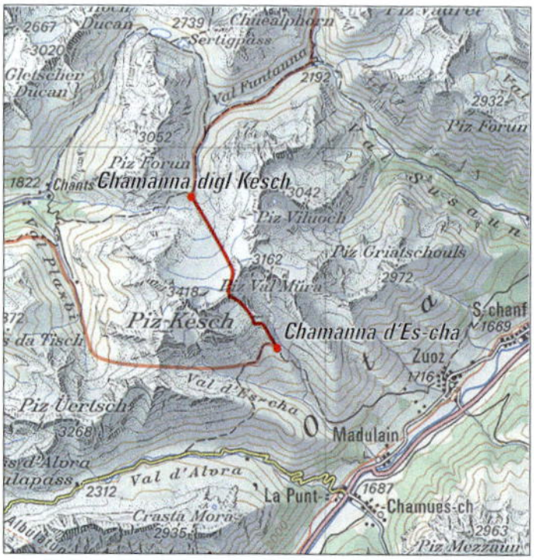

Chamanna digl Kesch – Porta d'Es-cha – Chamanna d'Es-cha (Madulain)

Der Piz Kesch ist ein überragender Bündner, mit 3417 Metern ist er der höchste Berg Mittelbündens. Wie der Tödi der Piz Linard oder der Piz Platta dominiert er seine zahlreichen Trabanten. Aus der Nähe sieht er allerdings ganz anders aus als aus der Ferne: massiger, grösser und nicht mehr so elegant. Er steht in der Mitte des Bündnerlands, ist höher als all seine Nachbargipfel. Gipfelgelüste? Kein Problem! Ein Bergführer begleitet Wanderer auf diesen stolzen Gipfel (Voranmeldung bei der Bergsteigerschule Pontresina). Der Führer bringt uns zurück zur Porta d'Es-cha, wo wir den Weiterweg leicht wieder allein finden werden.

T4 3 Std. 30 Min. ▶ 4,6 km ▲ 420 m ▼ 460 m

Routencharakter und Schwierigkeit Markierter Bergpfad, ein Aufstieg am Gletscherrand und ein ganz kurzer, mit Ketten gesicherter Abstieg über die Felsstufe an der Porta d'Es-cha. Der markierte Bergweg leitet durch die Moränen hinunter zur Es-cha Hütte.

Zeit 3½ Std.

Ausgangspunkt Chamanna digl Kesch (s. Etappe 10)

Endpunkt Chamanna d'Es-cha (2594 m) 788.750/165.200
SAC-Sektion Bernina, 7500 St. Moritz.
50 Plätze. Hütte: Tel. 081 854 17 55. Hüttenwart Josias Müller, 7260 Davos Dorf. Tel. 081 416 33 74. Bewartet von Anfang Juli bis Mitte Oktober.
Die Hütte steht auf einem Moränenwall in der Val d'Es-cha an der S-Seite des Piz Kesch.

Einfachster Abstieg ins Tal Nach Madulain, T2 2 Std. Val d'Es-cha – Sattel Gualdauna – P. 2256, Punt Granda an der Albulastrasse.

Karte 1237 Albulapass

Ausrüstung Festes Schuhwerk und Orientierungsmittel. Gletscherausrüstung.

Talort Madulain (1697 m). Kleiner Ort im mittleren Engadin.
Mit RhB Chur – St. Moritz bis Samedan, anschliessend St. Moritz – Scuol bis Madulain. Fahrplanfelder 940 und 960.
Mit PW über Landquart – Davos – Flüelapass – Susch nach Madulain. Touristikinformation (Verkehrsbüro): Tel. 081 854 11 71.

Die Route Von der Chamanna digl Kesch auf gutem Pfad nach S auf den Vadret da Porchabella. Der östliche Gletscherrand weist nur sehr wenig Spalten auf. Hier führt ein meist gut ausgetretener Pfad zur Gratscharte der Porta d'Es-cha. 2 Std.
Der Abstieg nach Süden ist so gut gesichert, dass die Läufer der Keschstafette sogar im Wettlauf hier hoch hetzen. Wir finden auf der kleinen Felsstufe am Grat Halt an festen Ketten, queren dann auf gleicher Höhe nach Osten auf die Gratschulter, hinter der einmal der Vadret d'Es-cha lag. Heute ist nur noch ein riesiges Blockfeld übriggeblieben. Wegzeichen weisen den Abstieg auf den grünen Moränenrücken, auf dem die Chamanna d'Es-cha steht. 1 Std.

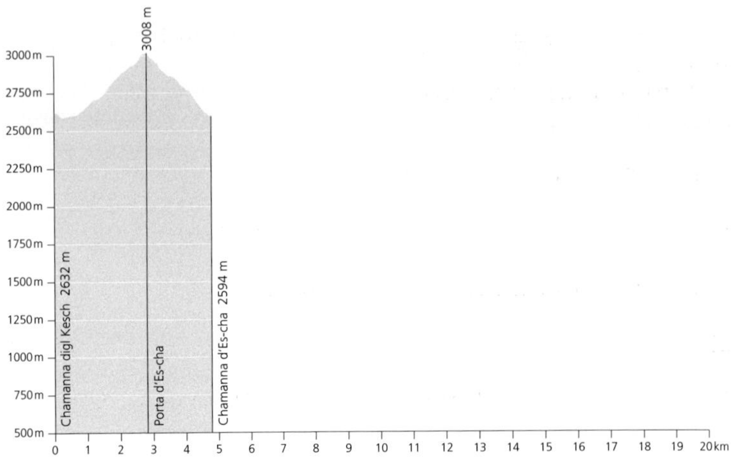

Etappe 12

Szenenwechsel: vom Engadin ins Albulatal

Chamanna d'Es-cha – Fuorcla Pischa – Val Plazbì – Darlux – Bergün

Am Fuss der symmetrischen Schieferpyramide des Piz Blaisun bleibt es so still, dass man auf seiner Nordseite die fallenden Steine fast ständig hört. Dieser Berg scheint nur aus Steinen, nicht aus Felsen gebaut zu sein. Nichts als Steine begleiten uns auf dem Weg nach Plazbì. Dann geniessen wir das Schauspiel einer Wanderung über den Panorama-Balkon von Lena Secha hoch über Chants im Val Tuors. Auf und ab gehts bis nach Darlux und schliesslich steil nach Bergün hinunter. Der Piz Ela wird höher und höher, je näher wir dem stattlichen Dorf Bergün an der Albulabahn kommen.

T3 7 Std. ▶ 20,0 km ▲ 770 m ▼ 2000 m

Routencharakter und Schwierigkeit Weglos, jedoch markiert zur Fuorcla Pischa. Auf Hartschnee im Frühsommer geht alles viel leichter. Man breche rechtzeitig auf, bevor die Sonne den Schnee zu sehr aufweicht. Das lohnt sich auch für den Abstieg: Von der Fuorcla Pischa rutschen wir über Schneehalden oder später etwas holpriger durch lockeren Schutt hinunter. Dann führt ein kurzweiliges Fussweglein ins Grüne. Markierter Höhenweg nach Darlux und Fahrsträsschen ins Tal nach Bergün.

Zeit 7 Std.

Ausgangspunkt Chamanna d'Es-cha (s. Etappe 11)

■ Alp Plazbì; der Alpweg führt hinunter nach Bergün, der Alpin-Wanderweg aber durch blühende Alpenrosen hinauf nach Darlux. Zur Ruhe kommt man erst am Abend in Bergün.

Endpunkt Bergün (1367 m)
Ferienort. Alte, stolze Bündner Häuser sind Zeugen des einst blühenden Saumverkehrs über den Albulapass.
Verkehrsverein: Tel. 081 407 11 52, Fax 081 407 14 04.
Mit RhB Chur – St. Moritz bis Bergün. Fahrplanfeld 940.
Mit PW über Chur – Filisur und auf der Albulapassstrasse nach Bergün. (Der Albulapass wird im Winter nicht geöffnet.)
Zahlreiche Hotels, Geschäfte, Bank und ein Schwimmbad.

Hotel Albula
Im Dorfzentrum, 7482 Bergün.
Tel./Reservation: 081 407 11 26, Fax 081 407 14 83.
14 Zimmer, 6 Studios. Geöffnet Mai bis Oktober und Dezember bis Mitte April.

Sporthotel Darlux
7482 Bergün. Tel./Reservation: 081 407 51 51, Fax 081 407 51 52.
45 Zimmer. Geöffnet Dezember bis April und Juni bis Oktober.

Hotel Sonnenheim
Nähe Bahnhof, 7482 Bergün.
Tel./Reservation: 081 407 11 29, Fax 081 407 23 88.
22 Betten. Geöffnet Dezember bis Oktober.

Karten 1237 Albulapass, 1236 Savognin

Variante Durch das Val Tuors
Von Plazbì nach Chants und auf dem Fahrsträsschen oder teilweise auf Wanderwegen nach Bergün.

Gipfel Piz Blaisun (3200 m) T4 1 Std.
Die regelmässige Schieferpyramide wird selten bestiegen. Von der Fuorcla Pischa steigt man ohne Schwierigkeiten in einer Stunde zum Gipfel. Hier zeigt vor allem der Piz Kesch ein ganz neues Gesicht.
Piz Darlux (2642 m) T2 1½ Std.
Von Muotta Sur: Oft besuchter Aussichtsberg, der mit dem Piz Fregslas und den Tschimas da Tisch eine kleine, selbständige Gruppe bildet. Von Muotta Sur über den Grasrücken zum Gipfel und nach W absteigen zur Alp Darlux.
T4 2 Std.
Von der Val Plazbì: Vom Talschluss in der Val Plazbì nach W über Murtel da Lai auf Tschimas da Tisch aufsteigen (prächtige Aussicht!) und, immer noch Wegspuren folgend, über den Grat zum Piz Darlux.

Die Route Auf dem Hüttenweg vom Albulapass zur Es-cha-Hütte nach W bis auf den Rücken, der vom Piz Cotschen herunterzieht. Hier zweigt man vom Hüttenweg rechts ab. Der Weiterweg wird wenig begangen und verliert sich weiter oben immer öfters. Man sucht ihn deutlich nördlich des Bachs auf der kleinen Schulter, die immer flacher zur Fuorcla Pischa führt. 1½ Std.
Beim Abstieg von der Fuorcla Pischa hält man sich an den rechten Rand des Schuttstroms Murtel d'As-cha, um auf 2600 m den Ausstieg aus der Öde ins Grün von As-cha nicht zu verpassen. Hier beginnt ein kurzweiliger Weg zur Alp Plazbì. 1½ Std.
Es lohnt sich, die Ava da Plazbì schon hier auf einem festen Brücklein zu überqueren. Dann trifft man auf dem Kuhweglein etwa bei P. 2114 auf den Wanderweg von Alp digl Chant, der als herrlicher Panoramaweg nach Darlux führt. 2½ Std.
Nach Bergün folgt man dem steilen Fahrsträsschen bis Crap Sot igls Munts; von dort führt ein viel schönerer Fussweg durch lichten Wald hinunter. 1 Std.

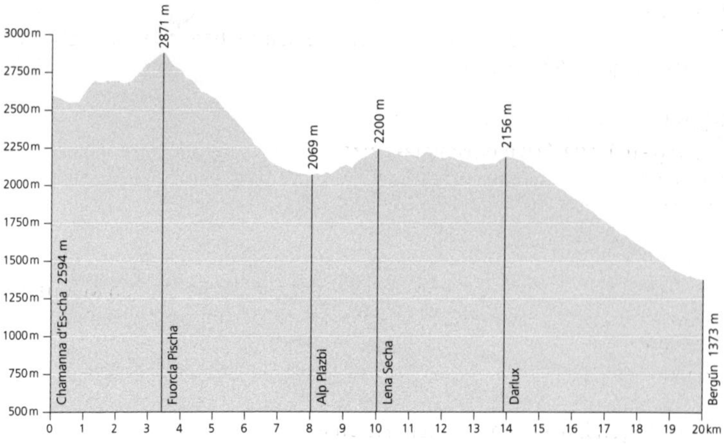

Etappe 13

Rund um den mächtigen Piz Ela

Bergün – Chamonas d'Ela – Pass d'Ela – Fuorcla da Tschitta – Naz-Preda

Es gibt viele heilige Berge, der Piz Ela könnte einer sein. Wer solche Gipfel betritt, entweiht einen heiligen Ort, wer sie umrundet, ehrt und achtet die unberührbare Grösse. Vielleicht spüren wir auf der Wanderung rund um diesen mächtigen Berg den Hauch einer Pilgerfahrt. Wir überwinden auf dem Hüttenweg zur Elahütte auf Anhieb 1000 m Höhe; dort sind wir den Grossen ganz nahe: Corn da Tinizong und Piz Ela. Zusammen mit dem Piz Mitgel bilden diese Berge ein Dreigestirn von seltener Wucht und Schönheit der Form. Ein selbst für den Bergkanton Graubünden seltenes Bild.

T3 7 Std. 30 Min. ▶ 19,0 km ▲ 1900 m ▼ 1480 m

Routencharakter und Schwierigkeit Auf steilem, markiertem Hüttenweg hinauf zu den Chamonas d'Ela, noch einmal auf und ab über den Pass d'Ela zur Fuorcla Tschitta. Immer auf markiertem Bergweg 1100 m hinunter nach Naz.

Zeit 7½ Std.

Ausgangspunkt Bergün (s. Etappe 12)

Endpunkt Preda (1789 m)
Einige Häuser am nördlichen Eingang des Albula-Bahntunnels. Mit RhB Chur – St. Moritz bis Preda. Fahrplanfeld 940. Mit PW über Chur – Thusis – Albulapass bis Preda.

Pension Sonnenhof Preda
Zwischen Naz und Preda, 7482 Preda.
Tel./Reservation: 081 407 13 98, Fax 081 407 16 01.
10 Zimmer. Geöffnet Anfang Juni bis Ende Oktober und ca. 20. Dezember bis Mitte April. Vegetarisch und rauchfrei.

Hotel Kulm
Beim Bahnhof Preda, 7482 Preda.
Tel./Reservation: 081 407 11 46, Fax 081 407 21 46.
20 Doppelzimmer. Geöffnet Pfingsten bis Ende Oktober, Dezember bis April.

Karten 1236 Savognin, 1237 Albulapass

Unterwegs einkehren Chamonas d'Ela (2252 m) 772.570/165.530
SAC-Sektion Davos, 7260 Davos. Hüttenchef: Peter Amman,
7245 Davos Wolfgang, Tel./Reservation: 081 416 24 04.
Hüttenwart: Arthur Huber, Filisur, Tel. 081 404 14 03.
Mail: turihuber@bluewin.ch
40 Plätze. Bewartet von Juli bis Oktober an Wochenenden. Selbstversorgerhütte, nur Getränkeverkauf. SOS-Telefon. Die Hütte steht zuhinterst in der Val Spadlatscha.

■ Mit seinem Jägerstock führt er durch die Jagdgründe von Preda von Geschichte zu Geschichte.

Die Route Vom Bahnhof Bergün hinab zu P. 1363 an der Albula und jenseits des Baches hinauf an den Waldrand. Zuerst auf dem Waldweg, dann auf steilem Fussweg über P. 1705 nach Uglix und auf die Kuppe bei P. 2385. Auf gutem Weglein durch die steile Flanke leicht absteigend zu den Chamonas d'Ela (2252 m). 3 Std.
Auf gut markiertem Weg über den Pass d'Ela (2724 m) zu den Laiets. 2 Std. Bei P. 2561 links abzweigen auf den Weg zur Fuorcla da Tschitta (2831 m). 1 Std. Auf markiertem Weglein absteigen, dann zum Teil weglos westlich an P. 2725 auf eine Schulter und über Geröllhalden in allen Farben ins Grüne bei P. 2633. Schliesslich durch die Val Tschitta und durch den God Fallò nach Naz. Der Bahnlinie entlang zur Station Preda. 2½ Std.

Sehenswürdigkeiten Preda
Preda hatte während des Bahnbaus den Charakter einer Goldgräber-City des Wilden Westens. Davon ist nichts mehr zu sehen. Heute ist es Ausgangspunkt für den Bahnlehrpfad nach Bergün, Tagesausflüge in die Seitentäler und grosse Bergtouren. Wildbeobachtungen fast wie im Nationalpark.

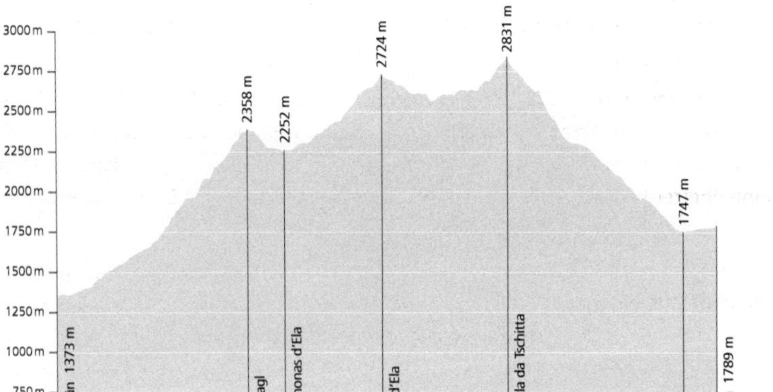

Die Bahn für Graubünden

Nach der Eröffnung der Gotthardbahn 1882 war Graubünden nicht mehr Transitland. Mit Blick auf die Verhältnisse am Brenner oder am Gotthard meinen heute viele: zum Glück! Für jene, die vom Transitverkehr lebten, brach aber eine Welt zusammen. Schon in vorrömischer Zeit wurden die Pässe begangen, die Römer, die Grossmeister im Strassenbau, bauten sie aus. Vom Saumverkehr wurde zwar niemand sehr reich, gutes Geld aber brachte er vielen, und zwar fast überall im Bündnerland. Nach dem Bau der Gotthardbahn war es damit aus!

Auch die Bündner haben von einer Transitbahn geträumt: Das Projekt der grossen Splügenbahn ist noch immer nicht aus allen Köpfen. Gebaut wurde aber an ihrer Stelle die Rhätische Bahn (RhB), ein zentrales Bündner Eisenbahnnetz von 397 Kilometern Länge mit Anschlüssen nach Norden, Westen und Süden. Auch wenn die Berninabahn bis nach Italien fährt, als Transitbahn ist die Schmalspurbahn nicht geeignet. Touristen geniessen aber die prachtvollen Bahnausflüge.

Am 9. Oktober 1889 wurde die Linie Landquart-Klosters eröffnet; das war der Anfang. Das Glanzstück im Netz ist die Albulabahn, gebaut von 1898 bis 1903. Am 30. Juni 1903 verliess die letzte Postkutsche Bergün Richtung Albulapass. «Schwarzumflort, in langsamem Schritt, begleitet vom Trauermarsch der Musik. Stumm, mit Tränen in den Augen und nicht wissend, was die Zukunft bringen werde, verfolgten die Bergüner dieses ergreifende Bild.»

«Einen Tag später erreichte der girlandengeschmückte erste fahrplanmässige Dampfzug den Bahnhof Bergün/Bravuogn, Vorbote einer Entwicklung, die das wirtschaftliche und gesellschaftliche Leben in wenigen Jahren ändern sollte», lernen wir auf dem bahnhistorischen Lehrpfad Preda-Bergün.

Er lehrt uns noch mehr: «Nur wer die Schwierigkeiten kennt, bündnerische Gemeinden unter einen Hut zu bringen, weiss das vollbrachte Kunstwerk zu würdigen. – Schwerlich gibt es ein zweites Land, wo während eines halben Jahrhunderts eine überreiche Saat von Eisenbahnprojekten eine so spärliche Ernte ausgeführter Linien hervorbrachte wie im Kanton Graubünden.»

Es ging nicht so glatt, wie die kurze Bauzeit vermuten liesse. Wir staunen: 25 Jahre für ein Netz von 375 Kilometern durch engste Bergtäler, über hohe Steilstufen und schliesslich quer durch den Alpenkamm. Der höchste Punkt liegt beim Ospizio Bernina auf 2353 m und der tiefste gleich unten in Tirano auf 429 m ü. M. Die Berninabahn überwindet Steigungen bis zu 70 Promille und erst noch ohne Zahnräder. 39,968 km Tunnel wurden gebohrt, ohne den am

19. November 1999 eröffneten 19,06 km langen Vereinatunnel. Die Brücken haben eine Gesamtlänge von 12 km, die längste steht bei Langwies. Sie misst 285 m. Die höchste führt bei Solis über die Albula. 53 elektrische Lokomotiven ziehen täglich 350 bis 400 Züge durchs Bündnerland, in 306 Personenwagen sind 16202 Sitzplätze vorhanden, 8,5 Millionen Reisende setzen sich jedes Jahr darauf, rund 800 000 Tonnen Güter werden befördert.

Vom Gerangel um mögliche und unmögliche Bahnprojekte steht heute nichts mehr in den Zeitungen, jahrelang aber füllte es die Spalten. Schliesslich entschied sich das Bündner Volk am 26. November 1889 für das von Ingenieur Gilli vorgeschlagene zentrale Netz im Innern Graubündens. Der Anschluss von Scuol nach Landeck war darin ebenfalls vorgesehen. Ob das Engadin durch den Julier oder den Albula erreicht werden sollte, war noch immer nicht klar; 1898 entschieden schliesslich die Räte in Bern: Gebaut wird die Albulabahn!

Diese führt über 63 km von Thusis nach St. Moritz und überwindet dabei 1323 m Höhe. 25 Projekte wurden eingereicht, einzelne wollten die Höhenunterschiede mit Spitzkehren überwinden. Ausgeführt wurden schliesslich die Pläne des Zürcher Ingenieurs Moser.

Menschen, die sich gegen Verkehrswege wehrten, gab es seit eh und je. Schon im 16. Jahrhundert liessen die Stulser bei Bergün die Steine, die sie aus den Wiesen räumten, mit Genuss auf die Via Imperiala kollern, die Reisenden sollten die Gefahren der Berge kennen lernen. Warum die Latscher kurz vor der Fertigstellung der Rhätischen Bahn 240 m oberhalb der Bahn einen Schmelzwassersee entleerten und damit den ganzen Hang in Bewegung setzten, blieb ungeklärt. Erst dadurch wurde der Glatscheras-Tunnel nötig.

Das Kernstück des Bahnwunders Albula liegt zwischen Preda und Bergün: ein reizvoller Lehrpfad zeigt die Einzelheiten. Die Strasse misst 7 km, die Bahn braucht 12,5 km, um die 416 m Höhe zu überwinden. Wer heute die Bilder aus der Bauzeit betrachtet, kann nicht übersehen, dass die Natur das grösste Wunder vollbracht hat: Die Baumeister hinterliessen trostlos abgeholzte Schutthalden, heute aber windet sich das Bähnchen durch grüne Wälder und Wiesen in einer Landschaft, die wieder ganz der Natur gehört.

Auf der Fahrt mit der Albulabahn verliert der Fahrgast die Orientierung. Kaum hat er auf der Terrasse Latsch entdeckt, verschluckt ihn der Plaz-Tunnel. Auf dem 100 m langen Viadukt über die Ava da Tisch erhascht er einen kurzen Blick in die Val Tisch, sieht auf der andern Seite tief unten an der Albula den Campingplatz von Bergün, dahinter den mächtigen Piz Rugnux, im Süden Piz Bial und La Piramida, wechselt auf die andere Talseite und dreht sich im Kreis wie eine Katze beim Spiel mit ihrem eigenen Schwanz. Aber das ist erst der Anfang, bei Punt Ota windet sich sogar die Strasse in Kehren hoch, die Bahn verschwindet einfach im Berg, taucht 50 Meter höher wieder auf. Das aber reicht immer noch nicht: Deshalb wechseln die Geleise erneut die Talseite, verschwinden wieder, und der Zug fährt dann gelassen über sanfte Wiesen in den Talkessel von Preda.

Preda ist noch immer ein Maiensässdörfchen. Im Sommer kommen die Bauern von Bergün zum Heuen nach oben. Jetzt steht halt ein Bahnhof in ihren Wiesen, der letzte auf der Nordseite der Alpen. Lieblich und rauh zugleich und ganz still ist Preda geblieben.

Das hat man sich eine Zeit lang anders erträumt. «Preda, die Zukunftsstadt»: So wurde eine Postkarte bedruckt, die den Tunneleingang zeigt, das Chalet Nicolay und eine eben ankommende Lokomotive. Das Dof umrahmt von Piz Ela, Muot, Zavretta und Dschimels träumte vom Aufstieg zum Kurort. Damals standen neben Häusern und Baracken für 600 Arbeiter auch Magazine, Werkstätten, ein Spital und eine Kirche. Doch die Arbeiter gingen weg, was noch brauchbar war, wurde an andern Stellen aufgebaut, den Rest liess man zerfallen. Preda ist keine Stadt der Zukunft geworden. Wer Glück hat, im Hotel Kulm oder in den wenigen Ferienhäuschen die stille Bergwelt zu geniessen, durch die hin und wieder der Pfiff einer Lokomotive gellt, bedauert es nicht. Er versteht auch die Zuversicht, die vor hundert Jahren herrschte, denn Preda liegt wunderschön. PM

P.S. Am 8. Juli 2008 wurde die Albula-Bernina-Linie der Rhätischen Bahn ins Weltkulturerbe der UNESCO aufgenommen.

Etappe 14

Ringsum ein Kranz unnahbarer Gipfel

Preda – Naz – Val Mulix – Fuorcla da Bever – Vadret Laviner – Chamanna Jenatsch

Auf dieser Etappe fesselt nicht ein einziger dominierender Gipfel; von den wilden Zacken imponiert bald dieser, bald jener und ordnet sich dann doch wieder ein in die Vielfalt, die nur der Piz Bleis Marscha eine Zeitlang beherrscht. Ein Weg fehlt fast ganz, Abschnitt für Abschnitt stellt den Wanderer vor die Frage: Wie weiter? Rechts oder links des Crappa, führt die Rinne wirklich aufs Firnfeld der Fuorcla da Bever, wo gehts am Piz Laviner vorbei? Auf den steilen Grasflanken der Crasta Jenatsch folgt die Frage: Wann endlich zeigt sich die Hütte?

T3 7 Std. 30 Min. ► 11,6 km ▲ 1410 m ▼ 580 m

Routencharakter und Schwierigkeit Der Übergang ist nicht ausgetreten, meist weglos und nicht durchgehend markiert. Karte, Kompass und Höhenmesser und oft Steigeisen sind unentbehrlich. So eindrücklich die Übergänge bei gutem Wetter sind, ohne Sicht könnte man leicht irgendwo oder nirgends ankommen: In der Val d'Err vielleicht oder ganz unten in der Val Bever statt in der Chamanna Jenatsch. Der letzte Abschnitt zur Chamanna Jenatsch führt über sehr steile Grasflanken. Die Hütte wird erst im letzten Augenblick sichtbar.

Zeit 7½ Std.

Ausgangspunkt Preda (1790 m) oder Naz (1747) (s. Etappe 13)

■ Wenn Schönwetterwolken den Blick in das Tal fast verschleiern, ist es auf den Höhen am schönsten.

Endpunkt Chamanna Jenatsch (2652 m) 775.350/155.660
SAC-Sektion Bernina, 7500 St. Moritz. Hütte: Tel. 081 833 29 29.
Hüttenwart: Heini Neukom, Via Reticato 10, 7503 Samedan, Tel. 081 852 17 61.
60 Plätze. Bewartet grundsätzlich von August bis September. Es wird empfohlen, in jedem Falle den Hüttenwart betreffend Bewartung/Reservation vorgehend zu kontaktieren. Mail: allegra@chamannajenatsch.ch, www.sac-bernina.ch.
Die Hütte liegt zuhinterst im Val Bever auf einem Hügel.

Einfachster Abstieg ins Tal Nach Spinas/Bever
Durchs Val Bever zur RhB-Station Spinas an der Strecke Chur – St. Moritz. Fahrplanfeld 940.

Karten 1237 Albula, 1236 Savognin, 1256 Bivio

Ausrüstung Orientierungshilfen: Karte, Kompass und Höhenmesser sowie Steigeisen!

Talort Bever (1780 m)
Um 1800 galt Bever als das reichste Dorf im Engadin. Brunnenplätze, Bogen über der Dorfgasse, schmiedeeiserne Gitter an doppelläufigen Aussentreppen und Sgrafitti zeugen noch heute davon. Das Bahnhofbuffet zeigt, dass Bever als Umsteigebahnhof gedacht war.
Mit RhB Chur – St. Moritz bis Samedan, anschliessend St. Moritz – Scuol bis Bever. Fahrplanfeld 940, 960.
Mit PW über Chur – Thusis – Albulapass nach Bever.
Verkehrsverein: Tel. 081 852 49 45, Fax 081 852 49 17.
Bahnhof: Tel. 081 852 52 08.
Einige Hotels und Gasthäuser.

Variante Val Bever
Von der Fuorcla da Bever über steile Flanken ins Val Bever absteigen und zur Station Spinas der RhB.

Gipfel Piz Jenatsch (3250 m) L. Von der Fuorcla Laviner über Firn und leichte Felsen zum Gipfel. Über Blockstufen über den Westgrat absteigen, bis eine steile Geröllrinne nach S auf die Terrazza da Jenatsch hinabführt. Über etwas mühsame Geröllhalden hinab bis in die Talmulde und nach SE zur Chamanna Jenatsch absteigen. 3½ Std.
Diese Überschreitung ist etwas schwieriger und etwas länger, aber kurzweiliger als der Abstieg von der Fuorcla da Bever über die Grasflanken an der Crasta Jenatsch.

Die Route Von der Station Preda dem Bahngeleise folgend nach Naz und auf herrlichem Waldweg zur Abzweigung im God Fallò nach Mulix. Im Talschluss von Alp Mulix endet der Weg. Man umgeht die Felsstufe auf La Crappa links oder rechts oder klettert gleich westlich des Bachs über kurzweilige Stufen hoch. 2½ Std.

Wunderschön träumt der Lai Negr ganz in der Nähe, man gönne ihm den Umweg von einer halben Stunde und quere dann über glattgeschliffene Felsrücken am kleinen See vorbei nach S zum Einstieg in die enge, aber gut begehbare Geröllrinne zum Firnfeld, das zur Fuorcla da Bever führt (2949 m). 2½ Std.

Achtung: Nicht nach E absteigen, sondern leicht ansteigend hinüber zum Ostgrat des Piz Laviner auf 3020 m. Durch die Geröllmulde am P. 2716 vorbei absteigen, bis man die steile Flanke fast auf der Höhe der Hütte quert und die Chamanna Jenatsch erreicht. 2½ Std.

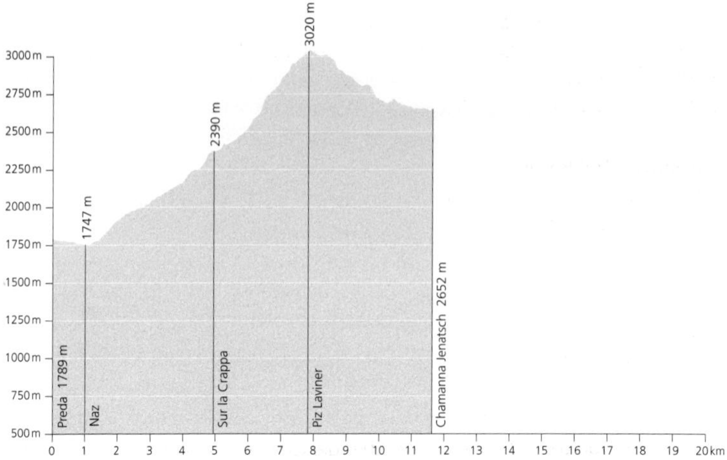

Ein Blick in die Bündner Geschichte

Dass die Ferienecke Graubünden zur Schweiz gehört, ist gar nicht so selbstverständlich. Am Morgarten zum Beispiel ist Graf Friedrich IV. von Toggenburg von den Eidgenossen mit Keulen und Hellebarden erschlagen worden. Maienfeld war Lieblingssitz des Hauses Toggenburg, das das Gebiet zwischen Davos und dem Bodensee regierte. Die Bündner könnten heute zu Österreich gehören. Der Entscheid über die Zugehörigkeit zur Schweiz fiel erst vor 200 Jahren: 1797 schlug Napoleon das Veltlin zu Italien, und 1803 machte er das Bündnerland zum 16. Kanton der Helvetik. Dem Volkswillen entsprach das damals nicht. Europas Machthaber kümmerte sich allerdings nicht darum, und so schlecht hatte er damit gar nicht entschieden.

Die Bündner Geschichte beginnt mit den drei Bünden: 1367 schlossen die Gotteshausleute (Bistum Chur) in Zernez einen Bund, 1424 wurde unter einem Ahornbaum in Trun der Graue Bund beschworen und 1436, nach dem Tod Friedrichs VII. von Toggenburg, der Bund der Zehn Gerichte in Davos.

Die drei Bünde sollen 1471 in Vazerol ihren Zusammenschluss beschworen haben, Urkunden fehlen, Forscher bezweifeln es. Jedenfalls gab es keine Wiese am See wie das Rütli, aber in den Schulbüchern steht es noch so.

Die Parallele zu den drei Ländern am Vierwaldstättersee ist offensichtlich, und die Verbindungen waren auch tatsächlich eng. Anschlussbegehren der Bündner wurden allerdings eher kühl aufgenommen, die streng demokratische Form der Drei Bünde, in denen nichts ohne die Zustimmung der Gemeinden durchgesetzt werden konnte, ging den Führenden in der Eidgenossenschaft viel zu weit. 1701 schlug die Tagsatzung ein Gesuch der Bündner in freundlichem Ton ab, später wiesen die Bündner ihrerseits Einladungen der Eidgenossen höflich zurück. In den Wirren der Französischen Revolution warben revolutionäre Bündner Patrioten für den Anschluss an das von Frankreich geführte Helvetien. Aber die Mehrheit schreckten die Greuel, die in Frankreich geschahen, zu stark ab. An der Seite Österreichs bleibe das Erbe der Vorfahren besser erhalten, meinten die Aristokraten.

Die entscheidende Machtprobe gegenüber dem Deutschen Reich hatten die Bündner an der Seite der Eidgenossen 1499 im Schwabenkrieg zu bestehen. Für die Bündner fiel die Entscheidung an der Calven, einem Feld ganz unten im Münstertal bei Glorenza/Glurns im Etschtal. Hier starb Benedikt Fontana, der Führer der Gotteshausleute. Simon Lemnius hat ihn in der «Raeteis», einem Bündner Epos in klassischer Form, zum Freiheitshelden der Bündner gemacht.

Im Bergland fanden nie alle Arbeit und Brot – wie übrigens in den Berggebieten der ganzen Welt, wo die Arbeitslosigkeit uralt ist. Als Zuckerbäcker arbeiteten

Bündner zum Beispiel in Italien, Frankreich, Deutschland und Russland – eigentlich überall, wo es galt, vornehme Menschen mit Süssigkeiten zu verwöhnen. Wer Bergler sich als Rohlinge vorstellt, der irrt: Es gab schon früher Feinschmecker unter den Bündnern, auch bei den Bauern. Nach alten Rezepten entstehen – geschickt verfeinert – heute ausgesuchte Spezialitäten.

Bündner Baumeister haben prachtvolle Barockbauten geschaffen, vor allem in Österreich und in Süddeutschland sowie in Russland. In Eichstätt in der Fränkischen Alb zum Beispiel hat Gabrieli von Roveredo im Auftrag des Fürstbischofs eine ganze Stadt aufgebaut. Als Frankreich die Architekten akademisch zu schulen begann, war die grosse Zeit der Bündner Naturtalente vorbei. Daheim sollten die Leute nun sehen, wie weit es einer in der Fremde gebracht hatte: So sind manche der prachtvollen Bündner Häuser entstanden, die wir noch heute bewundern.

Geld verdiente man in Bünden als Säumer über die Alpenpässe, als Verwalter der Untertanenlande im Veltlin und im Solddienst in fremden Heeren. Die Bündner Pässe Flüela, Scaletta, Albula, Julier, Septimer, Splügen, San Bernardino, Maloja und Lukmanier hatten grosse Vorteile: Die Täler sind bis nahe an die Übergänge bewohnt, so dass die Lasttiere am gleichen Tag wieder zurück am Ausgangspunkt waren. Sie waren alle auch im Winter passierbar: Auf einer gut hergerichteten Schlittenbahn brachte ein Pferd weit grössere Lasten über den Berg als auf dem holprigen Sommerweg. Der Transitverkehr blühte deshalb vor allem im Winter.

Die Tierhalter waren genossenschaftlich zu «Porten» zusammengeschlossen. Jeder Porte stand ein Transportabschnitt zu, auf dem sie auch den Weg zu unterhalten hatte. Durch die Porten wurden die Erträge aus dem Passverkehr breit verteilt, viele Bündner wurden wohlhabend, sehr reich wurden dabei nur ganz wenige.

Das war beim Solddienst ganz anders: Dieser lag in der Hand weniger völlig dominierender Familien, wobei weit über allen andern die Salis und Planta standen. Ihre Schlösser und Herrschaftssitze zeugen noch heute von Macht und Reichtum. Söhne dieser Familien dienten als hohe Offiziere an fremden Königshäusern, warben daheim Söldner an und liessen sich nicht nur dafür bezahlen, sondern bezogen auch so genannte «Pensionen». Das waren regelmässig fliessende, feste Beträge, die aber im Geheimen ausbezahlt wurden. An diesen Geldern klebte ohne Zweifel viel Blut der Landsleute, die in ihrem Dienst starben. Allerdings setzten die Reichen einen Teil dieser Einkünfte im Bündnerland ein. Als reiche Bauherren liessen sie ihre Paläste aufführen und brachten damit vielen Handwerkern sehr schöne Arbeit. Auf diese Weise konnten sie ihr Geld etwas «rein waschen».

Auch die einträglichen Ämter in den Untertanenländern Bormio, Veltlin und Chiavenna wurden nicht breit gestreut; die aristokratischen Familien hielten sie fest in ihrer Hand. Zwar wurde jeder Beamte von einer Bündner Gemeinde gewählt. Mit tagelangen Ess- und Trinkgelagen warben die Vornehmen in ihren herrschaftlichen Häusern um die Gunst der Bevölkerung. Warum sollte diese ihre Stimme nicht demjenigen geben, der zum ausgelassensten Gelage einlud?

Die französische Revolution fegte diese Geldquellen der Privilegierten weg. Im Veltlin verloren 130 Familien zum Teil sehr ausgedehnte Besitzungen und die Drei Bünde zwei Drittel ihrer Zolleinnahmen. Dem Wunsch vieler Veltliner, als vierter Bund dem Land der Bündner beizutreten, widersetzten sich vor allem die Veltliner Aristokraten. Napoleons Angebot, zu vermitteln, schlugen die Bündner Gemeinden aus. 100 Jahre später versiegte die dritte und letzte Bündner Geldquelle: Die Gotthardbahn brachte die Güter über die Alpen, die Bündner Säumer hatten nun fast nichts mehr zu tun.

Inzwischen ist Graubünden die «Ferienecke der Schweiz». Jede fünfte Ferienübernachtung des Landes wird in Graubünden gezählt. Gäste aus der Schweiz und aus Deutschland machen über 85 % aller Logiernächte aus. Die meisten kommen zum Wintersport, die Bergwanderer im Sommer sind aber die treusten Besucher. Beliebt sind Exkursionen mit der Rhätischen Bahn und mit Postautos, ganz neu ist der Kongresstourismus. Davos, Arosa und St. Moritz sind weltbekannt, 140 weitere Kurorte bieten Ferienerlebnisse an. Die grossartige Alpenlandschaft, die Stille freundlicher Täler, die kulturellen und sprachlichen Besonderheiten werden Erholungssuchende weiterhin anziehen, denn das alte Passland ist sehr leicht erreichbar. PM

Etappe 15

Ein weisser Gletscher und ein See in farbiger Wüste

Chamanna Jenatsch – Fuorcla d'Agnel – Fuorcla digl Leget – Muttariel – Alp Flix

Ein ganz sanfter Gletscher – «agnels» sind Lämmchen – und leichter Übergang genau von Norden nach Süden, vom Eis in südliche Wärme. Auf der Fuorcla digl Leget wirklich ein Wunder: ein toter Bergsee, ohne Zufluss, ohne Ausfluss. Am Ufer nur nacktes Gestein, fremd, wüstenartig, kalt. Ein eisiger Wind weht über den kleinen Pass. Eine kleine Steilstufe trennt uns noch von den saftigen Wiesen, und von Terrasse zu Terrasse gelangen wir auf die einzigartige Hochebene der Alp Flix, wo ein grosser Heu-Ladewagen die dicke Mahd frisst, um die Ernte ins Tal zu fahren. Die Dreistufenwirtschaft der Bergbauern ist weitgehend vorbei, Maiensässe sind auch hier zu Feriensässen geworden.

T3 4 Std. ▶ 12,6 km ▲ 700 m ▼ 1370 m

Routencharakter und Schwierigkeit Auf gut markiertem Hüttenweg zum Vadret d'Agnel und ein sehr kurzes Stück über den mässig ansteigenden Gletscher zur Fuorcla. Abstieg auf dem Hüttenweg zum Wegweiser «Fuorcla digl Leget», markiert. Erst auf Wegspuren, dann auf markiertem Bergweg zur Alp Flix

Zeit 4 Std.

Ausgangspunkt Chamanna Jenatsch (s. Etappe 14)

■ Alp Flix ist eine stille Traumweide über der Julierstrasse.

Endpunkt Alp Flix (1975 m)
Sommersiedlung mit verstreuten Gehöften und weiten, ebenen Heuwiesen.
Berghaus Piz Platta
Tel./Fax 081 684 51 22.
7 Doppelzimmer, 3 Lager mit 10 bis 16 Plätzen. Geöffnet ganzjährig ausser vom 20. April bis zum 20. Mai.

Einfachster Abstieg ins Tal Nach Sur, Fahrsträsschen.

Karte 1256 Bivio

Talort Sur (1617m). Kleines Dorf abseits der Julierpassstrasse.
Mit RhB Chur – St. Moritz bis Tiefencastel, anschliessend Postauto; oder Postauto Chur – St. Moritz oder Chur – Bivio bis Sur. Fahrplanfelder 940, 900.84 und 900.85.
Mit PW über Chur – Thusis – Julierpass bis Sur.

Gipfel Piz d'Agnel (3205 m) T4 2 Std. 1835 wurde dieser Berg bestiegen; dabei handelte es sich um die erste gesicherte Gipfelbesteigung in dieser Gegend. Man steigt auf dem Vadret d'Agnel statt zur Fuorcla d'Agnel nach W zur Fuorcla da Flix und über den Westgrat zum Gipfel.
Piz Surgonda (3196 m) T4 1 Std. Schöner Aussichtsberg. Von der Fuorcla d'Agnel über den Schutt- und Blockkamm auf den ersten Absatz. Von hier über den Kamm oder auch etwas rechts der Kante empor, zuletzt über einige Blockstufen auf den westlichen Vorgipfel. Dann über den plattigen Felskamm zur Gratsenke und hinüber zum Hauptgipfel.

Die Route «Fuorcla d'Agnel: bequemer Übergang vom Julierpass in die Val Bever», stand im alten Albula-Clubführer des SAC. Von der Chamanna Jenatsch zum Julierpass ist er noch bequemer. Auf dem Hüttenweg über die Ova d'Err und am Steilhang des Piz Picuogl ins Vorfeld des Vadret d'Agnel auf Wegspuren über den Gletscher zur Fuorcla. 1 Std.
Auf gutem Weg nach S bis zur Kuppe P. 2568 absteigen. Gleich dahinter zweigt ein Weglein rechts zur Fuorcla digl Leget (2711 m) ab. 1 Std.
Dem Wegweiser folgend, quert man die kleine Wüstenebene und steigt, Markierungen und Wegspuren folgend, durch Schutt und Runsen bis zu P. 2337 m ab. Hier beginnt der schöne Fussweg, der stets auf gleicher Höhe in den Kanonensattel führt. Die Terrasse der Alp Flix liegt nun gleich vor uns. Der Weg führt zu den Bauernhäusern von Salategnas und weiter nach Tigias. 1 Std.

Sehenswürdigkeiten Tigias/Alp Flix. Geologen meinen, die auffallend weite Terrasse der Alp Flix sei einmal Talboden des Urrheins gewesen. Das Haus Tga d'Meir zeugt von einer frühen romanischen Besiedlung. Dann kamen die Walser und reduzierten den Wald. Der Rest wurde später Opfer des Bergbaus. Die Pest dezimierte die Bewohner dermassen, dass sie ins Tal nach Sur zogen und dort Romanisch lernten. Bis ins 17. Jahrhundert war Flix dauernd bewohnt.

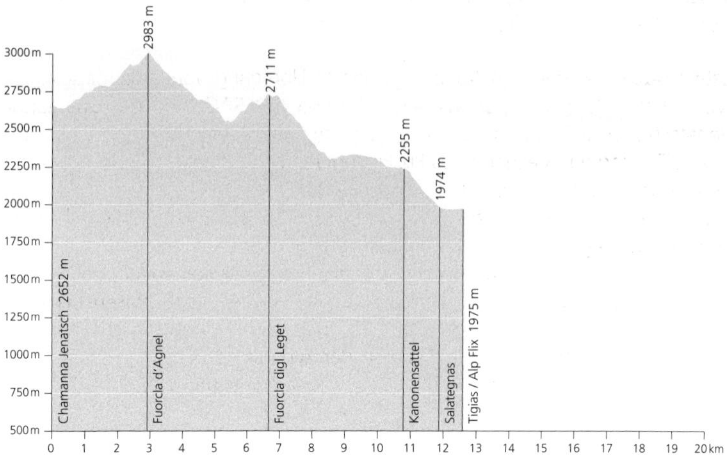

Georg Jenatsch

Der erfundene Bündner Held

«In rasendem Ritt durch das schlafende Land und die finstere föhnwarme Nacht brausend, seien sie im Morgengrauen wie Gespenster vor Rietberg aufgetaucht, haben das Tor mit Axthieben gesprengt, seien ohne ernstlichen Widerstand der schlummertrunkenen entsetzten Dienerschaft in die Schlafkammer des Herrn Pompejus eingedrungen, diese aber sei leer gewesen. Im Begriffe, fluchend und lästernd wieder abzuziehen, habe sie Jenatsch auf ein altes Hündlein in einem engen Vorzimmer aufmerksam gemacht, das winselnd in den Rauchfang des Kamins hinaufschnoberte. Aus diesem sei dann Herr Pompejus mit frevler Faust an seinem langen Schlafkleid heruntergerissen und mit wütenden Beilhieben zu Tode gebracht worden.»

Blutrache der Planta: «Doch das den Zug anführende Bärenungeheuer mit dem Wappen der drei Bünde auf der Brust schritt schwerfällig auf ihn zu, streckte, ihm auf den Leib rückend, die rechte Tatze aus und begann mit brummender Stimme: ‹Ich bin die Respublica der drei Bünde und begehre mit dem Helden ein Tänzlein zu tun›».

«Das darf ich nicht ausschlagen, obgleich ich meine Dame ungerne verlasse», erwiderte Jenatsch und reichte, der Bärin den Fuss wie zum Tanze hebend, bereitwillig die Rechte. Diese aber schlug die beiden Tatzen um die gebotene Hand und packte sie mit eiserner Mannesgewalt. Zugleich zog sich der Larvenkreis eng an den Festgehaltenen zusammen, und überall wurden Waffen bloss.

Lukretia (in Meyers Geschichte Pompeius Tochter, Jenatschs Geliebte) drängte sich erst an die linke Seite des Umstellten, wie um ihn zu decken... Da schmetterte ein Axtschlag neben ihr nieder. Sie erblickte ihren treuen Lukas, doch er wurde niedergeschlagen. Lukretia neigte sich zu ihm nieder, ergriff das Beil, das einst ihren Vater erschlagen, sah Jenatsch schwanken, von gedungenen Mördern rettungslos umstellt. Jetzt, in traumhaftem Entschlusse hob sie mit beiden Händen die ihr vererbte Waffe und traf mit ganzer Kraft das teure Haupt.

Jürgs Arme sanken, er blickte die hoch vor ihm stehende mit voller Liebe an, ein düsterer Triumph flog über seine Züge, dann stürzte er schwer zusammen.

Das sind zwei leicht gekürzte Ausschnitte aus Conrad Ferdinand Meyers «Jürg Jenatsch, eine Bündnergeschichte». Diese hat das Bild von Georg Jenatsch für Generationen geprägt.

«Ich weiss, dass er ein Schuft war, ich habe eine Persönlichkeit aus ihm gemacht», schrieb Meyer 1876 einem Freund. Meyer wollte mit Jenatsch eine Bündner Heldenfigur schaffen wie Wilhelm Tell oder Winkelried.

Auch wenn die Geschichtsschreibung des 17. bis 19. Jahrhunderts Jenatsch kaum über andere Führergestalten seiner Zeit hob, sind unter dem Einfluss Meyers Jenatsch Erzählung Biographien entstanden, die aus dem Halunken eine «Persönlichkeit» machten. Sie erhöhten Jenatsch im Laufe der ersten Hälfte des 20. Jahrhunderts immer weiter und verdrängten Benedikt Fontana. Ein Denkmal wie dieser erhielt Jenatsch allerdings nie. 1938, als Alexander Pfister seine Jenatsch Biographie herausgab, entsprach sein Jenatsch noch immer dem Wunsch nach einem starken, sein Vaterland über alles liebenden Freiheitshelden, um den sich ein Volk in Not scharen kann.

Seit den Sechzigerjahren wird Jenatsch kritischer betrachtet. Man sieht in ihm die barocke Gestalt, die im Geiste seiner Zeit von Ehrgeiz und Leidenschaften getrieben vor allem seinen eigenen Vorteil suchte. Als Emporkömmling wurde der protestantische Pfarrer als Oberst Militärunternehmer und dabei in kürzester Zeit reich wie die Reichsten. Er strebte nach Besitz von Herrschaften und drängte sich damit in die Reihen der Mächtigen im Lande. In der Nacht vom 25. Januar 1639 wurde er in einem Gasthaus in Chur umgebracht und am folgenden Tag in der Churer Kathedrale beigesetzt, vier Jahre nachdem der einst politisch in vorderster Front kämpfende protestantische Pfarrer heimlich zum katholischen Glauben übergetreten war. Die Mächtigen im Lande suchten nach den Mördern sehr nachlässig, die Wahrheit lag offenbar nicht in ihrem Interesse. PM

Etappe 16

Ein Abend im höchsten Dorf Europas

Alp Flix – Lai da Marmorera – Muttans – Val Bercla – Fallerfurgga – Juf

Beim Überschreiten des Staudamms von Marmorera stelle man sich vor, dass in diesem Stausee ein ganzes Bergdorf versunken ist – man sollte diese Tatsache nie ganz vergessen! Auf Muttans steht man ganz plötzlich einem weiteren prominenten Bündner Berg gegenüber: dem Piz Platta. Später sind es wieder einmal «Lajets», Seen, die uns anhalten lassen, Felsen und Farben in hundert Spiegeln. Bei den Flüeseen schauen wir aus grosser Höhe auf das Ziel dieser Etappe hinunter: Die Siedlung Juf, das höchstgelegene, ganzjährig bewohnte Dorf Europas.

T3 7 Std. ▶ 15,2 km ▲ 1440 m ▼ 1290 m

Routencharakter und Schwierigkeit Auf holprigem Wanderweg hinunter zum See, auf Viehweg vom Damm nach Pra Miez und weglos über Weiden über Muttans ins Val Bercla. Weiter auf markiertem Weg nach Juf.

Zeit 7 Std.

Ausgangspunkt Alp Flix (s. Etappe 15)

Endpunkt Juf (2126 m)
Sehr kleine Siedlung zuhinterst im Avers.
Mit RhB Chur – St. Moritz bis Thusis, anschliessend Postauto bis Andeer, dann Andeer – Juf. Fahrplanfelder 940 und 940.40.
Mit PW über Chur – Thusis – San Bernardino bis Rofflaschlucht, dann Richtung Avers nach Juf.
Avers Tourismus: Tel. 081 667 11 67, Fax 081 667 12 02.
Post: Tel./Fax 081 667 12 59.
Zwei Gasthäuser.

Pension-Restaurant Edelweiss
7448 Avers-Juf.
Tel./Reservation: 081 667 11 34.
24 Betten, 60 Plätze im Lager, 22 Plätze im Jugendhaus. Ganzjährig geöffnet. Im Jugendhaus kann selbst gekocht werden.

Karte 1256 Bivio

Unterwegs einkehren Restaurant Marmorerasee an der Julierstrasse.

Gipfel Tälihorn (3164 m) T6 1 Std. Vom Lai Neir im Val Bercla nach W zur Bärggla Furgga und über den gestuften Südgrat in leichter Kletterei zum Tälihorn. Wieder zurück zur Bärggla Furgga und über die Bandseen absteigen nach Avers Cresta.

Die Route Von Tigias über Salategnas zum Fussweg durch den Wald an die Julierstrasse. 1 Std. Über den Staudamm nach Castigl und auf Viehweg nach Pra Miez. Weiter meist weglos auf die breite Kuppe von Muttans. 3 Std. Weglos zu den Lajets hinunter und über steile Grasflanken leicht absteigend auf den markierten Weg, der zur Fallerfurgga führt. 2 Std. An den Flüeseen vorbei auf den Stallerberg. Auf uraltem Passweg steigen wir steil nach Juf ab. 1 Std.

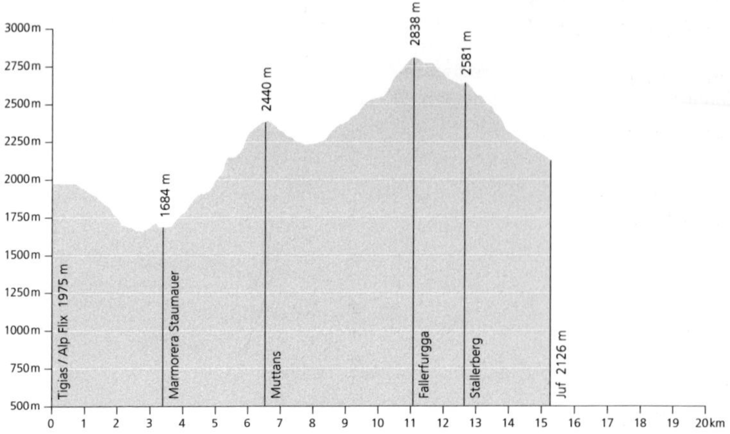

Am Sitz der höchsten Europäer

Juf im Avers, 2126 Meter über Meer. Das Avers und besonders der Ort Juf, die höchstgelegene ganzjährig bewohnte Siedlung Europas, faszinieren aufgrund ihrer extremen Lage viele Menschen. Dabei sollte aber gerade hier auf Vereinfachungen verzichten, wer Land und Leute an diesem aussergewöhnlich hoch- und abgelegenen Ort im Herzen der Alpen besser verstehen möchte.

Neunzig Prozent der Fläche der Alpen sind lebensfeindliche Natur, aus den restlichen zehn Prozent hat der Mensch eine Kulturlandschaft zu seinem Nutzen gemacht. Die Alpen waren auch eine Bühne für die letzte grosse inneralpine Völkerwanderung Europas: Der Weg der Walser über 1000 Jahre zeitliche und 850 Kilometer räumliche Distanz. «Die Eroberung der Alpen ist nicht die Geschichte der Bergsteiger, die eines Tages über 4000 Meter hinausgestiegen sind, sondern die der Walser, die seit sieben Jahrhunderten in Juf im Averstal, 2000 Meter hoch, dem höchstgelegenen Dorf Europas leben.» So fasst der italienische Walserforscher Enrico Rizzi die Bedeutung des Bergvolkes zusammen. Walsertum ist in erster Linie Sprachvolkstum. Der rote Faden, der die Walser verbindet, ist denn auch das Walserdeutsche, eine alemannische Sprache mit unzähligen Dialekten. Sie ist nach einer gewissen Angewöhnungsphase für den Deutschsprechenden recht gut zu verstehen.

«Die Teutscher Sprach seynd von ihren Alt-Vorderen her und doch von der weltschen Sprach umgeben, seynd ohn Zweifel Gallier oder Germanier gewesen, wie dieses die teutsche Sprache anzeigt», vermutete ums Jahr 1500 mit viel Phantasie der Chronist Aegidius Tschudi und folgerte daraus, dass es sich bei den Walsern um die Ureinwohner der Alpen handle. Dabei stammen die Vorfahren des heutigen Bergvolkes aus dem Flachland: Heidnische Alemannen, die in den Jahren 500 bis 700 nach Christus vom süddeutschen Raum aus nach Süden drängten. Zunächst als Räuber mit Schwert und Lanze, dann als Siedler mit Viehzeug und Pflug. In der Folge überstiegen sie in entbehrungsreichen Wanderungen zu Fuss die Alpen und siedelten sich am Oberlauf der Rhone, im heutigen Goms, an.

Ihre Herkunft aus dem Wallis gab ihnen den Namen: Walser. Das Gebirge hat seine eigenen Regeln und wer überleben will, muss sich ihm anpassen. Die Siedler entwickelten die notwendigen Arbeitstechniken und Werkzeuge, die sie zum Überleben brauchten. Sie besassen Pioniergeist, Wille zur Selbstständigkeit und Ideen. Auf welchen Routen genau die Walser ins Avers – sie selbst sprechen den Talnamen «Over» aus – einwanderten, ist bis heute nicht zweifelsfrei belegt. Der Mainzer Geschichtsprofessor Hermann Weber schreibt: «1292 wird im oberen Avers eine Gruppe von Walsern fassbar, die um diese Zeit bereits über einen beträchtlichen Besitzstand und eine ausgedehnte Viehwirtschaft im Gebiet von Juf und vom Bergalgatal verfügte; sie stammen – wie die Rheinwalder – aus dem Pomatt (Piemont/Italien), stehen unter dem Schutz von Como, erhalten von Como als Entschädigung Zollrechte gegenüber Leuten aus Chur zugesprochen und werden zu diesem Zeitpunkt möglicherweise sogar als eine unter einem Ammann stehende Gemeinschaft organisiert.» Das Avers ist bis heute eine kleine Gemeinschaft in einem sehr abgelegenen Hochtal zwischen 1700 und 2100 Meter über Meer geblieben. Eine Strasse gibt es erst seit 1961, sie wurde von den Kraftwerken gebaut und bis zuoberst asphaltiert. Lage, Klima und Topographie prägten und prägen die Menschen. Eine deutliche Schollentreue sagt man den Berglern bis heute nach, das bestätigt auch der Bergbauer Rino Menu aus Juf spontan: «Wenn du hier geboren bist, gehst du nicht weg, wenn du nicht wirklich dazu gezwungen bist». Das heutige Leben im Hochtal spielt sich in einem komplexen Schwebezustand zwischen historisch gewachsenen Strukturen, althergebrachten (Land-) Wirtschaftsformen und – oft zu heftig eingebrochenen – Segnungen der Gegenwart ab. Überdimensionierte Futtersilos aus Kunststoff stehen angelehnt an sonnengebräunte Holzställe, Satellitenschüsseln bringen TV-Serien aller Art und Unart in uralte, niedrige Stuben und, besonders im Sommer, quellen die wenigen ebenen Flecken in Juf über vom Lärm und Gestank vieler Autobusse, die alle die «höchstgelegene Siedlung Europas» und deren Bewohner bestaunen wollen. Flüchtige Tagesbesucher verpassen die Rückseite der Postkarte, auf der der Himmel nicht immer blau, die Schweizerfahne nicht nur weissrot und die Wiesen nicht das ganze Jahr über grün sind. Für die Einheimischen ist ihr Tal zuerst einmal Ort, wo man überleben will und muss – und somit immer wieder Ausgangspunkt für drängende Zukunfts-Fragen. Die Berglandwirtschaft, die traditionelle und am weitesten verbreitete Wirtschaftsform der Walser, befindet sich auf Talfahrt. Die durchschnittlich bewirtschaftete Fläche pro Betrieb im Avers sank von 28 ha (1978) auf 18 ha (1990); die Zahl der Betriebe schwand ebenfalls. Und ihre Zukunft ist ungewisser denn je, denn zurzeit wird in der Schweiz, wie in ganz Europa, auch über frühere Tabus wie Preissenkungen und der Abbau von Subventionen diskutiert. In diesem Umfeld sitzen Bergbewohner wie die Avner auf ihrer Scholle und harren der Dinge, die auf sie zukommen. Hotels und Pensionen existieren nicht viele, die rund 400 Gästebetten reichen gerade aus, um jährlich rund 35000 Nächtigungen zu erwirtschaften. Ideen für die Bewältigung der Zukunft gibt es, doch die Realisierung ist schwierig. «Sanfter» Tourismus wäre eine Möglichkeit, die Zukunft anzugehen. Doch die vielen Busse, welche mit dem Klischee von der höchstgelegenen Ortschaft Europas ihre Plätze füllen, stehen dem entgegen. Ausser ein bisschen Umsatz in den Restaurants von Juf bringen diese Touristen nicht viel. Im Gegensatz zu den Walsern, die von weither kamen und blieben, gehen die meisten Besucher (zu) rasch wieder. PD

Etappe 17

Kurzbesuch in Italien

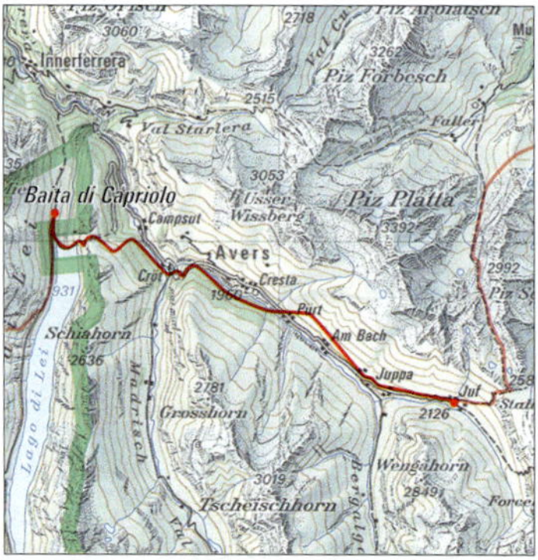

Juf – Valle di Lei

Der Führer «Weitwandern 1998» geht am folgenden Tag von Juf nach Maloja ins Tourengebiet Südbünden. Es ist möglich, nach der Ankunft in Juf mit dem Postauto über Campsut, (beschränkter Postautoverkehr bis auf die Staumauer Lago di Lei) das Rifugio Baita del Capriolo zu erreichen.

T2 4 Std. ▶ 15,7 km ▲ 930 m ▼ 1090 m

Zeit 4 Std.

Ausgangspunkt Juf (Avers) 2124 m

Endpunkt Rifugio Baita del Capriolo, 1961 m ü. M.
Valle di Lei. 7445 Innerferrera.
Privates Bergrestaurant. Hüttenwart Valentino del Curto, Tel. Rifugio 081 667 11 36, Privat 0039 343 34 268. 48 Plätze im Touristenlager. Bewartet vom Mai bis November, sonst nach Vereinbarung.
Das Rifugio ist weitherum bekannt für seine Küche. Es steht auf der Alpe del Crot, 10 Gehminuten nördlich der Staumauer und ist mit dem Auto erreichbar.

Die Route Auf markiertem Wanderweg von Juf über Juppa nach Pürt. Dort quert man den Averser Rhein über die Brücke. Durch den Capettawold (-wald) und den Leziwold nach Cröt. In Cröt wendet man sich nordwärts, nimmt die Brücke über den Madrischer Rhein, bei P. 1720 auf den Waldweg, dann auf dem Fussweg über den Passo del Scengio P. 2169 zur Staumauer und hinüber zur Hütte.

■ Madrisch – Val Madrisa. Blick von der Alp Platta im Avers nach Süden.

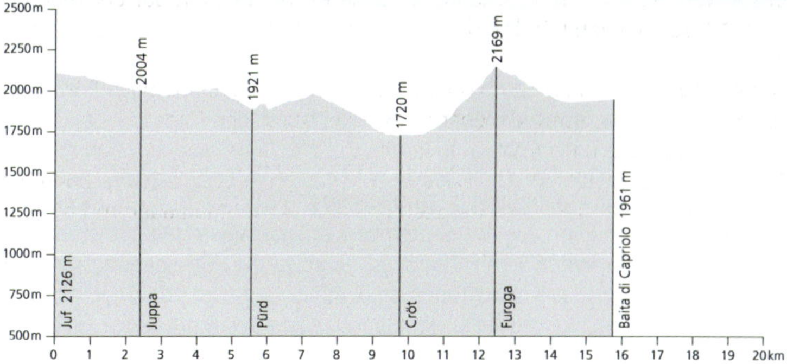

Etappe 18

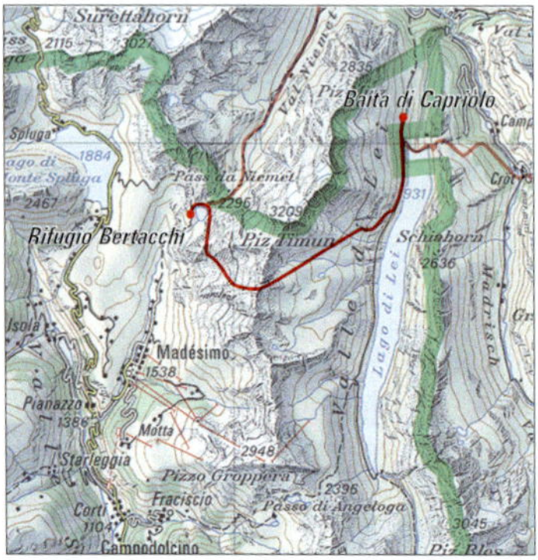

Der Himmel schon südlich, der Weg noch rau

Rifugio Baita del Capriolo – Passo di Sterla Settentrionale – Rifugio Giovanni Bertacchi (Madesimo/Monte Spluga)

Grossartige Wanderung in einem weitgehend unbekannten, wilden Teil des Grenzgebiets zwischen Graubünden und Italien. Wanderern begegnet man kaum in der Wildnis rund um den Piz Timun, und obwohl die Route Teil des «Trekking della Valle Spluga» ist, findet man weder durchgehende Wege noch Markierungen. Das verleiht dem Begeher das Gefühl, ein Pionier zu sein, und der Tour einen Anstrich von Abenteuer, der erst bei der Bertacchi-Hütte verfliegt, die im Sommer von den Tagesausflüglern aus Madesimo regelrecht überschwemmt wird. Giovanni Bertacchi war einer der berühmtesten italienischen Alpen-Dichter und stammte aus dieser Gegend.

T6 5 Std. ▶ 10,0 km ▲ 1080 m ▼ 850 m

Routencharakter und Schwierigkeit Grösstenteils ohne Weg und ohne Markierung. Die Routenfindung ist nicht ganz einfach, bei schlechter Sicht kann sie sehr schwierig sein. Die Gegend ist sehr wenig begangen.

Zeit 5 Std.

Ausgangspunkt Rifugio Baita del Capriolo

Endpunkt Rifugio Giovanni Bertacchi (2172 m) 749.000/148.250
CAI-Sektion Milano. Tel. Hütte: 0039 0343 40326 oder 0039 0335 681 7062. 32 Plätze, Bewartet von Juni bis September, bei günstigen Verhältnissen auch zu anderen Zeiten. Wenn kein Hüttenwart da ist, ist die Hütte geschlossen. Das Rifugio Bertacchi hat sehr viele Tagesgäste, aber nur wenige Übernachtungen. Die Hütte steht westlich des Lago di Emet auf einer kleinen Anhöhe. Hinweis:

Es empfiehlt sich, vom Rifugio Baita del Capriolo in die Bertacchi-Hütte anzurufen, um sicherzustellen, dass sie offen ist und genügend freie Plätze aufweist. Falls eine Übernachtung im Rifugio Bertacchi nicht möglich ist, kann man über Innerferrera nach Ausserferrera absteigen und dort nächtigen. Weiterweg: zu Fuss über Alp Nursera – Schwarzwaldalp nach Sufers oder mit Postauto nach Sufers.

Einfachster Abstieg ins Tal Nach Monte Spluga. T2 Wanderweg, später Alpstrasse, dann Autostrasse. 2½ Std.
Von der Hütte nach N über den steilen Hang des Spadolazzo hinunter zu P. 1932 an der Splügenpassstrasse. Nun noch ca. 2,4 km der Strasse nach N entlang dem Stausee nach Monte Spluga.

Karte 1255 Splügenpass

■ Schönheit ist vergänglich, das Bild hält sie fest.

Verschiedenes Die Sektion Valle Spluga-Madesimo des CAI hat einen kleinen Prospekt und eine Karte publiziert, die über das «Trekking della Valle Spluga» orientieren. Es handelt sich dabei um eine neuntägige Rundtour um die Valle Spluga – für Bergwanderer möglicherweise das nächste Projekt nach der Durchquerung Graubündens.

Talort Monte Spluga/Italien (1960 m). Kleine Ansammlung von Häusern an der Splügenpassstrasse. Letzte italienische Siedlung vor der Passhöhe (Landesgrenze). Mit RhB Chur – St. Moritz bis Thusis oder mit Postauto Chur – Bellinzona bis Splügen, anschliessend Splügen – Chiavenna bis Monte Spluga. Fahrplanfelder 940, 900.80, 940.30 und 940.45.
Mit PW Chur – San Bernardino bis Splügen, über Splügenpass nach Monte Spluga.

Gipfel Piz Timun/Pizzo d'Emet (3209 m) T5 1 Std. Leichte Felsen und Geröll. Vom Grat, bei P. 2843 auf der Route, steigt man auf dem W-Grat des Piz Timun ohne Schwierigkeiten bis P. 3024 im SW-Grat auf. Weiter nach NE über Felsen und Geröll zum Gipfel. Abstieg auf derselben Route.

Die Route Vom Gasthaus Baita del Capriolo auf der Strasse zur Staumauer und weiter dem See entlang nach S, bis nach ca. ½ Std. ein improvisierter Wegweiser «Passo Sterla» anzeigt. Ein kleiner Weg (dezent markiert) steigt rechter Hand steil über die Weidehänge hoch, an der Alpe Ganda Nera (P. 2143) vorbei und nach SW über Alpweiden unterhalb der Gebäude bei P. 2172 durch. Der Weg verliert sich in der Folge immer mehr in undeutliche Spuren und verschwindet stellenweise ganz. Man geht über die Alpweiden nach SW auf den ebenmässigen Kegel des Pizzo di Sterla zu bis in eine flache Mulde. (Achtung: Auf diesem Abschnitt kann man sich im Nebel verirren, weil die Weiden weitläufig und wenig gegliedert sind.) Hier wird geradeaus der Passo di Sterla Settentrionale (rechts vom Pizzo di Sterla) sichtbar. Achtung: Der Übergang – im SAC-Clubführer «Bündner Alpen 3» sowie in den italienischen Führerwerken heisst er «Passo di Sterla Settentrionale» – trägt in der Karte keinen Namen, sondern nur die Höhenkote 2830 m! Auf keinen Fall den in der Karte mit Passo di Sterla bezeichneten Übergang benutzen!
Ab der erwähnten Mulde helfen Markierungen, den besten Weg durch das Geröll am rechten (SSE-)Hang des Piz Timun zu finden. Über Felsblöcke, Steinplatten und Altschnee erreicht man die Gratschneide Passo di Sterla Settentrionale (2830 m). 2¾ Std.
Zum Blick gegen SW und SE (Bergeller und Bernina-Berge bis zum Piz Platta) gesellt sich ein neuer Blick auf die W-Seite. Und gegen N sieht man ein wichtiges Stück der weiteren Route: Kurzer Abstieg durch die steile NW-Flanke des Pässchens, dann rechter Hand in den grobblockigen Geröllkessel unter

den Felsen des W-Hangs von P. 3024 queren. Man steigt rechts neben der kleinen Steinhütte (P. 2788) über den Südhang auf, bis man rechts (östlich) von P. 2843 den W-Grat erreicht, der vom Piz Timun herunterkommt (grosse Steinmänner, schon vom Passo di Sterla Settentrionale aus sichtbar). ½ Std. Von hier aus geniesst man eine fantastische Aussicht auf die Bündner Oberländer, Zentralschweizer und sogar die Walliser Alpen: Man sieht u. a. Tödi, Oberalpstock, Galenstock, Rheinwaldhorn, Mischabel- und Monte-Rosa-Gruppe. Hier kann man auch den Aufstieg zum Piz Timun beginnen (s. Gipfel).

Vom Grat blickt man nach NW hinunter zum Pass da Niemet, den man anstrebt. Über zunächst steile, dann flachere Geröllhänge und evtl. Altschnee erreicht man die Felsstufe mit dem Grenzstein Nr. 1 (P. 2493) 200 m über dem Pass da Niemet (P. 2294). Links unten ist auch der Lago di Emet und an seinem Südwestufer die Bertacchi-Hütte (2172 m) sichtbar. Über Geröll und Weiden steigt man dorthin ab. 1¼ Std.

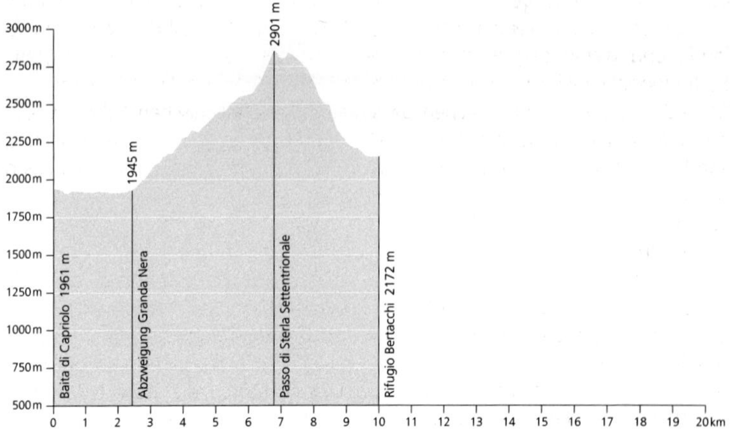

Von der Natur und den Tieren

Der Schutz der Tierwelt der Berge unterliegt in der Schweiz den kantonalen Jagdinspektoraten. Unter ihrer Anleitung hüten im Kanton Graubünden zwölf Wildhüter das Wild fast wie eine Herde. Sie kennen Bestand und Alter der Tiere und schiessen schwerkranke Tiere ab. Auch wenn die Jäger hin und wieder widerspenstige Mitarbeiter des Jagdinspektors sind, sind sie doch längst nicht mehr die Feinde des Wildes, sondern leisten grosse Hegearbeit.

Im kantonalen Jagdgesetz sind die Richtlinien festgelegt, an die sich Jagdinspektor, Wildhüter und Jäger halten. Es will die Vielfalt der wildlebenden Säugetiere und deren Lebensräume erhalten. Im Vordergrund steht das Schalenwild: Hirsche, Gämsen, Rehe und Steinböcke. Um einen natürlichen Aufbau der Tiergesellschaft zu erhalten, legt das Jagdinspektorat Alter und Zahl der abzuschiessenden Tiere fest. Im September reguliert die Jagd jedes Jahr die Bestände.

Die Jagd wird in unserer Zeit ökologisch und wildbiologisch mit Umsicht und Sorgfalt geplant. Im Gespräch mit Jägern, Förstern, Landwirten, Natur- und Tierschützern versucht das Jagdinspektorat, diese oft grundverschiedenen Anliegen möglichst ausgeglichen zu berücksichtigen.

Wildbret war im Bergland Graubünden während Jahrhunderten ein wichtiger Teil der Nahrung. Jedermann durfte auf die Jagd gehen. Heute werden die Kenntnisse des Jagdgesetzes und der Jagdvorschriften geprüft und eine Gebühr für das Patent verlangt. Jäger, die im Kanton wohnen, zahlen rund 800 Franken, Auswärtige bedeutend mehr. Diese Patentjagd wird wie ein uraltes Volksrecht gehütet, die Jagd soll nie Sache der Privilegierten werden. Die Prüfung sorgt dafür, dass die Richtlinien des Jagdinspektorats eingehalten werden, denn ohne planende Aufsicht zerstörten die Jäger das natürliche Gleichgewicht der Wildbestände.

Ein Bergbauer konnte auf dem kargen Boden nur wenige Haustiere halten. Schon der Verlust einer Ziege oder eines Schafes traf die Familie oft schwer. Hartnäckig wurden daher alle Raubtiere verfolgt, die Haustiere schlugen: Wolf, Bär, Luchs und Adler; sogar die aasfressenden Bartgeier, die Lämmergeier wie man sie irrtümlich nannte, rotteten die Jäger aus. Die Gegend von diesen Räubern befreit zu haben, empfanden die Bergbewohner als Erleichterung.

Dem Bergwanderer bereiten die Tiere Freude, die Jagdleidenschaft versteht er dagegen oft schwer oder kann sie gar nicht akzeptieren. Am häufigsten bekommt er Gämsen zu sehen. Sie machen es dem Beobachter leicht, denn sie halten sich oft über der Waldgrenze auf, sind ausgesprochene Tagtiere und selten allein. Die

Geissen bilden mit ihren Jungtieren Rudel, auch die jungen Böcke tun sich zusammen, nur die älteren Böcke sind stille Eigenbrötler. Die Brunft bringt diese Ordnung durcheinander. Ist diese Zeit der grossen Unruhe endlich vorbei, sind die Böcke abgemagert. Böcke und Geissen sind übrigens nur schwer zu unterscheiden. Die Krickel der Geissen sind schlanker und weniger scharf gebogen. Den Gamsbart, den die Jäger auf den Hut stecken, tragen die Böcke nicht etwa unter dem Kinn wie die Ziegen. Diese langen, schwarzen Haare mit weissen Spitzen zupft der Weidmann aus dem dunklen Fellstreifen auf dem Rücken der Tiere.

Rehe sieht der Bergwanderer weniger; denn sie leben im Wald. Sie sind zu jeder Tageszeit unterwegs. Ihr Lebensrhythmus treibt sie dazu. Eine Stunde äsen, eine Stunde wiederkäuen, eine Stunde ruhen – dann weckt sie der Hunger wieder. Sie äsen siebenmal täglich und brauchen ganz vielseitiges Futter, lieben Knospen und Blätter, Kräuter und Blumen, darunter ganz besondere Kleearten. Auf den Heuwiesen finden sie rund ein Drittel ihres Futters, sie sind also gezwungen, den Wald zu verlassen. Auch Pilze lieben sie sehr. Über der Waldgrenze ist das Angebot ihrer Nahrung zu wenig vielseitig. Sind sie in Gefahr, schrecken sie, was wie ein heiseres Bellen tönt; fühlen sie sich bedroht, fliehen sie sehr elegant, oft aber kopflos. Schon ein sehr kleines Wäldchen genügt ihnen als Deckung. Ihre Nase ist fein, sie wittern Feinde auf 300 Meter. Ihr Auge dagegen sieht nicht sehr scharf. Die Rehböcke teilen das Gebiet unter sich auf, jeder hat sein Revier, die Schwächeren werden nach harten Kämpfen an die Ränder, oft bis in die Wohngebiete gedrängt.

Der König unserer Wälder ist der Rothirsch. Die Jäger hatten ihn aus Graubünden während Jahrzehnten vertrieben. 1918 wanderten wieder neun Hirsche in den Nationalpark ein. Jetzt leben in Graubünden nach Ansicht des Jagdinspektorats 15000 Tiere. Doch lassen sich Hirsche kaum genau zählen, denn sie lieben das sichere Dickicht und wandern oft weite Strecken. Für die Jäger sind die Hirschbestände gegenwärtig zu klein; für Bauern und Förster dagegen zu gross. Tatsächlich wechseln die Tiere oft erst nach der Jagdzeit im September in die Bündner Täler. Im Winter fressen sie dann den jungen Bäumen die Rinde weg, und im Frühling weiden oft ganze Rudel auf den Bergwiesen.

Die Hirschkühe und die Stiere leben in getrennten Rudeln und lassen sich von einem Leittier straff führen. Während der Brunft treibt der Platzhirsch sein Kahlwild zusammen, so nennt der Jäger die Kühe und Kälber, weil sie kein Geweih tragen. Die Rivalen verdrängt der Stier meist erst nach erbittertem Kampf, in dem sich die Gegner oft schwer verwunden.

Hirsche hören, sehen und wittern ausserordentlich gut. Man bekommt sie tagsüber kaum zu Gesicht. In Februar stossen die Stiere ihr Geweih ab, aber es wächst gleich wieder nach, und zwar bis zu einem Zentimeter täglich. Nach rund drei Monaten ist der Imponierschmuck voll «ausgeschoben» und kann wieder als Waffe eingesetzt werden. Dann bricht das Wachstum – durch Hormone gesteuert – wieder ab. Ein Geweih kann bis zu zwölf Kilogramm wiegen. Im ersten Jahr muss sich der Jungstier mit einem «Spiess», auf dem Kopf abfinden, später nimmt die Zahl der so genannten Enden zu. Je nach Anzahl der Enden spricht man von einem Sechser, Achter oder sogar von einem Zwölfer oder Vierzehner. Die Endenzahl ist aber nicht fest ans Alter gebunden. Sehr alte Hirsche setzen ihr Geweih wieder zurück, und so kann ein Hirsch im Alter zum «Spiesser» werden.

Die Pracht des Hirschgeweihs macht es zur begehrten Jagdtrophäe. Das ist schon seit Urzeiten so. Auf Crap Carschenna, einem Fels oberhalb Sils im Domleschg, haben Menschen in vorgeschichtlicher Zeit neben vielen geometrischen Figuren auch Tiere, vor allem Pferde und Hirsche, in die Felsen geritzt. Die Jäger baten auf diese Weise um Jagdglück. Das Hirschgeweih soll übrigens ein damit geschmücktes Haus auch vor Blitzschlag schützen. Obwohl niemand mehr daran glaubt, zieren Hirschgeweihe noch immer die Hauswände. Ob nicht ganz versteckt der Glaube an magische Kräfte doch noch vorhanden ist, ist schwer zu sagen. Vielleicht sind die Geweihe einfach Zeichen des Jägerstolzes.

Am Anfang waren Fleisch und Fell das Ziel der Jagd. Später ging es den Jägern vor allem um die Trophäe, jetzt sind sie in ein Hegekonzept eingespannt. Graubünden hat ein vorbildliches Jagdgesetz, und weit über 5000 Jäger lösen jährlich ein Jagdpatent. Die Hochjäger sind im Graubünden im September, die Niederjäger im Oktober und November auf der Pirsch. (PM)

■ Vor Jahren waren die Steinböcke am Falknis zutraulich wie Schafe, die Jäger machten die Steinböcke scheu, die Metzger die Schafe nicht.

Etappe 19

Steine, Schafe und verwunschene Sümpfe

Rifugio Giovanni Bertacchi – Pass da Niemet – Punt da la Muttala – Sufers

Eine Etappe der landschaftlichen Superlative! Keine spektakulären Bergnamen, kein berühmter Panoramaweg – «nur» ein kleiner Bergpfad, der sich an grotesk geformten knorrigen Föhren und Arven vorbeischlängelt, über Wurzeln stolpert, über tief in die Felsen eingegrabene Bäche springt, in ölig schimmernden Sumpflachen versinkt und immer wieder hinter Steinblöcken verschwindet. Dabei geht man wie auf einer Terrasse hoch über dem Tal, so richtig «zwischen Himmel und Erde». Besonders das Teilstück zwischen Punt da la Muttala und der Schwarzwaldalp bietet grosse Einsamkeit und entsprechende Zufriedenheit – die Heerscharen wandern woanders.

T5 7 Std. ▶ 19,0 km ▲ 950 m ▼ 1690 m

Routencharakter und Schwierigkeit Wanderwege und Wegspuren, mehr oder weniger durchgehend markiert, aber an einzelnen Stellen nicht ganz einfach zu finden. Bei nassem Untergrund oder Schnee können einzelne steile und abschüssige Stellen heikel zu begehen sein.

Zeit 7 Std.

Ausgangspunkt Rifugio Giovanni Bertacchi (s. Etappe 18)

Endpunkt Sufers (1426 m)
Erstes Dorf im Rheinwald, am Eingang der Roflaschlucht und an der San-Bernardino-Strecke gelegen.
Mit RhB Chur – St. Moritz bis Thusis, anschliessend mit Postauto; oder direkt mit Postauto Chur – Thusis – Bellinzona bis Sufers. Fahrplanfelder 940, 900.80 und 940.30.

■ Steinplattendächer sind eine Zier. Diese Platten auf dem Hüttendach der Zapporthütte setzte der Helikopter direkt auf den Dachstuhl ab.

Mit PW über Chur – San Bernardino bis Sufers.
Touristikinformation: Tel. 081 650 90 30, Fax 081 650 90 31.
Post: Tel. 081 664 11 92, Fax 081 664 17 72.
Ein Hotel und ein Lebensmittelgeschäft.

Hotel Seeblick. Am Dorfrand, 7434 Sufers.
Tel./Reservation: 081 664 11 86.
20 Betten. Ganzjährig geöffnet.

Karten 1255 Splügenpass, 1235 Andeer

Die Route Von der Bertacchi-Hütte auf dem Wanderweg zur Landesgrenze und zum Pass da Niemet (P. 2294). ½ Std.
Weiter auf Wegspuren und Weg (markiert) durch das Val Niemet hinaus, nach der Alp da Niemet (P. 1899) über den Bach auf seine rechte Seite und auf der Alpstrasse bis Punt da la Muttala (P. 1823). Hier überquert man den Bach erneut, diesmal auf einer Hängebrücke. 1½ Std.
Der nächste Routenabschnitt ist nicht ganz einfach zu finden, die Karte zeigt das Problem: Der Weg ist zunächst klar ersichtlich und verläuft wenig ansteigend talauswärts. Plötzlich, nach ca. 300 m, steigt er steil den Hang hinauf, um sich nach ca. 50 Höhenmetern wieder in der bisherigen Steilheit fortzusetzen. Verpasst man die Abzweigung, so geht man ein gutes Stück flach in die falsche Richtung und muss zurückkehren, um auf den richtigen Weg zu gelangen. Danach sind Weg und Markierungen wieder gut erkennbar. Der Weg führt durch lockeren Arvenwald nach NE hoch über dem Val Niemet, bis er auf einer Wiese bei Mut Grischol (ca. 2000 m) erneut verschwindet. Markierungen zeigen gerade (W) den Hang hinauf, und man folgt ihnen steil und weglos bis auf ca. 2080 m. Dann trifft man wieder auf Wegspuren, und der Pfad verläuft nun in nördlicher Richtung talauswärts. Rechts unten im Val Ferrera ist Innerferrera zu sehen. Der Weg ist nun bis Plan dil Bov nicht mehr zu verfehlen, er führt auf und ab über kleine Wiesen und zwischen Felsblöcken hindurch und überquert die malerische Schlucht des Bachs, der vom Lai Merenda herabkommt. Spektakulärer Blick über äusserst steile Wiesen hinab ins Val Ferrera. Gegenüber (N) sind die Hütten auf der Wiesenterrasse von Plan dil Bov (P. 2133) sichtbar. Kurz zuvor zweigt ein Wanderweg nach Innerferrera ab. Nach den Hütten geht es durch verträumte Wiesen, kleine Moore und zwischen Felsblöcken und Felsplatten hindurch nordwärts. Die Markierung ist durchgehend, der Weg nicht. Bei P. 2098 beginnt sich der Weg zu senken. Allmählich erreicht man die obersten Bäume, vom Wind zerzauste Arven und Föhren, überquert den Bach und kommt ins Alpgelände und zu den Gebäuden der Alp Nursera (P. 1829), die wunderschön am Waldrand liegt. 3 Std.

Von hier gibt es eine Möglichkeit, nach Ausserferrera abzusteigen. Nach Sufers geht man nach N weiter, bis sich nach ca. 200 m die Wege teilen (P. 1836): Nach N hinunter zur Roflaschlucht und nach Andeer, nach W zur Schwarzwaldalp und nach Sufers. Die Route nach Sufers verläuft von hier an in gleicher Art weiter: Wegspuren, die immer wieder unterbrochen sind und deren Auffinden einigen Orientierungssinn verlangten. Sie sind aber mehr oder weniger durchgehend markiert. Zunächst steigt man nochmals auf bis zum Felsen P. 2001, dann geht es nur noch hinunter durch Steinblöcke, Alpenrosen- und Heidelbeergesträuch zur Schwarzwaldalp (P. 1703). Ab hier ist der Weg wieder durchgehend sichtbar, er senkt sich, überquert nach der Alp den Bach aus dem Surettatal und erreicht direkt durch den Schwarzwald hinunter den Alpweg und danach die Sufner Schmelzi, wo man sich unversehens der Schnellstrasse Chur – San-Bernardino (A 3) gegenübersieht. Unter der Strasse hindurch und auf dem markierten Weg über Strassen und kurze Abkürzungen nach Sufers. 2 Std.

Alternative Nach Innerferrera (Text zu Innerferrera S. 146 AWF 98). Von Punt da la Muttala kann man auf der Alpstrasse weiter nach Innerferrera (1480 m) absteigen. 1 Std.
Postauto nach Andeer – Sufers. Die Gehzeit dieser sehr langen Etappe verkürzt sich dadurch um rund 4 Std.
Eine Übernachtungsmöglichkeit gibt es in Ausserferrera.

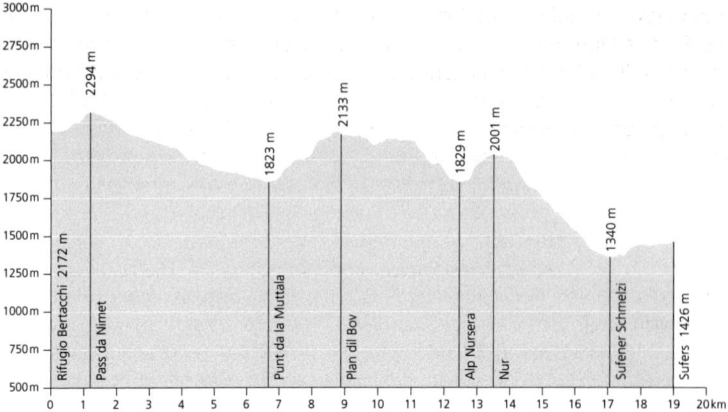

Etappe 20

Der Rhein hat viele Quellen, aber nur einen Ursprung

Hinterrhein – Zapporthütte

Intensivste menschliche Nutzung und gewaltige Natur liegen auf dieser Etappe nur wenige Wegstunden, wenige tausend Meter, auseinander. Der Kontrast zwischen dem hässlichen, umgepflügten, staubigen und lärmigen Panzerschiessplatz und der Bergeinsamkeit am Paradiesgletscher könnte mächtiger, aufwühlender nicht sein.

T2 3 Std. 30 Min. ▶ 9,6 km ▲ 750 m ▼ 100 m

Routencharakter und Schwierigkeit Markierter Hüttenweg

Zeit 3½ Std.

Ausgangspunkt Hinterrhein (Text zu Hinterrhein S. 170 AWF 98)

Endpunkt Zapporthütte (2276 m) 727.060/151.200. SAC-Sektion Rätia, 7000 Chur. Tel. Hütte: 081 664 14 96. Hüttenwart Thomas Aebli, Hinterrhein. Tel. 081 664 14 91,079 350 85 32. E-Mai: mailto:aebhi@bluewin.ch aebhi@bluewin.ch. 35 Plätze. Bewartet von März bis September jeweils an den Wochenenden oder nach Vereinbarung (Halbpension auf Bestellung).
Die Hütte steht am Grashang unterhalb des Guggeri hoch über dem jungen Rhein und direkt gegenüber dem Zapportgletscher.

Karte 1254 Hinterrhein

Verschiedenes Panzerschiessplatz Hinterrhein. Wegen den militärischen Aktivitäten auf dem Panzerschiessplatz Hinterrhein kann der Zugang zur Zapporthütte erschwert oder unmöglich sein. Man beachte die Schiessanzeigen. Immer offen ist der Weg von Samstag, ab 14 Uhr, bis Sonntagabend. Informationen über Tel. 081 660 11 20 / 081 725 11 95.

Die Route Von Hinterrhein folgt man der Strasse zum Panzerschiessplatz. Über das Schiessplatzgelände bis an dessen hinterstes (westliches) Ende, wo der junge Hinterrhein aus den Felsen schäumt. Der Weg bleibt immer rechts des Bachs, stellenweise ist er aus dem Felsen gesprengt. Er steigt kontinuierlich über die Zapportalp und die Felswände der Höll bis zur Zapporthütte (P. 2276) auf.

Sehenswürdigkeiten Ursprung, Höll und Paradies. Auf dem Weg zur Zapporthütte, auf ca. 2100 m, passiert der Weg senkrechte Felswände und eine wilde Schlucht, die Höll heisst. Gegenüber der Höll liegt das Paradies, eine karge Alpwiese. «Paradies» heisst eine Stelle in der Gletscherlandschaft, die in der Erinnerung der Einheimischen stets eisfrei und grün war. Der Mönch Felix Faber aus Ulm schrieb um 1489, dass einst an der Quelle des Rheins ein Tempel, dann eine Burg oder Kapelle stand. Auswärtige Leute behaupteten später, dass das Glöcklein der Kapelle heute als Schulglöcklein in Hinterrhein hänge: «Das Märli vam Hoschpiz San Petär in Zapport dinna glaubä wier Rhyner zwar nit. Das Kapelläli undräm Gletschär ischt 'Chor va ünschär Chilchä San Petär». Oberhalb der Hütte, am Fuss des Rheinwaldhorns, sammeln sich die Gletscherbäche im flachen Moränengeröll namens «Ursprung» zum jungen Rhein, der zum grössten Fluss Europas wird und 68% der Schweiz entwässert.

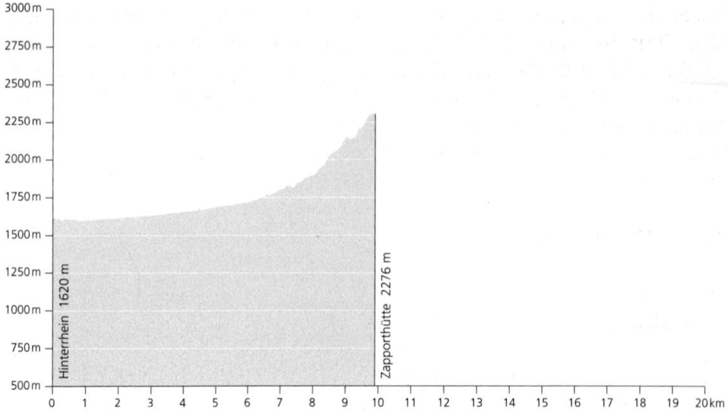

Dem Bündner Steinbock zum 100. Geburtstag

Bergerfahren, genügsam, standorttreu und haushälterisch mit seinen Kräften, wenns drauf ankommt mutig und aufrecht, und bei Gefahr sich in seine Felsen zurückziehend, wo ihm keiner folgt. Trägt der Steinbock auch Züge der Bündnerinnen und Bündner? Diese Frage richtete Regierungsrat Engler am 12. November 2007 im Brandis-Saal in Chur bei der Präsentation des Buchs «Steinwild Hegejagd» an seine Zuhörer. Dessen Autor, der langjährige Jagdinspektor Peider Ratti, plante die Steinbock Hegejagd und führte sie auch durch. Nach 70 Jahren umsichtigerer Pflege der zuerst am Piz Terza im Nationalpark angesiedelten Steinböcke wurden in den folgenden Jahren über 1800 Tiere aus der Mutterkolonie an geeignete Standplätze des Kantons versetzt. Dort wurden sie so fruchtbar, dass eine Hegejagd nötig wurde.

Diese Jagd steht im eindrücklichen Gegensatz zur Hut der Steinbockkolonie des Königs Vittorio Emanuele am Monte Viso im Aostatal. Er kaufte das Jagdrecht umliegender Berggemeinden, damit ihn niemand in seiner Jagdleidenschaft störe. Die Hegejagd in Graubünden steht jedem Jäger offen. 40 Steinbockjäger erzählen im Jubiläumsbuch ihre Steinbockgeschichten.

«Bereits zweimal in meinem Leben, 1978 und 1979, und dann wieder 1992 gehörte ich zu den glücklichen unter den Jägern, welche in Graubünden unser stolzes Wappentier, den Steinbock, bejagen dürfen... Ich sitze am Rande einer überhängende Wand, unter mir gähnende Leere, und dort, wo die Leere von einer Felsnase begrenzt wird, steht ‹meine› Steingeiss, welche ich schon den ganzen Morgen angepirscht habe. Wahrlich keine angenehme Schussposition. Ich beuge mich über den Abgrund, mein Sohn, der hinter mir sitzt, hält mich mit sicherem Griff am Hosenbund fest. Die Büchse im Anschlag, in sitzender Stellung, gelingt es mir, das Fadenkreuz an der Steingeiss beim Blatt zu fixieren. Der Schuss kracht, das grollende Echo widerhallt, am Felsgrat unter mir bleibt die Geiss im Feuer, die Läufe gespreizt.» Seine Geiss ist sie erst, wenn sie tot ist! Er könnte ja fehlen, dann lebte sie weiter. Hat denn der Jäger gar keine Skrupel, seine Lieblinge zu töten? Vielleicht beim ersten Mal, antwortet mir ein älterer Jäger. Doch es geschieht im Auftrag des Amtes für Jagd und Fischerei, das den Tierbestand ordnet.

Mit Ruedi Möhr kommt am 11. Oktober 1990 die ganze Familie zur Steinbockjagd ins Fläschertal. «Ich war wieder am Falknis unterwegs. Unterhalb des Gipfels beobachtete ich, wie in den Vortagen die Steinböcke gemächlich äsend dem Grenzgrat zustreben. Ich wollte sie aber in diesem Zeitpunkt nicht stören. Erstens sind sie in Bewegung nicht leicht anzusprechen, und zweitens mögen sie, solange sie unterwegs sind, Annäherungsversuche der Menschen gar nicht. Also wollte ich jetzt die einzelnen Burschen auf grössere Distanz mit dem Rohr genauer betrachten und mir den einen oder andern für die Auslese merken. Dazwischen galten meine Beobachtungen auch den Touristen, die dem Falknis zustrebten. Da entdeckte ich meinen Sohn und seinen Geschäftspartner. Die kamen mir wie gewünscht, der eine zur Mithilfe beim Ansprechen, der andere zum Fotografieren. Ein halbe Stunde später wanderte meine Frau mit einem Jungjäger, der unbedingt einen Tag mit mir auf der Steinbockjagd verbringen wollte. ‹Was hat denn das zu bedeuten?› überlegte ich schnell. Und da Jäger auch ein bisschen abergläubisch sind, wagte ich gleich zu vermuten, Familienangehörige und Bekannte werden ein gutes Ohmen sein. Zunächst aber machten sie sich über mich lustig, weil ich noch nichts zum Beutefang unternommen hatte. Ich schlug vor, zuerst zu verpflegen, um dann neu gestärkt die Jagd zu beginnen.» Mit dem Jungjäger schlich Ruedi dann doch zu «seinem» Rudel. «Gemeinsam musterten wir mit Feldstecher und Fernrohr die Tiere und besprachen unsere Feststellungen miteinander. Die Tatsache, dass ein mindestens 12-jähriger Bock friedlich vor uns wiederkäute, liess unsere Herzen höher schlagen. Wir waren uns einig, das war ‹mein› Bock... Tief Luft holen, Atem anhalten. Der Schuss krachte, der Bock war getroffen.»

Der Bündner Steinbockbestand liegt ganz in den Händen der Jäger. Als Volksjagd ist die Bündner Jagd jederman offen, der eine Jagdprüfung besteht und ein für 700 Franken ein Patent löst. Das ist ein Stück Bündner Geschichte. Als Alt Fry Rätien 1519 das Veltlin eroberte, hatte es weder eine Regierung noch eine Polizei noch eine Armee. Kriegserfahrung hatten Soldaten und Offiziere in fremden Diensten gewonnen, und die Gemeinden stellten die Truppen. Als Unternehmer warben Obersten Soldaten und machten mit ihnen gute Geschäfte. Als Regierende im Veltlin mehrten sie dann ihre Reichtümer weiter. Doch den Auftrag zu einem Amt erteilten ihm die Bürger einer Gemeinde, in offenen Küchen und Kellern warben die Kandidaten um Stimmen. Diese Herrschaft dauerte 300 Jahre, eine merkwürdige Volksherrschaft zwar, aber es war eine.

Das Buch «Steinwild Hegejagd» ist modernste Geschichtsschreibung, «oral history» nennt es der Fachmann, Menschen erzählen, was sie erleben, was sie freut und vielleicht auch, was sie ärgert. In «Steinwild Hegejagd» kommen Fachleute nur ganz am Rande zum Wort.

Alpinwanderer ziehen wohl einen Überblick der Geschichte des Steinbocks vor. Der Berufsjournalist Herbert Cerutti erzählt sie im NZZ Folio kurzweilig. Conrad Gessner bewunderte in seinem «Tierbuch» den Steinbock schon 1593. «So ist ihm kein spitz zu hoch, den er nicht nit etlich Schrit überspringe und auch selten kein Fels so weit von dem andern, den er nit mit seinem Sprung erreiche.» Gessner glaubte auch, dass ein Trank aus Steinbockblut Blasensteine «zu Sand macht» und die «Böhnlein bey vollem Mond gesamblet» gegen Gicht helfen. Jäger schätzten Hornpulver als Potenzmittel noch höher. Steinbock-Apotheken machten mit Steinbockextrakten Geschäfte, und das wohlschmeckende Fleisch, das sonst nur den Herren zustand, schmeckte im Bündnerland eh und je auch den Jägern. Im 16. Jahrhundert machten ihnen Feuerwaffen das Jagen dann aber zu leicht. Die letzten Steinböcke fielen in Glarus 1550, in Graubünden um 1650 trotz Wildbannordnung von 1558 und Jagdverbote für Steinböcke von 1612 und 1633. Der letzte im Berner Oberland wurde 1770 geschossen und der allerletzte im Wallis 1809. Als am 17. Oktober 1875 ein «Bundesgesetz über Jagd und Vogelschutz» den Steinbock schützte, lebte schon lange kein Steinbock mehr in der Schweiz.

Am Leben aber blieben Steinböcke dank König Vittorio Emanuele II. von Italien. Der leidenschaftliche Jägerfürst kaufte 1858 von den Gemeinden im Aostatal das Jagdrecht für Steinböcke am Monte Viso. Ein Glück für König und Steinböcke; die Steinbockjagd war jetzt eine Königsjagd. Wochenlang lebte er in seiner Jagdhütte über 3000 m, liess Pfade bauen, auf denen er zum Anstand ritt. In einem Steinturm mit Schiessscharten wartete er, bis ihm 200 Gehilfen die Steinböcke vor sein Gewehr trieben. So blieben 3000 Tiere am Leben, und der König war ihnen ein guter Hirt.

Vergebens bat Bundesrat Zemp 1905 bei der Eröffnung des Simplontunnels den König persönlich um ein paar Kitzen. Doch Robert Mader, Jäger und Hotelier, und der Arzt Albert Girtanner bauten im Wildpark Peter und Paul in St. Gallen gleichwohl ein Steinbockgehege. Ein fuchsschlauer Politiker fand auf unwürdigem Schleichweg einen korrupten Wildhüter, einen treulosen Grenzschützer, und über eine Kette von bezahlten Mittelsmännern wurde ein Bock und eine Geiss nach St. Gallen geschleppt. Am Ende belohnte die Eidgenossenschaft den Frevel mit 2400 Franken.

Mit Kuhmilch zog Peter und Paul das Pärchen auf. Noch immer als Diebesgut folgten weitere Kitzen, schliesslich auch einige rechtmässig, bis 1932 waren es 50.

1909 kamen im Gehege die ersten zwei Schweizer Steinböcke zur Welt, fünf Tieren schenkte man am Pizol 1911 ihre Freiheit wieder, 1914 am Piz Aela und 1920 am Piz Terza im Nationalpark. Sie fanden dann ihr gelobtes Land am Piz Albris über Pontresina, dort wurden sie fruchtbar und vermehrten sich. Bald aber klagten die Förster, Steinböcke zernagen den Schutzwald über dem Kurort. Man fing einige ein und setzte sie anderswo aus. Im ganzen wurden in Graubünden 1874 Tiere versetzt. Um 1980 war der Kanton mit Steinböcken besetzt. Doch sie vermehrten sich weiter, 1991 waren es 6263. Für Förster, Schafhirten und Gämsjäger viel zu viele, obwohl das Amt für Jagd und Fischerei die erste Hegejagd in Graubünden schon 1977 anordnete. PM

Etappe 21

Das im Stausee versunkene Walser-Dorf

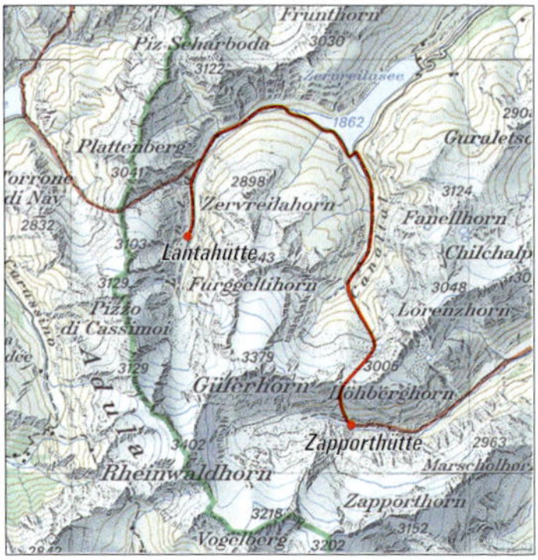

Zapporthütte – Canallücke – Lampertsch Alp – Läntahütte (Vals)

Spannende, etwas in Vergessenheit geratene Route aus dem Rheinwald ins hintere Valsertal (zum Zervreila-Stausee). Sie ist nun von Einheimischen wieder neu markiert und «aktiviert» worden. Die Route führt aus dem Quellgebiet des Hinterrheins mit Rheinwaldhorn, Vogelberg, Rheinquellhorn, Piz de Stabi und Zapporthorn ins äusserst abgelegene und wilde Canaltal. Man erinnert sich hier gerne an die Legende der Walser vom verlorenen Tal, einer versteckten Gegend, die freie Luft zum Atmen, neuen Lebensraum und frisches Gras für die Kühe bietet, wenn rundherum alles schon besetzt und bevölkert ist.

T4 7 Std. ▶ 14,9 km ▲ 960 m ▼ 1150 m

Routencharakter und Schwierigkeit Markierter Weg, zum Teil weglos (Zapporthütte – Canaltal). Bei schlechter Sicht ist der Übergang nicht ganz einfach zu finden. Bei Nebel, Neuschnee oder Vereisung empfiehlt sich die Variante.

Zeit 7 Std.

Ausgangspunkt Zapporthütte (s. Etappe 20)

Endpunkt Läntahütte (2090 m) 722.960/155.730 SAC-Sektion Bodan, 8590 Romanshorn. Tel. Hütte: 081 935 17 13. Hüttenwart M. und T. Meier-Hodel, 7132 Vals. Tel./Fax/Reservation: 081 935 14 05. E-Mail: valsinfo@bluewin.ch, www.adventure.ch/mhi/laenta.
33 Plätze. Bewartet von Ende Juni bis anfangs Oktober, übrige Zeit auf Anfrage. Die Hütte liegt im hinteren Teil des Läntatals, ca. 50 m über dem Valserrhein. Sie lehnt an einem mächtigen Felsblock, wurde aber trotzdem mehrfach von Lawinenniedergängen betroffen, die immer grössere Schutzmassnahmen notwendig machten.

■ Das Wilde zu erleben sei der tiefste Grund der Bergsteigerei. Zum Glück gibt es die Wasserfälle immer noch, trotz den Kraftwerken!

Einfachster Abstieg ins Tal Nach Vals. Zur Zervreila-Staumauer bzw. nach Vals. T2 2 Std. zur Staumauer bzw. 4 Std. nach Vals. Markierter Weg.
Auf dem markierten Hüttenweg durch das Läntatal hinaus, an der Lampertsch Alp vorbei zum S-Ende des Stausees. Nun der Strasse folgend über die Canalbrücke und dem Stausee entlang nach S zur Staumauer. Wenige Minuten unterhalb der Staumauer Postauto-Haltestelle und Restaurant Berghaus Zervreila (Tel. 081 935 11 66).

Karten 1234 Vals, 1233 Greina, 1253 Olivone

Verschiedenes Wanderer-Taxi. Im Sommer verkehrt ein Wanderer-Taxi von Vals über das Berghaus Zervreila bis zur Canalbrücke. Fahrzeiten und Infos unter Tel. 081 935 12 79 oder beim Verkehrsbüro Vals, Tel. 081 920 70 70, Fax 081 920 70 77.

Unterwegs einkehren Lampertsch Alp. Einfache Alpwirtschaft. Das Angebot richtet sich nach Zeit und Produktevorrat der Älplerinnen und Älpler.

Talort Vals, Vals Platz, 1252 m ü. M.

Variante (für Schlechtwetter). Umgehung des steilen Hangs zwischen Clubhüttentälli und Canallücke (zu empfehlen, wenn Nebel, Regen oder Neuschnee einen Aufstieg über den S-Hang zur Canallücke erschweren oder verunmöglichen). T4 Weglos, nicht markiert. 1½ Std. Vom Rücken ins Clubhüttentälli und durch dieses hinauf unter den Gipfelaufbau des Höhberghorns. Über Geröll nach N auf den flachen Verbindungsgrat zum Salahorn. Nach W zur Canallücke absteigen.

Gipfel Salahorn (2984 m) WS. 1½ Std. von der Canallücke. Geröll. Von der Canallücke ersteigt man das Salahorn leicht über seinen E-Grat. Höhberghorn (3004 m) WS. ¾ Std. von der Canallücke. Schutt und Geröll. Von der Canallücke folgt man dem schwach ansteigenden Rücken nach E, dann ersteigt man in leichter Kletterei, der steilsten Stelle über die N-Seite ausweichend, den Gipfel.

Die Route Von der Zapporthütte nach NE auf Schafwegen über die Wiese zu einer wenig ausgeprägten Grasmulde. Man folgt dieser (mässig steil) nach NW zu einem breiten Rücken. Dieser Rücken hält gegen N das kleine Clubhüttentälli verborgen, das vom Höhberghorn bis zum Ursprung hinabreicht. Die Querung dieses schwach eingetieften Tals erfolgt ohne Höhenverlust. Auf der gegenüberliegenden Seite des Bachs beginnt der eigentliche Aufstieg zur Canallücke.

Trittspuren und Markierungen weisen den Weg durch die steile, gras- und geröllduchsetzte Flanke. Der Felsriegel, der schwieriger aussieht, als er ist, wird über gute Stufen durchstiegen. Der Hang wird flacher und weist muldenförmig zur tiefsten Einsattelung, der Canallücke (P. 2839), im Verbindungsgrat zwischen Salahorn im W und Höhberghorn im E. 1½ Std. Auf der N-Seite der Lücke geht es wenige Meter zum Canalgletscher hinunter und über dessen westlichen, spaltenlosen Rand ins flache Gletschervorfeld. Markierungen und Steinmännchen weisen nach N über das Salaläger (P. 2463) und dann nach NE hinab ins Grosställi. Tal und Bach werden oberhalb des Salatobels bei P. 2308 gequert. Über Alpweiden geht es östlich des Tobels zum Graskopf (P. 2231), wo ein guter Weg beginnt, der direkt zur Canalalp führt. 2 Std. Der Wanderweg, der das wilde und enge Canaltal nach N verlässt, bleibt immer auf der rechten Seite des Bachs. Er stösst bei der Canalbrücke am Zervreila-Stausee auf die Strasse (Hüttenweg zur Läntahütte). ¾ Std. Man folgt der Strasse links haltend (W, später SW) ins Läntatal. An der Lampertsch Alp (P. 1991) und an der Abzweigung zum Passo Soreda vorbei führt der Wanderweg zur Läntahütte (P. 2090), die sich unter einem grossen Felsen versteckt. 2 Std.

Sehenswürdigkeiten Zervreila. Eigentlich eine versunkene Sehenswürdigkeit: Am Boden des Zervreila-Stausees, der eine Fläche von 1,6 km² und ein Volumen von 100 Mio. m³ aufweist, liegt die Walsersiedlung Zervreila. Sie musste geräumt werden, als der Stausee 1958 gefüllt wurde. Das auf 1720 Meter Höhe gelegene Zervreila war einst ganzjährig bewohnt und verfügte sogar über eine Kirche und einen Friedhof.

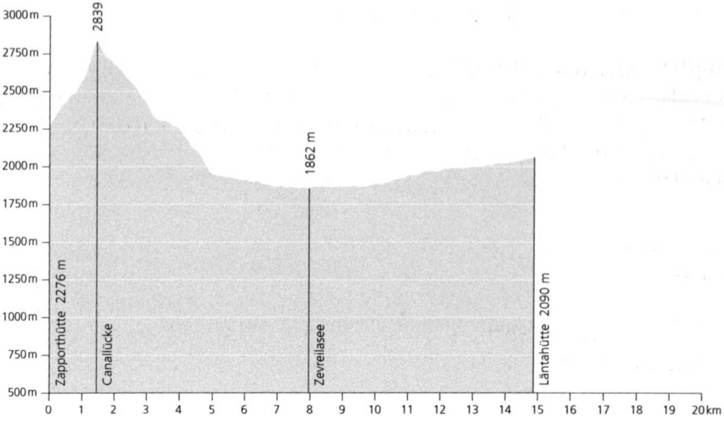

Etappe 22

Freie Sicht aufs Gipfelmeer!

Läntahütte – Passo Soreda – Lago di Luzzone – Capanna Motterascio (Campo Blenio)

Eine harte Angelegenheit, eine der körperlich anstrengendsten Etappen dieses Führers mit rund 1200 m Höhendifferenz im Auf- und Abstieg. Über weite Strecken bergauf und bergab schlechte Wege, die Muskeln und Gelenke stark beanspruchen. Doch die Mühen werden belohnt: Eine Vielzahl von landschaftlichen Schönheiten folgen sich Schlag auf Schlag, sodass am Abend Kopf und Herz voll sind von tiefen Eindrücken aus einem unbekannten Stück Schweiz. Auch der Unterschied zwischen Alpennord- und Alpensüdseite ist deutlich spürbar.

T6 7 Std. ▶ 15,8 km ▲ 1740 m ▼ 1660 m

Routencharakter und Schwierigkeit Durchgehend gut markierter (weiss-rot-weiss) Bergweg, im Geröll stellenweise wenig ausgeprägt. Bei Schnee in der W-Seite des Passo Soreda im Abstieg heikel.

Zeit 7 Std.

Ausgangspunkt Läntahütte (s. Etappe 21)

Endpunkt Capanna Motterascio (2172 m) 720.060/161.430
SAC-Sektion Ticino, 6900 Lugano. Tel. Hütte: 091 872 16 22. Hüttenwarte Ornella und Mimo Schneidt, 6964 Davesco.
Tel./Fax Reservation: 091 941 56 56, 091 941 38 08, 079 221 56 56. 70 Plätze. Bewartet von Juni bis September.
Die Hütte liegt am Südrand der weiten Weidefläche der Greina.

Einfachster Abstieg ins Tal Nach Campo (Blenio) T2 2½ Std. Markierter Wanderweg, später Strasse.
Zur Alpe Garzott (1630 m) am Südende des Luzzone-Stausees; (s. Etappe 22). Ab Alpe Garzott folgt man der Strasse zur Staumauer und weiter hinunter ins Bleniotal nach Campo.

Karten 1253 Olivone, 1233 Greina

Talort Campo Blenio (1216 m). Kleiner Ort im Bleniotal/Tessin. Mit RhB Chur – Disentis bis Disentis, anschliessend Postauto Disentis – Lukmanier-Passhöhe, Passhöhe – Olivone, dann Olivone – Campo Blenio. Fahrplanfelder 920, 920.80, 600.73 und 600.78.
Mit PW über Gotthard – Airolo oder San Bernardino nach Biasca. Von Biasca ins Valle Blenio und über Olivone nach Campo Blenio. Ufficio Turistico/ Verkehrsbüro: Tel. 091 872 14 08. Post: Tel. 091 872 14 01

Variante Läntahütte – Passo Soreda. T4 2½ Std. Direkter Aufstieg von der Läntahütte zum Passo Soreda. Nicht markierte, zum Teil weglose Route. Empfehlenswert nur im Aufstieg.
Von der Läntahütte folgt man einem Schafweglein ca. 1 km talauswärts bis kurz vor die Schäferhütte (P. 2103). über einen alten und schmalen Hirtenweg wird der Felsriegel oberhalb der Hütte überwunden. Nun immer links des Baches nach SW über steile Alpweiden empor. In ca. 2500 m Höhe kann ein oberes Felsband bequem nach Nordwesten überschritten werden. Nun zunehmend flacher durchs Vorfeld des Cassinellgletschers zum unteren See (P. 2573). Von dort in wenigen Minuten auf den markierten Weg und weiter bis zum Pass.

Gipfel Pizzo Cassinello (3103 m) L. 1 Std. vom Passo Soreda.
Von der Passhöhe (2759 m) steigt man über den breiten Gratrücken gegen S. Auf Geröll und Schnee erreicht man den Gipfel.

Die Route Von der Läntahütte geht man auf dem Hüttenweg in Richtung Vals zurück bis zur Abzweigung Passo Soreda, Wegweiser, 1½ Std.
Zunehmend steiler führt von dort der markierte Bergweg die linke Talseite empor unter ein Felsband. Eine sich nach oben verästelnde Rinne vermittelt den einfachen und spannenden Durchgang. Zuerst hält man sich rechts, folgt den Markierungen auf einen Sattel und überschreitet diesen. Gegenüber führen Steintreppen und gemauerte Serpentinen aus der Rinne empor auf flachere Grashänge (P. 2374). Toller Tiefblick ins Läntatal. Der Weg folgt nun nach SW den Abhängen des Garenstocks entlang in einen breiten

Schuttkessel mit kleinem See. Der Weg führt nördlich davon zu einem markanten Moränen- und Felsrücken (P. 2603). Entlang der Markierungen am Rande eines Geröllfelds empor zum oberen See und zuletzt zwischen Felsblöcken hindurch zur Höhe des Passo Soreda (P. 2759). 2 Std. Weiter Ausblick nach Westen und Osten. Tolle Sicht auf die nahen Gletscherberge der Adula. Auf der Westseite des Passo Soreda führt ein schmaler, rauer Pfad steil durch eine Rinne ins obere Val Scaradra ab. Oberhalb eines Felskopfs (P. 2525) biegt der Weg horizontal nach Norden ab und führt kurz darauf in steilen Serpentinen in westlicher Richtung hinunter zum flachen oberen Talboden. Unbedingt den Markierungen folgend (!) an den Rand der Ebene, wo sich der Weg einer senkrechten Felswand entlang eine Stufe tiefer senkt. Achtung: Auf dem Weg bleiben! Der Bach links vom Weg schiesst in einem spektakulären Wasserfall über die Felswand. Die Vegetation wird immer üppiger, und man erreicht die Alpe Scaradra di sotto (P. 1797). Nach den Gebäuden teilt sich der Weg, es führen aber beide Arme zur Alpe Garzott (P. 1630), die am Luzzone-Stausee liegt. 2½ Std. Von der Alpe führt der markierte Hüttenweg zur Capanna Motterascio hinauf über dem Arm des Stausees durch eine spektakuläre Schlucht in die Valle di Garzora. Dieses Wegstück kann bei heftigen Gewittern heikel sein. Zu Beginn des Tals überspannt eine eigenwillige Brücke (P. 1632) den Bach, danach steigt der Weg am S-Hang des Lungadera in die Höhe, geht unter der Transportseilbahn der Hütte durch und überquert bei Trachee (ca. 1940 m) den Ri di Motterascio. Über einige Spitzkehren erreicht man die Capanna Motterascio (2172 m). 1¾ Std.

Sehenswürdigkeiten Die Kraftwerke Zervreila planten Ende der 80er-Jahre die Realisierung des in den Fünfzigerjahren bereits konzessionierten Pumpspeicherwerks Lampertsch Alp. Der See hätte das ganze Läntatal inklusive Lampertsch Alp überschwemmt. 1989 lehnten die Valser den Bau des Stausees in einer emotional stark belasteten Abstimmung mit gerade 15 Mehrstimmen ab. Seither liegt das Stausee-Projekt in den Schubladen des Bündner Staatsarchivs. Da insbesondere das Wasservolumen in der Länta noch nicht ausgeschöpft ist und die Kraftwerke wieder vermehrt auf Wasser als erneuerbare Energieträger der Zukunft setzen, bleibt eine Gefährdung des Tals latent bestehen. Gemäss Angaben aus dem Bundesamt für Umwelt, soll die Länta gemeinsam mit den Tälern Canal und Scaradra in das Inventar der Geotope und Gletschertäler von nationaler Bedeutung aufgenommen werden.

■ Der Blick in den Bergsee weckt Tiefsinn; er ist dem Drang nach Höhe vielleicht überlegen.

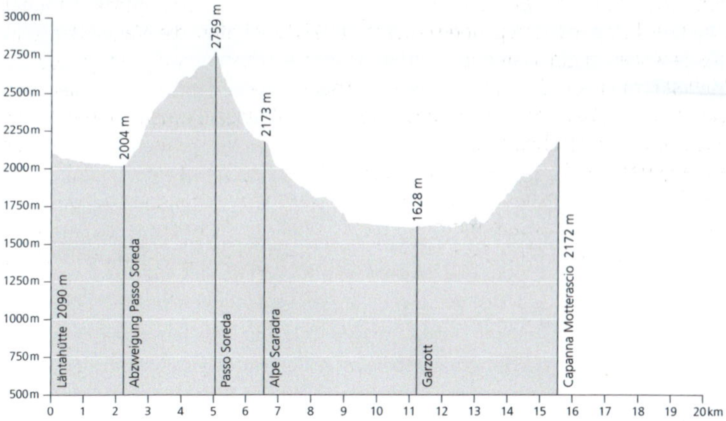

Die Liebe zu den Bergen ist die beste

Pindar schrieb es vor 2500 Jahren: die Liebe zu den Bergen ist die beste. (...) Er war Schriftsteller von Beruf und hatte unter anderem die Aufgabe, die Sieger der olympischen Spiele, Meister der Bewegung ihres Körpers, zu loben. Doch war ihr Körper auch Geschenk. Ihn zu schätzen und zu lieben, ihm Sorge zu tragen, das Beste aus ihm zu machen und dafür zu danken, ist das Beste, was einer tun kann. Die «Liebe zu den Bergen» kann dabei helfen.

«Wir klommen in zerklüfteten Revieren, behindert rechts und links von Felsgedränge, den Halt erkämpfend oft auf allen vieren... und jener sprach: Den Berg, den heiligen, hehren, nichts trifft ihn sonder Ordnung was es sei, und ew'ge Regel herrscht in diesen Sphären: Stets ist er hier von jeder Störung frei.» Das steht in «Göttliche Komödie» von Dante. Er hat den 1654 Meter hohen Falterone im Apennin bestiegen, und sein Bergerlebnis seiner «Göttlichen Komödie» im Purgatorium eingefügt, dem Ort der Reinigung.

Der Spielplatz Europas

Leslie Stephen (1832 – 1904) hat mit «Der Spielplatz Europas» die Reihe der Bergbücher eröffnet. Er war kein Prophet wie Albrecht von Haller, Lord Byron und Rousseau, die glaubten, die Natur neu entdeckt zu haben und in ihrem Lob der Berge oft weit übers Ziel hinausschossen.

Stephen, der Professor für Theologie, konnte über seine Leistungen lächeln. Am 16. August 1861 stand er mit seinen drei Führern als erster auf dem Schreckhorn, einem der ersten Viertausender, die heute noch als schwierig gelten. In «Spielplatz Europas» erzählt er davon. Noch 1946 lobt Young in der deutschen Ausgabe: «Ich möchte bezweifeln, dass es im alpinen Schrifttum etwas gibt, was das ‹Wunder der Berge› eindeutiger und reiner erstehen lässt als einige Stellen in Stephens Schriften.» Ist es vielleicht diese? «Ich will meine Leser nicht langweilen mit der Aufzählung der Abenteuer unseres Abstieges in der umgekehrten Reihenfolge des Aufstiegs. Noch will ich in vielen Worten beschreiben, wie ich manchmal als Mehlsack am Seil hing, wie ich bald zum Knäuel geballt war, bald zu Faden ausgezogen wurde, wie sich mir das Seil um Arme, Beine und Bauch wickelte und Knoten bildete, die einem Entfesselungskünstler zu schaffen gemacht hätten; wie ich mit der Spitze des grossen Zehens auf einem vereisten Steinchen stand, das nur lose in gewaltiger Felswand sass, während Melchior mir blöderweise einreden wollte, dass ich ‹ganz sicher› sei und von mir verlangte, dass ich einen Sprung machen sollte. Wie Grove eine hilfreiche Hand für mich hatte, wenn ich eine brauchte und Melchior, der vor Freude ganz aus dem Häuschen war, an den unmöglichen Stellen allerlei Mätzchen und Kapriolen aufführte und sich darin gefiel, den Bergclown zu spielen.»

Was Menschen zum Bergsteigen bewegt, ergründen Psychologen, Ulrich Aufmuth zum Beispiel: «Zur Psychologie des Bergsteigens», Fischer 1988. Was tun Bergsteiger eigentlich: «Rund um die Uhr verrichten wir körperliche Schwerstarbeit simpelster Art. Sechs, acht Stunden steigen wir mühselige Steinhänge hinauf und hinab mit schwerem Gepäck auf dem Rücken. Banal füllen wir unsere Tage mit Fortbewegen, Essen, Trinken, und ein Lager für die Nacht zu bekommen. Wir essen mit den Fingern und trinken aus ungespülten Bechern. Wir waschen uns wenig oder gar nicht, und die Wäsche bleibt oft tagelang auf dem dampfenden Leib. Nachts schlafen wir in den Kleidern des Tages unter Decken, die schon Hunderte vor uns mit ihrem Duft und Schweiss imprägniert haben. Wir zwängen uns in lichtlosen Massenlagern bedenkenlos zwischen fremde Menschen, egal welchen Geschlechts. Unser Gesprächsthema ist: Was unsere Beine geleistet haben, wie das Wetter war und Essen und Lager auf der Hütte.» Aufmuth ist Psychologe, leidenschaftlicher Bergsteiger, Schreiben freut ihn, und er schreibt unter anderem: «Die Grundakkorde unseres Gefühlslebens ankern in unserem Körper. Der Bergsteiger erlebt das, der Arbeiter an den Maschinen heute nur noch ganz selten.» Darum leiden die Seelen der Menschen Mangel, denn seit 200 Jahren werde der Köper bei der Arbeit nur noch selten gefordert. Bergsteigen entspringe der Sehnsucht nach einem elementaren Leben, in dem vor allem sinnliche und körperliche Anlagen zum Zug kommen. Man werde beim Bergsteigen eins mit seinem Körper, habe Appetit wie sonst nie, und schlafe danach wunderbar tief.

«Grenzgänge» als Ich-Erweiterung nimmt Aufmuth nicht ernst. Aber Bergkameradschaft sei etwas Besonderes: still steige in der Gruppe jeder für sich zum Gipfel, dort führe der Weitblick alle zusammen. Stärker noch bewege der Blick in die Weite den Einzelgänger: Die Welt liegt ihm zu Füssen, in seiner Hand hat er trotzdem nichts. PM

Das kann ausser mir niemand

Reinhold Messner: «Jede Zeit hat ihre Tabus, ich konnte einige brechen. Ich konnte einige vom Himmel holen. Und das Gefühl dabei ist natürlich schön. Zu wissen, das kann im Moment sonst niemand auf der Welt, tut gut. Ich weiss, das wird immer wieder kritisiert, trotzdem ist es schön. Ich weiss, das ich Ähnliches nicht mehr schaffen werde. Also werde ich dieses Gefühl nicht mehr haben. Aber ich hatte es. Ein paar Mal. Ich wusste dabei ganz genau, zurzeit kann diese Tour niemand klettern». Doch schreibt Messner auch: «Weisheit hat mit Staunen zu tun. Sie beginnt nach meiner Ansicht mit nicht mehr wollen, keine Ziele mehr haben, nur noch offen sein. Nur da sein, sein, nicht mehr ‹mehr› wollen. Und das Jenseits, alles was uns nicht zugänglich ist – als jenseits unserer Welt zu akzeptieren, das ist vielleicht weise.»

Die Botschaft der Berge

Diesen Titel setzt Reinhold Stecher, Bischof von Innsbruck über seine Erinnerungen ans Bergsteigen. Tyrolia Verlag 1987. «Die Berge sprechen in Bildern», schreibt er und erinnert an C. G. Jung: Entscheidend sind für den Menschen die inneren Bilder. Bilder der Berge dringen besonders tief in uns ein. Wenn wir seltene Steine im Rucksack heimtrügen, sie wären nie so kostbar wie diese Bilder der Seele. Augustinus nenne Erinnerungen Gefilde und Paläste der Seele, und jeder treibe in seiner Seele ein bisschen Wohnkultur, räume die hässlichen Bilder weg, hänge die schönen Bilder auf. Bergbilder seien Schaustücke des Lebensmuts und der Lebensfreude. «Viele Wege führen zu Gott, einer geht über die Berge» steht gross auf der ersten Seite des besinnlichen Bergbuchs.

■ Kommen wir von den Höhen nicht allzu müde zurück, sind die Täler oft gar noch schöner.

Etappe 23

Weltberühmte, vielbewanderte Greinaebene

Capanna Motterascio – Passo della Greina – Fuorcla Sura da Lavaz – Camona da Medel

Zeitweise verliert die Greinaebene ihren Reiz. Dann nämlich, wenn der Himmel sich himmelblau über der Hochebene spannt und Hundertschaften singend und Bierbüchsen schwenkend durch die Sumpfwiesen trampeln. So richtig schön ist die Tundralandschaft in der nackten Einsamkeit kalter Schlechtwettertage, kurz vor dem Einschneien im Spätherbst oder während langer Früchlingswochen, wo es scheint, als würde die Sonne dem Schnee niemals Herr werden. An solchen Tagen kann der Besucher fühlen, was an dieser Gegend voller Schutt und Steine so sehr fasziniert, dass man davon schwärmt und immer hierher zurückkommt.

T4 6 Std. ▶ 12,0 km ▲ 800 m ▼ 483 m

Routencharakter und Schwierigkeit Aufstieg zur Fuorcla Sura da Lavaz und der Abstieg, erst über den mit Geröll übersäten Gletscher, dann an der steilen Flanke unter die Camona da Medel ist meist weglos und nicht ganz einfach.

Zeit 6 Std.

Ausgangspunkt Capanna Motterascio (s. Etappe 22)

Karte 1233 Greina

■ Nur ein kleiner Bergbach, man gebe sich ihm einen Augenblick hin und versuche zu hören, was er erzählt.

Talort Surrein (895 m) und Campo Blenio (s. Etappe 22)
Surrein, kleines Dorf im Vorderrheintal in der Talsohle und gegenüber Rabius. Am Ausgang des Val Sumvitg.
Mit RhB Chur – Disentis bis Rabius/Surrein. Fahrplanfeld 920. Mit PW über Chur – Films – Trun – Rabius/Surrein.
Kur- und Verkehrsverein: Tel. 081 943 16 91.
Post: Tel. 081 943 11 95, Fax 081 943 12 55.
Bahnhof Rabius: Tel. 081 925 14 60.
Bank, Lebensmittelgeschäft.

Die Route Von der Cap. Motterascio auf markiertem Weg zum Crap la Crusch (P. 2259). Weiter auf die Greinaebene hinunter und auf dem Weg nach Westen zum Passo della Greina P. 2357. Auf dem Pass verlässt man den Weg und steigt nach Norden zur Ebene ab, überquert sie und steigt über blockgefüllte Rinnen, steile Grashänge und Felsbuckel zum See P. 2496. Dann folgt man dem Bachlauf zum dritten Tümpel P. 2588. Nun steht man nur noch 200 m unter der Fuorcla, man erreicht Fuorcla Sura da Lavaz P. 2703 auf mühsamem, lockerem Gestein.
Von der Passhöhe ist der Weiterweg sichtbar: Über den obersten Teil des Glatscher da Lavaz auf die breiten Felsrücken hinunter. Man quert den Gletscher absteigend zum linken Rand und quert die steile, unangenehme Flanke. Nächstes Ziel ist der Rein da Vigliuts. Dann steigt man über Buckel und Rinnen auf Wegspuren hinauf zur Camona da Medel.

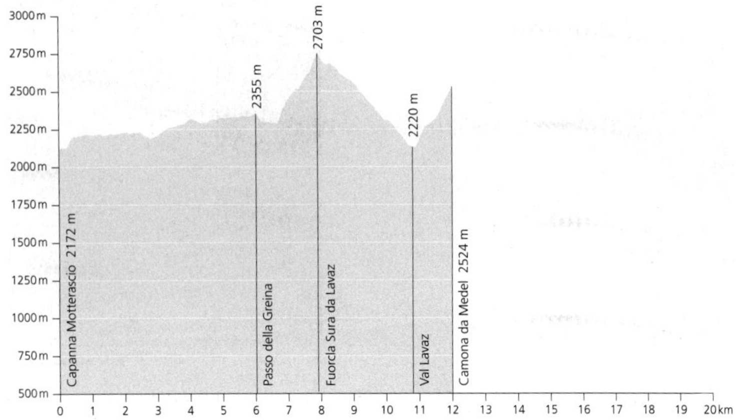

■ Die Herbstfarben der Pflanzen vergehen, der Stein wird überwintern.

Etappe 24

Aussichtsreicher gehts (fast) nicht mehr

Camona da Medel – Fuorcla dalla Buora – Piz Ault – Curaglia oder Fuorns

Eine Panorama-Wanderung, wie es sie nur selten gibt! Von der Medelserhütte, die sich an den Fuss des mächtigen Gebirges duckt, wandert man auf dem ausgesetzten Nordgrat des Piz Ault talwärts, entfernt sich mehr und mehr von den Bergen und gewinnt mit jedem Schritt unvergessliche Blicke: Hinten grüsst die vergletscherte Medelsergruppe, vorne erblickt man das Vorderrheintal mit den Orten Disentis und Sedrun und die hohen Gipfel zwischen Oberalpstock und Tödi, wo die letzten Etappen dieser Haute Route durch Graubünden angesiedelt sind. Ein tiefes Erlebnis für Seele und Gemüt.

T5 5 Std. ▶ 11,2 km ▲ 640 m ▼ 1830 m

Routencharakter und Schwierigkeit Bergweg, der etwas Orientierungssinn und Trittsicherheit verlangt. Markiert, ausser auf der Abkürzung zwischen dem Hüttenweg der Camona da Medel und dem Aufstieg zur Fuorcla dalla Buora.

Zeit 5 Std.

Ausgangspunkt Camona da Medel

Endpunkt Curaglia (1400 m)
Hotel Scopi
Hauptstrasse Lukmanierpass, 7184 Curaglia.
Tel./Reservation: 081 947 55 52, Fax 081 936 41 16.
28 Betten. Ganzjährig geöffnet. Während der Sommersaison keine Ruhetage.

■ Am Piz Ault, hinten die Medelsergruppe.

Hotel-Pension Cuntera-Mutschnengia,
7184 Curaglia-Mutschnengia.
Tel./Reservation: 081 947 63 43, Fax 081 947 57 07.
8 Zimmer. Geöffnet Anfang Dezember bis Mitte November.

Ferienhaus Camona
40 m neben dem Hotel Cuntera, 7184 Curaglia-Mutschnengia.
Tel./Reservation: 081 947 59 50, Fax 081 947 57 07.
37 Betten, teils Lager/Zimmer. Geöffnet Anfang Dezember bis Mitte November.

Hotel/Gasthaus dalla Posta
7185 Platta. Tel./Reservation: 081 947 52 54, Fax 081 947 52 13.
18 Betten in Doppelzimmern. Ganzjährig geöffnet.

Karten 1233 Greina, 1213 Trun

Variante Fuorcla dalla Buora – Fuorns T4. 1½ Std. Direkter Abstieg von der Fuorcla dalla Buora ins Val Medel (Fuorns): Ein markierter Bergweg führt vom Pässchen durch das Val la Buora direkt nach Fuorns (1486 m) im Val Medel.

Die Route Von der Medelserhütte steigt man etwa 300 m auf dem Hüttenweg Richtung Curaglia (Val Medel) ab. Gegenüber im W sieht man die Fuorcla dalla Buora deutlich als markanten Grateinschnitt. Nach ca. ¾ Std. Abstieg quert man den Talhintergrund der Val Platta etwas mühsam über Geröll und durch Alpenrosenstauden an den Fuss des Aufstiegs zur Fuorcla (zwischen 2050 und 2100 m). Auf diesem Abschnitt (Abkürzung) existieren keine Markierungen. Die Überquerung der Gletscherbäche kann schwierig sein, im Extremfall muss man bis zur Alp Sura absteigen, wo oberhalb der Gebäude (ca. 2000 m) eine Brücke den Übergang erlaubt. Kann man ohne Höhenverlust queren, so trifft man bald auf den von weitem sichtbaren, markierten Weg zur Fuorcla, der sich in Spitzkehren zur Fuorcla dalla Buora (P. 2292) hinauf windet. 2 Std.
Von der Passhöhe ersteigt man auf Wegspuren (markiert) den Grashang nach N bis zum ersten, grasigen Kopf (P. 2360). Von ihm aus begeht man den ausgesetzten Grat nach N manchmal direkt über die Gratschneide, dann auf der W- oder E-Seite in stetem Auf und Ab und oft über Gras. Einige wenige Felspartien überklettert man bis zum letzten und höchsten Punkt, dem Piz Ault (P. 2470). Beeindruckende Aussicht. 1 Std.

Man übersieht vom Piz Ault aus den Abstieg, der dem Grat gegen N weiter bis zu den Hütten (P. 1972) am Crap Stagias folgt. Von hier an kann man entweder der geteerten Strasse oder dem zum Teil überwachsenen Weg durch die Windwurfflächen bis nach Curaglia (1332 m) folgen. 1½ Std.

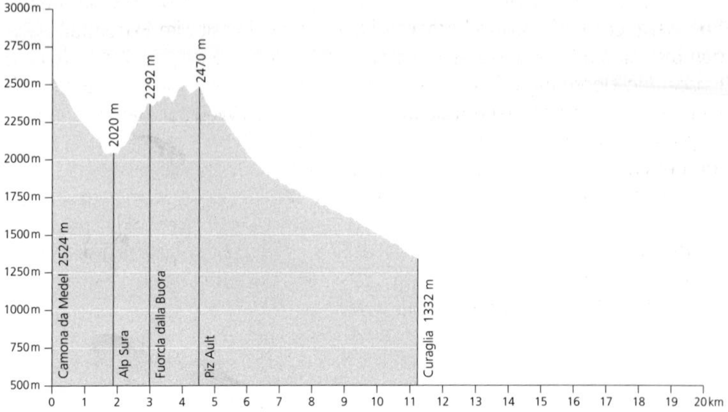

Etappe 25

Der schönste Bündner Bergsee liegt im Tessin

Curaglia oder Fuorns – Pass Cristallina – Capanna Boverina

Der Zustieg durch das öde militärische Testgelände im Val Cristallina lässt nicht erahnen, welch einzigartig-idyllische Naturlandschaft den Wanderer nördlich und südlich des Cristallina-Passes erfreut. Unglaublich schön liegt wenig unterhalb der Passhöhe der Lago Retico: Er liegt zwar knapp hinter der Kantonsgrenze im Tessin, ist aber von der Passhöhe (Graubünden) aus am schönsten anzusehen. Der SAC-Clubführer nennt den Lago Retico sogar «einen der schönsten Bergseen der Alpen». Am Horizont steht die Kette der Bündner Berge vom Piz Tern über Piz Scharboda und Grauhorn bis zum Rheinwaldhorn (inklusive Passo Soreda, Etappe 22), und der Blick geht noch weiter hinunter ins Bleniotal und hinaus ins Tessiner Gipfelmeer.

T5 4 Std. 30 Min. ▶ 11,1 km ▲ 970 m ▼ 660 m

Routencharakter und Schwierigkeit Markierte Wanderwege bzw. Militärstrasse. Auf der S-Seite des Pass Cristallina streckenweise nur Wegspuren, jedoch markiert.

Zeit 4½ Std

Ausgangspunkt Curaglia, Platta, Fuorns in der Val Medel (s. Etappe 24)

Endpunkt Capanna Boverina FAT (1870 m) 711.200/157.550
UTOE-Sektion Bellinzona, 6500 Bellinzona. Tel. Hütte: 091 872 15 29.
Hüttenwart Michael Reiter, 6822 Arogno.
Tel./Reservation: 091 649 80 78, Natel 079 621 23 62.
(30 Plätze). Die 1997 neu erbaute, moderne Hütte liegt wenig oberhalb des Waldrands auf der Alpe di Boverina.

■ Lago Retico vom Pass Cristallina.

Einfachster Abstieg ins Tal Nach Campo Blenio, T2. Markierter Wanderweg. 2 Std. Auf dem Alpsträsschen oder auf dem Wanderweg durch die Val di Campo nach Campo Blenio.

Karten 1232 Oberalppass, 1233 Greina, 1253 Olivone

Verschiedenes Militärisches Schiessen. Vorsicht vor militärischem Schiessen! Die Val Cristallina ist ein militärischer Test-Schiessplatz. Man muss die Schiessanzeigen im Lukmanier-Hospiz sowie in den SAC-Hütten beachten! Infotafel am Taleingang. Tel. für Auskünfte: 081 725 11 95.

Talort Campo Blenio (s. Etappe 22)

Die Route Die Val Cristallina zweigt bei Pardatsch Dadens (P. 1559) von der Val Medel ab. Am Taleingang (Postautohaltestelle) steht auch die Infotafel über die militärischen Schiesszeiten. Man wandert auf der breiten Strasse ins Tal hinein, bis sie, nach einigen Spitzkehren und der Überquerung des Baches aus der Val Uffiern, endet (P. 1944). Der markierte Wanderweg ersteigt den anschliessenden Hang nach SE zum Stavel dil Lajets (P. 2059) und führt weiter über eine kleine Ebene und die anschliessende Steilstufe zu den idyllischen Lajets, den kleinen Seen unterhalb der Passhöhe des Pass Cristallina, die man über Felsplatten erreicht (P. 2398). 3 Std. Am W-Ufer des Lago Retico beginnt der steile Abstieg auf nicht völlig durchgehenden Wegspuren in die Val di Campo. Oberhalb der Alpe Rèdich (P. 1995) überquert man den Bach und erreicht, auf der Alpstrasse taleinwärts gehend, die Brücke bei P. 1958 und von ihr talauswärts in wenigen Minuten die Capanna Boverina. 1½ Std.

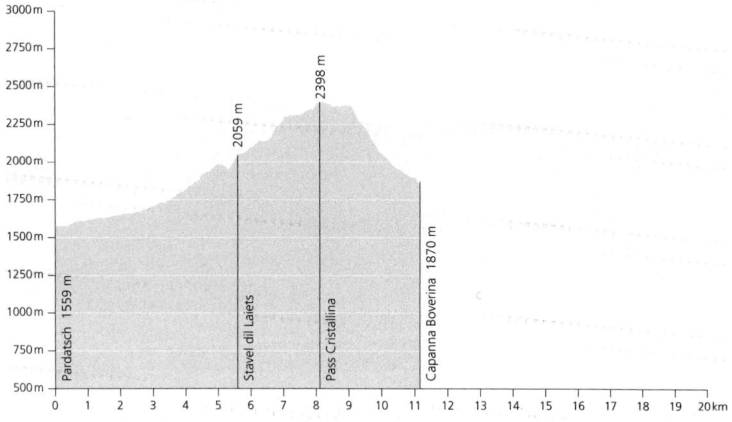

■ Bergwiesen nach der Melioration, ein Beispiel für viele vom Glaspass.

Etappe 26

Entlang der Wasser- und Wetterscheide

Capanna Boverina –
Passo di Gana Negra –
Lukmanierpass –
Capanna Cadlimo (Airolo)

Die Landschaften dieser Etappe sind von grossen Gegensätzen geprägt: Von der Boverinahütte über den Passo di Gana Negra zum Lukmanierpass wandert man weitgehend über karge Alpweiden. «Gana», «Ganda» und «Gonda» sind uralte, aus vorrömischer Zeit stammende Wörter, die «Geröll» bezeichnen. «Gana Negra» bedeutet also schwarzes Geröll. Die Val Cadlimo hingegen ist ein helles Alptal mit Steilstufen und Ebenen, kleinen Mooren und verträumten Seen, mit Höckern und Grasflecken, wo halbverwilderte Schafe sich den ganzen Sommer über ihre Nahrung suchen.

T3 6 Std. 30 Min. ▶ 17,1 km ▲ 1330 m ▼ 640 m

Routencharakter und Schwierigkeit Markierte Wanderwege.

Zeit 6½ Std.

Ausgangspunkt Capanna Boverina (s. Etappe 25)

Endpunkt Capanna Cadlimo (2570 m) 696.330/158.590
SAC-Sektion Uto, 8000 Zürich. Tel. Hütte: 091 869 18 33. Hüttenwart Erich Rüegsegger, 6781 Madrano/Airolo.
Tel./Reservation: 091 880 50 31/ Fax 091 880 50 30.
52 Plätze, davon 18 im Winterraum, dazu 18 Schlafplätze in der Dependance.
Bewartet Juli bis September, ausserhalb dieser Zeiten nach Vereinbarung.
Die gemütliche Hütte liegt auf einer felsigen Terrasse am SW-Fuss des Piz Curnera.

■ Schafe beim Mittagsmahl und eines im kühlenden Schnee.

Einfachster Abstieg ins Tal Zur Lukmanier-Passhöhe
Nach Airolo: T2 Markierter Wanderweg. 3½ Std. Auf Etappe 27 bis zur Abzweigung Bocchetta di Cadlimo. Dann weiter ins enge und steile Val Canaria und am rechten Talhang bis zur Brücke bei der Alp Canaria (P. 1661) absteigen. Weiter auf der Alpstrasse über Pautàn (P. 1616) absteigen und zuletzt steil hinab über Valle (1175 m) nach Airolo (1123 m).

Karten 1253 Olivone, 1252 Ambri Piotta, 1232 Oberalppass

Verschiedenes Militärische Schiessen. Vorsicht vor militärischem Schiessen! Vielbenutzte Schiessgebiete sind die Region am Lukmanierpass, das Val Cadlimo und das Val Maighels. Man muss die Schiessanzeigen im Lukmanier-Hospiz sowie in den SAC-Hütten beachten! Meist wird der Zugang zu den SAC-Hütten freigehalten oder zeitweise erlaubt. Tel. für Auskünfte 081 725 11 95.

Unterwegs einkehren Hospiz Sta. Maria (1914 m)
7185 Pass Lucmagn/Lukmanierpass.
Tel. Reservation: 081 947 51 34, Fax 081 947 48 73.
Tel. Winter: 081 943 10 26, Fax 081 936 31 20.
42 Plätze im Lager, 18 Betten. Geöffnet ca. Ende Mai bis ca. Ende Oktober.

Talort Airolo (1123 m). Dorf und Schnellzugshalt an der Gotthard-Südrampe. Mit SBB Luzern – Gotthard – Chiasso oder Zürich – Zug – Gotthard – Chiasso bis Airolo. Fahrplanfelder 600 und 601.
Mit PW über Bellinzona – Gotthard bis Airolo oder Luzern – Gotthard bis Airolo.
SBB-Rail-Service: Tel. 157 22 22.
Post: Tel. 091 869 12 31, Postautodienst 091 869 13 53. Zahlreiche Hotels, Geschäfte und Banken.

Die Route Von der Capanna Boverina folgt man der Alpstrasse nach W (Passo di Gana Negra) zur Alpe di Boverina (P. 2008). Von hier an leiten Wegspuren und z. T. etwas eigenwillig gesetzte Markierungen über Alpweiden und zwischen grossen Felsblöcken hindurch durch das Val di Campo hinauf zum Passo di Gana Negra (P. 2401). 2 Std. Zu beachten: Die Höhenangabe für den Passo di Gana Negra bezieht sich auf den tiefsten Punkt der Einsattelung. Der Weg verläuft etwas höher (nördlicher) davon auf ca. 2463 m.
Der Weg quert nun zunächst nach W eben und leicht ansteigend die steilen Wiesen von Foppa di Nero, um sich dann unter der Cima del Muro steil zur schon von oben sichtbaren Lukmanier-Passhöhe (P. 1914) hinabzuwinden. 1 Std.
Vom Hospiz am Lukmanierpass auf der Strasse, die am südlichen Ende des

Stausees entlang führt, bis zu P. 1924. Rechts abbiegen und über die Brücke, die den Bach überquert, der aus der Valle del Uomo kommt. ½ Std.
Der Weg ins Val Cadlimo erklimmt durch Alpenrosenstauden und über Felsplatten den ersten Steilaufschwung und erreicht dann das zuerst enge, dann sich weitende und flacher werdende Val Cadlimo. Der Weg bleibt immer auf der linken Talseite und passiert die Gebäude Stabbio Nuovo (P. 2259) und Stabbio di Mezzo (P. 2299), den Lago dell'Isra sowie einen weiteren kleinen See bei P. 2379. Markierungsstangen leiten weiter zur Cadlimohütte. 3 Std.

Sehenswürdigkeiten Wetterscheide. Ein besonderes Thema ist hier das Wetter. Die südseitige, gleichzeitig alpenkammnahe Lage des Val Cadlimo wirkt sich aus: Am gleichen Tag kann die Sonne scheinen, kann es regnen, Nebel haben oder schneien. Der Hüttenwart der Cadlimohütte sagt dazu: «Das Wetter, das wir hier haben, sagt der Wetterbericht nie voraus.»

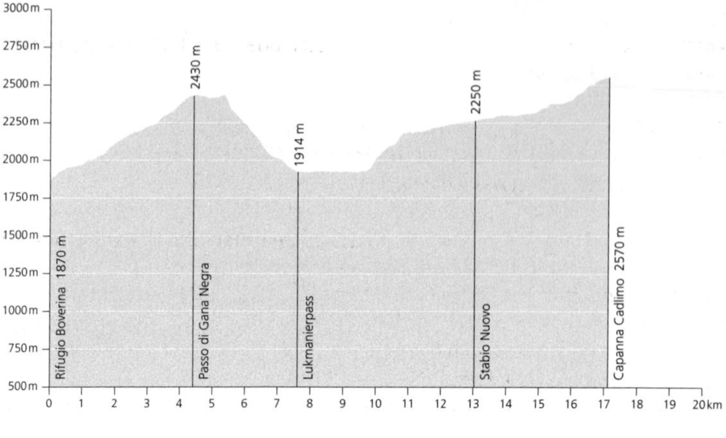

Etappe 27

Berge und Täler, wo man sich verlieren kann

Capanna Cadlimo – Passo Bornengo – Camona da Maighels (Oberalppass)

Tiefe, einsame Täler, stille Bergseen, kleine Gletscher und wenig besuchte Gipfel schaffen hier, im äussersten Südwesten Graubündens, eine eigene, reizvolle Stimmung. Es ist ein Gebirge, wo man «sich verlieben und verlieren kann», wie die Walser Dialektautorin Anna Maria Bacher in einem ihrer Gedichte schreibt. Wenn dann noch Nebelschwaden um die Grate wabern, was hier an der Schnittstelle zwischen Alpennord- und Alpensüdseite gar nicht selten vorkommt, fühlt man sich zwischen Cadlimohütte und Passo Bornengo wie in einem Kriminalfilm.

T2 4 Std. 30 Min. ▶ 7,8 km ▲ 420 m ▼ 670 m

Routencharakter und Schwierigkeit Markierte Wanderwege.

Zeit 4½ Std.

Ausgangspunkt Capanna Cadlimo (s. Etappe 26)

Endpunkt Camona da Maighels (2309 m) 695.840/164.550
SAC-Sektion Piz Tern, 7130 Ilanz. Tel. Hütte: 081 949 15 51, Hüttenwart Pio + Bruno Honegger-Schmid, 7188 Sedrun. Tel./Reservation: 081 949 18 50. 85 Plätze. Von Januar bis März und Juli bis November während der ganzen Woche bewartet; während der übrigen Zeit an Wochenenden.
Die Hütte liegt auf einer kleinen Terrasse am südwestlichen Ausläufer des Piz Cavradi.
Mail: info@maighelshuette.ch

Einfachster Abstieg ins Tal Zum Oberalppass

■ Keimfreie Trinkwasserfassung auf 3000 Meter für die Cadlimohütte.

Karten 1232 Oberalppass

Verschiedenes Militärische Schiessen. Vorsicht vor militärischem Schiessen! Vielbenutzte Schiessgebiete sind die Region am Lukmanierpass, die Val Cadlimo und die Val Maighels. Man muss die Schiessanzeigen im Lukmanier-Hospiz sowie in den SAC-Hütten beachten! Meist wird der Zugang zu den SAC-Hütten freigehalten oder zeitweise erlaubt.

Talort Oberalppass (2044 m)

Passhöhe des Übergangs zwischen Andermatt im Urserental und Sedrun im Tujetsch Norderrheintal.
Mit RhB Chur-Disentis bis Disentis, anschliessend mit Furka-Oberalp-Bahn Disentis – Andermatt bis Oberalppass. Fahrplanfelder 920 und 610.
Mit PW über Chur – Disentis zum Oberalppass.
Bahnhof: Tel. 041 887 13 56.
Zwei Hotels/Restaurants, Souvenirläden.

Restaurant Alpsu Oberalppasshöhe, 7180 Disentis.
Gasthaus Piz Calmot
Oberalppasshöhe, 6490 Andermatt.
Tel./Reservation: 081 949 12 13, Natel 079 233 62 25.
17 Betten. Geöffnet ca. Mitte Mai bis Ende Oktober und ca. Mitte Dezember bis Mitte April.

Ausrüstung Gletscherausrüstung für die Variante.

Variante Piz Borel, T5, je nach Verhältnissen (harter Firn und Spalten auf dem Gletscher). 4½ Std. Über den Piz Borel (2951 m): Hinter der Cadlimohütte führen Wegspuren über Felsstufen nach NE zum Seelein am NW-Fuss des Piz Curnera. An der engsten Stelle der Mulde erklimmt man den steilen Geröllhang im N und gelangt zu einem zweiten Seelein, das man östlich umgeht. Eine steile Felsstufe bringt einen zum dritten Seelein. Wegspuren führen über Geröll und Felsbänder zum Südgrat oder zur Westflanke des Piz Borel. Über grobe Felsblöcke erklimmt man leicht den Gipfel. 2 Std.
Vom Gipfel steigt man nur wenige Meter auf dem Grat Richtung Piz Ravetsch (NE) ab und klettert dann auf den Gletscher (Glatscher da Maighels), der hier bis fast zum Gipfel hinaufreicht. Über den Gletscher und das daran anschliessende Moränengeröll hinunter in die Val Maighels, die man in der Gegend der Plaunca da Ravetsch erreicht. Über den Bach an dessen linkes Ufer und auf dem Weg zum Passo Bornengo und Maighelspass zur Maighelshütte. 2½ Std.

Gipfel Piz Borel (2951 m) (s. Variante).

Die Route Von der Cadlimohütte folgt man dem beschilderten und markierten Wanderweg nach W über Felsstufen steil hinunter. Auf einer Höhe von ca. 2340 m teilen sich bei der Sotto Bochetta di Cadlimo die Wege; diese Stelle darf nicht verfehlt werden. Der Pfad Richtung Maighelshütte windet sich zunächst nördlich, dann nordwestlich durch eine sehr lange und sehr steile Geröllhalde bis zum Passo Bornengo (2631 m) hinauf. 2½ Std. Vom Pass hinunter durch die steinige hintere Val Maighels verläuft der Weg auf der linken Talseite, an einigen kleinen Seen vorbei und über die kiesige Ebene Gravas. Das Tal wird zunehmend flacher und geht in Alpweiden über; der Weg bleibt stets auf der linken Bachseite. Nach dem Lai Carin zweigt man bei P. 2261 vom Weg, der weiter Richtung Oberalppass führt, ab und steigt zur Camona da Maighels (P. 2309) auf. 1½ Std.

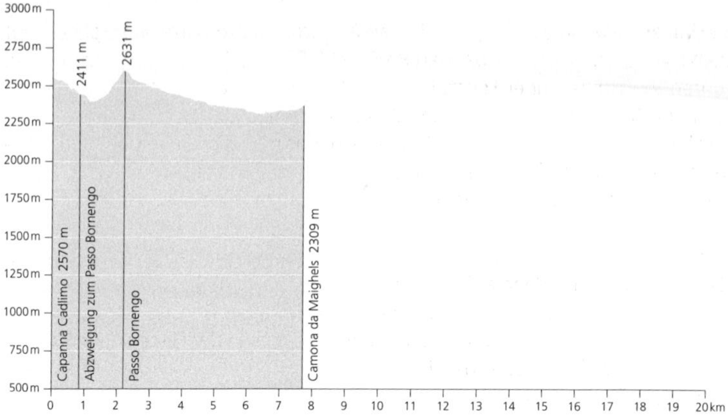

Gedanken an der Rheinquelle: die Alpen in Europa

Auf 2345 Meter über Meer, eingefasst von steilen Bergflanken und Geröll, glitzert ein Bergsee – der Lai da Tuma. Man nennt ihn poetisch «Wiege des Vorderrheins». Hier entspringt als kleiner Bergbach jener Fluss, der durch grosse Teile Europas führt und nach 1320 Kilometern als mächtiger Strom bei Rotterdam ins Meer mündet: der Rhein. Der Fluss schafft eine Verbindung zwischen den Alpen und dem restlichen Europa.

Seit mehr als 6000 Jahren ist das 180 000 Quadratkilometer grosse Gebirge mitten in Europa dauerbesiedelt. Nach Meinung von Werner Bätzing, Professor für Geografie an der Universität Erlangen (Deutschland), waren drei Faktoren entscheidend für eine nachhaltige Nutzung des Alpenraums, in dem eigentlich ungünstige klimatische Bedingungen herrschen: Bestimmte Grundregeln der Naturnutzung (Nachhaltigkeit), eine gemeinsame kulturelle Basis und günstige politische Rahmenbedingungen.

Auf diesen Faktoren baut auch die Alpenkonvention auf, ein gesamteuropäisches Vertragswerk, das den nachhaltigen Schutz und die sanfte Entwicklung der Alpen zum Ziel hat. Fachleute halten den Alpenraum für eine Vorreiterrolle geeignet, weil Reste von Nachhaltigkeit sich hier besser erhalten haben als in andern Regionen Europas. Und die Bevölkerung wuchs weniger rasch als anderswo: 1871 lebten im Alpenraum 7,8 Millionen Menschen, 1951 10,3 Millionen und 1991 waren es 13 Millionen. Wegen dieses langsamen Bevölkerungswachstums nahm die wirtschaftliche und politische Bedeutung des Alpenraums ab. Mit Hilfe der Alpenkonvention soll nun grenzübergreifend eine Vernetzung von Wirtschaft, Kultur und Umwelt im Sinn einer nachhaltigen Entwicklung realisiert werden.

Der Kulturgeograf Paul Messerli von der Universität Bern schreibt im Buch «Die Alpen – ein sicherer Lebensraum?»: Der Kampf um ökologische Stabilität ist ein Grundthema der alpinen Nutzungsgeschichte. Die Alpenkonvention räumt deshalb dem Schutz der Natur einen hohen Stellenwert ein, was die Opposition kritisiert: Der Schutz werde gegenüber der Nutzung überbewertet, lautet das Hauptargument, und dies stehe im Widerspruch zur wirtschaftlichen Entwicklung in den Berggebieten.

Für die Zukunft der Alpen als Lebensraum ist es aber wichtig, dass die beiden Parteien zusammenkommen. Heute geht es darum, Ökologie und Ökonomie zu verbinden, denn beide Faktoren sind notwendig, um das Überleben in den Randregionen zu garantieren. Das Ausspielen von Naturschutz und Wirtschaft bringt keinen Fortschritt. Werner Bätzing plädiert für eine ausgewogene Nutzung der Alpen; sie bedingt eine Stärkung der regionalen Wirtschaftspotenziale sowie eine umweltgerechte und soziale Ausgestaltung der von aussen kommenden Nutzungsfunktionen. Bei Konflikten tritt er für eine Bevorzugung der einheimischen Interessen gegenüber auswärtigen Kräften ein. Gemäss der Zielsetzung der Alpenkonvention darf die Zukunft dieses wichtigen und grossen Raums nicht Privatinteressen überlassen werden, die die Alpen als frei zu nutzenden Spielplatz, als Autobahn oder als auszubeutende Rohstoffquelle sehen. Die Interessen der Alpenbewohnerinnen und -bewohner und ihrer Umwelt sollen übergeordnet sein. Das kann mit einer Stärkung der von innen heraus entstandenen Wirtschaftsbereiche (Land- und Forstwirtschaft, Handwerk, nicht-touristische Dienstleistungen) gegenüber den von aussen kommenden Faktoren (Tourismus, Wasserkraft- und Trinkwassergewinnung für ausseralpine Abnehmer, Transitverkehr, militärische Infrastrukturen usw.) geschehen.

Als Haupthindernis für neue, nachhaltige Wirtschafts- und Lebensformen in den Alpen sieht Werner Bätzing die gegenwärtige, auf kurzfristigen Profit ausgerichtete Wirtschafts- und Gesellschaftsstruktur: «Andere Wirtschaftsformen, also beispielsweise sanfte und nachhaltige Entwicklungsformen, stehen vollkommen quer dazu und haben deshalb wenig Chancen.» Erschwerend sei ferner, dass diese Strukturen weltweit gelten und von aussen her auf die Alpen einwirken. «Da drängt städtisch geprägter Druck die Bewohner des Alpenraums dazu, Dinge zu tun, die sie gar nicht wollen oder brauchen.» Der Alpenforscher Werner Bätzing sieht im Zuge der Deregulierung und Globalisierung keine Zukunftschancen für alleinstehende, kleine Regionen: Die Alpen als Region insgesamt haben eine Chance, weil sie so eine Grösse haben, die sich in Europa durchsetzen kann. Allerdings muss das inneralpine Konkurrenzieren beendet werden.»

Werner Bätzing glaubt, dass die Alpenkonvention in diesem Bereich sehr wirksam sein kann, «weil sie die klassischen Politstrukturen sprengt ». In der Vernetzung aller politischen und wirtschaftlichen Ressorts, in der Delegation der Verantwortlichkeiten an die richtigen Stellen, in der Abkehr von gern gepflegter «Kirchturmpolitik», in der Aufwertung jener Institutionen, die bisher zu wenig am Gestaltungsprozess der Zukunft beteiligt waren, sieht er Chancen. Seine Vision ist die Förderung eines gemeinsamen Alpenbewusstseins zum Nutzen von Mensch und Natur. PD

Etappe 28

1320 Kilometer Rhein bis Rotterdam

Camona da Maighels – Oberalppass – Rueras

Auf dieser Etappe ändert die Haute Route ihre allgemeine Richtung: Von Ost-West auf West-Ost. Gleichzeitig wechselt man am Oberalppass von der rechten Seite des Vorderrheintals auf die linke. Ein hektisches Zwischenspiel bietet der Oberalppass: Auf der Passhöhe berührt man kurz die Souveniratmosphäre eines touristischen Muss-Haltes, man überquert möglichst rasch die Strasse, auf welcher viele, auto- und motorradmobile Menschen vorbeikommen, und macht sich so schnell wie möglich bergwärts davon.

T2 5 Std. ▶ 14,4 km ▲ 400 m ▼ 1290 m

Routencharakter und Schwierigkeit Durchwegs markierte Wanderwege bzw. Alpstrassen. Zwischen Oberalppass und Milez etwas verwirrliche Wegführung über verschiedene Routen. Man folgt den Wegweisern «Senda Sursilvana».

Zeit 5 Std.

Ausgangspunkt Camona da Maighels (s. Etappe 27)

Endpunkt Rueras (1405 m). Kleiner Ort im Tujetsch zwischen Sedrun und Oberalppass. Mit RhB Chur – Disentis, anschliessend Furka-Oberalp-Bahn Disentis – Andermatt bis Rueras. Fahrplanfelder 920 und 610.
Mit PW über Chur – Disentis – Oberalppass bis Rueras.
Post: Tel./Fax 081 949 11 28. Bahnhof: Tel. 081 949 11 37.
Hotels, Lebensmittelgeschäft und Bank.

Lai da Tuma, die Quelle des Vorderrheins, nennt sich bescheiden nach dem Piz Tuma, nicht nach dem grossen Badus.

Hotel Cresta
Direkt an der Oberalpstrasse, Bahnhaltestelle Dieni
7189 Dieni-Sedrun.
Tel./Reservation: 081 949 12 25, Fax 081 949 10 93.
45 Betten. Geöffnet 15. Dezember bis 10. November.

Karten 1232 Oberalppass, 1212 Amsteg

Unterwegs einkehren Oberalppass (s. Etappe 27 Talort) Milez Restaurant Milez. Tel.: 081 949 13 44.

Variante Lai da Tuma. Wer gut zu Fuss ist, kann den Tomasee besuchen, wo der Vorderrhein entspringt, oder Piz Badus und/oder Rossbodenstock besteigen (Routenbeschreibung s. Gipfel).

Gipfel Piz Badus/Six Madun (2928 m)
T3. 2½ Std. Leicht erreichbarer Gipfel mit einzigartiger Aussicht.

Von der Camona da Maighels nach W auf den Grat des Piz Tegiola (P. 2708). Über diesen Gipfel, immer dem Grat folgend, unschwierig zum Piz Badus. Abstieg zum Oberalppass: 1½ Std. Über den Grat (eine heikle Stelle) bis in die Scharte (P. 2749), dann über Geröllhänge zum Tomasee absteigen. Vom See gibt es zwei Möglichkeiten 1. Nach N und den Hang querend zum Oberalppass absteigen. Markierter Weg.
2. Abstiegsmöglichkeit: Über den Pazolastock (detaillierte Informationen s. SAC-Clubführer Gotthard).

Pazolastock/Piz Nurschalas (2739 m)
T2 2½ Std. Von der Camona da Maighels auf der Route zum Oberalppass auf der Strasse absteigen, bis der Weg zum Lai da Tuma/Tomasee links (nach W) abzweigt (ca. 2260 m). Steil hinauf zum See. Von dort führt ein Weg an der Badushütte (privat und geschlossen) vorbei am Grat entlang zum Gipfel. Wanderweg.
Abstieg zum Oberalppass: T2 1½ Std. Auf dem Grat (Wegspuren) zuerst nach NW, dann auf dem breiter werdenden Grat nach NE über Grashänge zum Oberalppass. Wanderweg. (Detaillierte Informationen s. SAC-Clubführer Gotthard).

Die Route Von der Maighelshütte steigt man zur Fahrstrasse ab und folgt ihr talauswärts (N) bis kurz unter der sumpfigen Ebene Plidutscha (ca. 1980 m). Bei einer Haarnadelkurve der Strasse zweigt links der Wanderweg ab, der den

Hängen des Pazolastocks entlang auf mehr oder weniger gleicher Höhe zum Oberalppass (P. 2044) führt. Markierter Weg und Strasse. 1½ Std.
Hinter den Militärgebäuden auf der Nordseite des Passes weist der Wegweiser nach NE zum Pass Tiarms (P. 2148), den man auf einer Alpstrasse erreicht. Am Pass verlässt man die Strasse und steigt auf einem gewundenen Weg steil ins nächste Tälchen ab. Bei P. 1970 überschreitet man den Bach und geht auf der Alpstrasse zwischen den Lawinenverbauungen hindurch zunächst eben und dann leicht absteigend bis zur Maiensäss-Siedlung Milez (P. 1876). Markierter Weg und Alpstrasse. 1½ Std.

Sehenswürdigkeiten Quelle des Rheins. Lai da Tuma/Tomasee. Die Quelle des Vorderrheins. 1320 Kilometer ist der hier entspringende Fluss unterwegs, bis er in der Nähe von Rotterdam in die Nordsee mündet.
Eher eine Bedenkenswürdigkeit: Es bestehen offenbar Pläne, das linksrheinische Skigebiet am Oberalppass auf die rechte Seite Richtung Val Maighels auszudehnen und die Hänge auf der Seite von Pazolastock und Rossbodenstock mit Pisten und Liften zu überziehen.

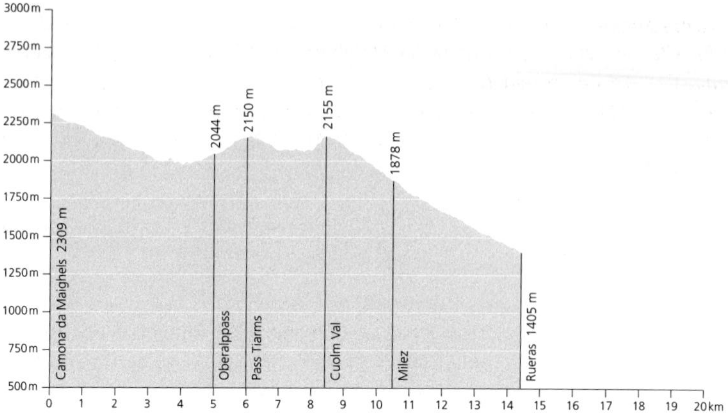

Pater Placidus a Spescha: von der Natur des Steinbocks

«Er muss ein skurriler, eigensinniger Gottesmann gewesen sein. Den einfachen Menschen zum Wohlgefallen. Uns Bergsteigern Vorgänger und Vorbild», sagte der österreichische Alpin-Publizist Kurt Maix. Der Bündner Historiker Friedrich Pieth meint: «Spescha wagte sich auf Gletscher, die noch niemand betreten, auf Gipfel, die noch niemand bestiegen hatte.» Obwohl nur in seiner engeren Heimat, der Surselva, aktiv, gehört der Benediktinerpater Placidus a Spescha (1752–1833) zu den grossen Bergsteiger-Pionieren. Einige seiner wichtigsten Erstbesteigungen von Dreitausendern im 18. Jahrhundert: Rheinwaldhorn, Oberalpstock, Piz Urlaun, Piz Terri, Güferhorn.

Diese Bergnamen zeigen seine körperliche Leistungsfähigkeit und sein alpinistisches Können. So führte er die Besteigung des Rheinwaldhorns von Disentis in drei Tagen aus – eine aussergewöhnliche Leistung. Denn es gab zu jener Zeit weder Postautos noch Clubhütten. Weder Landkarten noch Führerliteratur. Die Erstbesteigung des Piz Terri, die dem Pater 1801 oder 1802 gelang, war eine klettertechnische Glanztat. Spescha schreibt über die letzten Meter zum Gipfel: «Der Abstand vom Vorgebirge bis zum höchsten Punkt des Giebels war nicht länger als ungefähr 20 bis 30 Schritte. Allein dazwischen lag eine Schlucht, die mir kitzlich zu übersetzen schien. Ich legte demnach meinen Stock nieder, stieg die Kluft hinab, trat auf den schmalen Rand des Eises und hielt auch mit den Händen am Saum des Gebirgs fest, welcher kaum eine Spanne breit war. Währenddessen schaute ich rückwärts auf meinen Jüngling hin, der sein Angesicht gegen Abend gewendet hatte, damit er mich nicht ansehen müsste, wie ich vorwärts schritt. Ich kam glücklich durch, und die Aussicht war vollkommen.» Welche Route beschreibt der Pater, wo ist er auf gestiegen? Der Alpinist Walram Derichsweiler kommt zur Ansicht, der Pater habe den einfacheren Westgrat (heute Normalroute.) für den Aufstieg benutzt. Und bei der vom Pater erwähnten Spalte handle es sich um eine Kluft zu einem isolierten Gendarmen östlich des Gipfels, der höher sei als der eigentliche Gipfel. Der englische Alpinchronist und -pionier WA. Coolidge vermutet hingegen, dass der um einiges schwierigere Nordostgrat dem Parer als Aufstiegsroute diente. Auf diesem Weg gibt es vor dem Gipfel eine Scharte.

Ein grosser Traum blieb dem Pater allerdings verwehrt: Die Besteigung des Tödi, des dominierenden Berges seiner Heimat. Sechsmal hat er vergeblich versucht, die eisbedeckte Kuppe des auf romanisch Piz Russein genannten Gipfels zu erreichen. Bei seinem letzten Versuch im Jahre 1824 war er 72-jährig. Er übertrug seine brennende Motivation auf Jüngere: Von Spescha durchs Fernrohr beobachtet, stiegen die beiden Germsjäger Placi Curschellas und Augustin Bisquolm dem Riesen aufs Haupt. Dem Pater blieb die Genugtuung: Der «Unersteigliche» war also doch ersteigbar. Er hatte es immer gewusst. Nebenbei: Speschas Name war so eng mit demjenigen des Tödi verbunden, dass sogar Speschas Freund, der Naturforscher Johann Gottfried Ebel, in seinen Schriften die Meldung verbreitete, Spescha habe den Tödi erstbestiegen.

Ein grosses Problem für den Pater war es, geeignete Begleiter für seine Bergtouren zu finden. Fast auf jeder Tour hatte er Schwierigkeiten mit seinen Weggefährten. So erzählt er von der Besteigung des Piz Scharboden, der Sohn seines Begleiters sei am ausgesetzten Gipfel von Angst und Schwindel befallen worden und habe zu weinen begonnen. Man habe ihn nur mit grösster Mühe wieder vom Berg hinuntergebracht. Der Pater zieht daraus den Schluss: «Dies ist eine Warnung, welche Gattung Leute auf hohe Berge mitnehmen sollen.» Immer steiler hinauf immer höher hinaus zog es den Pater. Seine Schilderung über eine Besteigung am Stocgrond jedenfalls klingt schon nach extremem Klettern. Und das anno 1788! «Es war bei dieser Ersteigung an einem fürchterlichen, mit entsetzungsvollen Abgründen naturalisierten Glätscher heraufzusteigen und eine steile, beinahe senkrechte Eis- und Schneewand zu durchsetzen, die fast gänzlich für unersteigbar gehalten wurde. Wir verbanden uns alle drey, ungefähr 10 Schuhe voneinander entlegen... Die Eisschründen waren so dicht aneinander, dass wir uns gezwungen sahen, deren Ränder zu übersetzen, welche oft nicht mehr als die Breite eines Werkschuhs hatten. Es durfte dabei nur einer gehen; denn die andern mussten auf der Hut seyn und festen Fuss setzen, damit der Dritte nicht unglücklich wurde. Der Jüngling entfiel, sank aber nicht, weil das Seil, welches er um sich hatte, von hinten und vornen an uns fest hielt; er richtete sich selbst nach und nach aus der Spalte heraus, in welche er gesunken war.» Placidus a Spescha spricht nach seiner Überquerung des Gletschers selbstkritisch von «Verwegenheit, nicht Tapferkeit» und davon, dass er «solches Reisen meiden» wolle.

Die seelenhygienische Wirkung des Bergsteigens war dem Mönch Spescha ebenfalls wohlbekannt: «Für die Schwermüthigen ist nichts gedeihlicheres; denn die Schwermuth entstehet gemeiniglich von den Ängstigkeiten des Leibes und des Gemüthes, von Zorn, Rachgierd und Verdickung des Geblüts und der übrigen Lebenssäfte, die nur mit dem Umgang aufgeräumter Menschen, stärkenden und belustigenden Reisen können aufgehoben werden, wodurch die Säfte verdünnert und die schwermüthigen Gegenstände verdrängt werden.» PD

Etappe 29

Nur der Wind singt in den Hochspannungsdrähten

Rueras – Val Mila – Mittelplatten – Etzlihütte (Bristen)

Nach dem kurzen Abstecher in die Zivilisation am Oberalppass und in Rueras tauchen wir in die wohltuend «ungeordnete» Bergeinsamkeit des Val Mila ein. Im wilden Val Mila erlebt man Kontraste, die gut tun. Einziger Wermutstropfen ist die Hochspannungsleitung, die uns auf der ganzen Route begleitet. Sie erinnert uns immer wieder schmerzhaft an die Zivilisation, zu der wir gehören und die wir doch so gerne hinter uns lassen würden.

T2 4 Std. ▶ 7,7 km ▲ 1160 m ▼ 520 m

Routencharakter und Schwierigkeit Durchwegs markiert. Grösstenteils Wanderwege. Auf der Südseite der Mittelplatten einige einfach zu begehende Felsstufen.

Zeit 4 Std.

Ausgangspunkt Rueras (s. Etappe 28)

Endpunkt Etzlihütte (2052 m) 698.000/174.900 SAC-Sektion Thurgau, 8500 Frauenfeld. Tel. und Fax Hütte: 041 820 22 88. Hüttenwart Rita + Christoph Sager, Unterdorfstrasse 7, 6467 Schattdorf, Tel. 079 355 12 60. Tel., Fax/Reservation: 041 820 22 88, Service 61 leitet nach mind. 7 Rufzeichen um. Info: www.maderanertal.ch. 75 Plätze. Bewartet von Mitte Juni bis Ende September, März bis April auf Anfrage. Bei Anwesenheit des Hüttenwarts ist Vollpension möglich; Anmeldung unbedingt erforderlich! Die Hütte liegt auf einem Felsrücken etwa 70 Höhenmeter über dem flachen Talboden der Müllersmatt.

■ Lag Serein P. 2072

Einfachster Abstieg ins Tal Nach Rueras oder Sedrun.
Nach Bristen: T2 1½ Std. Markierter Wanderweg. Von der Hütte zur Müllersmatt absteigen, dann talauswärts nach N an der Alpsiedlung Gulmen vorbei, über den Tritt hinab, bis man auf dem hinteren Etzliboden bei P. 1329 den Bach überschreiten kann und die Alpstrasse erreicht, die kurz vor Bristen ins Maderanertal gelangt.

Karte 1212 Amsteg

Talort Sedrun (1448 m) Rueras (s. Etappe 28) Sedrun (1448 m) Hauptort des obersten Teils des Vorderrheintals (Tujetsch). Fremdenverkehrsort.
Mit RhB Chur – Disentis, anschliessend Furka-Oberalp-Bahn Disentis – Andermatt bis Sedrun. Fahrplanfelder 920 und 610.

Mit PW über Chur – Disentis – Oberalppass bis Sedrun.
Sedrun Tourismus: Tel. 081 920 40 30, Fax 081 920 40 39.
Bahnhof Furka-Oberalp-Bahn: Tel. 081 949 11 37.
Post: Tel. 081 949 11 21, Fax 081 949 10 33.
Zahlreiche Hotels, div. Geschäfte und Banken.

Bristen/Uri (770 m)
Dorf im Maderanertal.
Mit SBB Luzern oder Zug – Chiasso bis Erstfeld, anschliessend Postauto Amsteg – Bristen. Fahrplanfelder 600, 600.1, 600.32 und 600.38.
Post: Tel. 041 883 11 30, Fax 041 883 12 30.
Einige Gasthäuser und Restaurants.

Die Route In der Mitte des Dorfs folgt der Wanderweg dem linken Ufer der Aua da Mila, dem Bach, der aus dem Val Mila kommt, bergauf. Unter der Eisenbahnbrücke durch steigt man nach N gegen das Val Mila auf. Ein kurzes Stück begeht man die Schotterstrasse zur Alpsiedlung Mila, dann führt der Weg nach NW talaufwärts über die Ebene Paliu Cotschna (P. 2215) und einige Felsstufen zur Passhöhe der Mittelplatten (2472 m), die man unmittelbar neben einem Hochspannungsmast überschreitet. 3 Std.
Die Etzlihütte ist von der Passhöhe aus in nordwestlicher Richtung gut sichtbar. Man erreicht sie, indem man auf mehr oder weniger gut sichtbaren Wegspuren (markiert) über Felsstufen zur Ebene Müllersmatt ab- und von dort in einem kurzen Gegenanstieg aufsteigt. 1 Std.

Am Mittag sagt den Schafen manchmal der Schnee besser zu als die Weide.

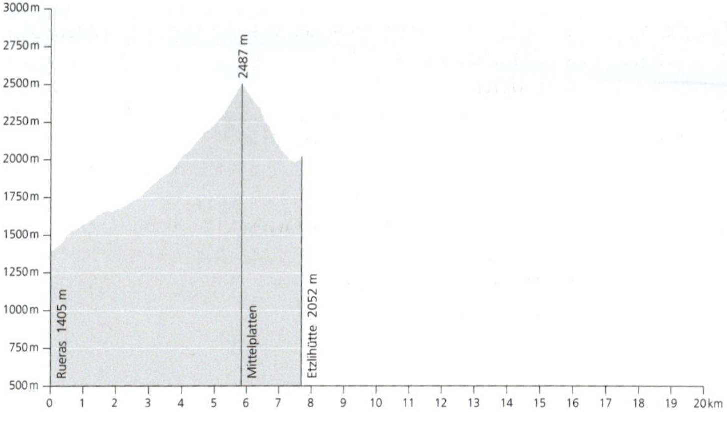

Etappe 30

Zwei Pässe zwischen zwei Hütten

Etzlihütte – Chrüzlipass – Val Strem – Fuorcla da Strem Sut – Camona da Cavardiras (Disentis)

Eindrücklich: Diese technisch unschwierige, aber anstrengende und lange Route über zwei Pässe und einen Gletscher bietet spannende Einblicke in die einsamen Täler rund um den Oberalpstock. Sie führt von der voralpin gelegenen Etzlihütte in die hochalpine Gletscherwelt von Oberalpstock und Tödi. Das Gehen in weglosem Gelände unterstreicht den ernsthaften Charakter dieses Tages. Das Gefühl «danach», abends in der gemütlichen Cavardirashütte, ist aber unvergleichlich.

T5 5 Std. 30 Min. ▶ 9,7 km ▲ 1260 m ▼ 660 m

Routencharakter und Schwierigkeit Bis Val Strem T2, Fuorcla da Strem Sut, Brunnifirn T5. Über den Chrüzlipass keine Schwierigkeiten (markierter Wanderweg). Vom Val Strem zur Fuorcla da Strem Sut unmarkiert, zum Teil weglos. Die Begehung des flachen Brunnigletschers ist technisch unschwierig, verlangt aber zumindest eine minimale Gletschererfahrung und -ausrüstung. Je nach Ausaperungsgrad besteht die Gefahr von Spalten. Bei schlechter Sicht (Regen, Schneefall, Nebel) kann die Route vom Val Strem an schwierig zu finden sein. Bei ungünstigen Gelände-Verhältnissen (Eis, Neuschnee) kann der letzte, westliche Hang zur Fuorcla heikel sein.

Zeit 5½ Std.

Ausgangspunkt Etzlihütte (s. Etappe 29)

Endpunkt Camona da Cavardiras (2649 m) 705.120/177.730
SAC-Sektion Winterthur, 8400 Winterthur. Tel. Hütte: 081 947 57 47.
Hüttenwart U. Wiesmann und M. Fischer-Wiesmann, 8542 Wiesendangen.
Tel./Fax/Reservation: 052 337 02 55.Infos: www.cavardiras.ch.
70 Plätze. Juli/August durchgehend bewartet, bei guten Verhältnissen im Sommer und im Winter am Wochenende. Auskünfte und Vorbestellungen für Gruppen und Vollpension beim Hüttenwart.
Die Hütte liegt 300 m nordöstlich der Fuorcla da Cavardiras auf einem sich vom Gwasmet herabziehenden Felsrücken.

Einfachster Abstieg ins Tal Nach Disentis (über das Brunnigrätli): T3 bzw. T2 2½ Std. Von der Hütte auf Etappe 30 bis zur Fuorcla da Cavardiras und ca. 500 m weiter auf dem Gletscher nach SW, später südlich gegen den Felsgrat zwischen Brichlig und Piz Acletta. Diesen Felsgrat, Brunnipass oder Brunnigrätli genannt, überschreitet man mit Hilfe von Seilen und einbetonierten Eisenstangen ohne Probleme und erreicht auf der südlichen Gratseite den Weg, der zur Felskanzel P. 2432 hinabführt. Von hier an gibt es zwei Möglichkeiten: Entweder links haltend zu den Lawinenverbauungen unter dem Muotta dil Tir, am Hüttchen bei P. 1991 vorbei und direkt durch den Wald nach Disentis hinunter. 2 Std. Oder aber rechts haltend hinunter zum Lag Serein (P. 2072) und immer rechts haltend (SW) zur Bergstation der Luftseilbahn Disentis-Caischavedra (P.1860) hinunter. 2½ Std.
Nach Disentis (über die Russeinerbrücke): T2 4 Std. Auf Etappe 31 durch das Val da Cavardiras hinunter bis zur Alp Cavrein Sura/Obere Alp Cavrein (P. 1814). Dem Weg folgend über die Brücke und über von grossen Felsblöcken übersäte Alpweiden nach E steil absteigen. Der Weg kreuzt eine kleine, aber imposante Schlucht und erreicht das Val Russein bei der Alp Cavrein Sut/ Untere Alp Cavrein (P. 1540). Dort überschreitet man den Russeinerbach und folgt der Alpstrasse am Ausgleichsbecken Barcuns vorbei talauswärts, bis man bei der alten Holzbrücke auf die Kantonsstrasse Ilanz – Disentis stösst (P. 1032). Markierter Wanderweg bzw. Alpstrasse.

Karte 1212 Amsteg

Talort Disentis (1130 m) Der Hauptort der oberen Surselva wird dominiert vom Benediktinerkloster. Station der RhB-Linie Chur – Ilanz – Disentis und Beginn der Furka-OberalpBahn-Strecke Disentis – Andermatt.
Tel. Bahnhof: 081 947 51 32. Fahrplanfeld 920.
Mit PW über Chur – Flims nach Disentis.
Disentis Tourismus: Tel. 081 920 30 20.
Bergbahnen Disentis AG: Tel. 081 920 30 40.
Zahlreiche Geschäfte, Banken, Hotels und Gasthäuser.

Ausrüstung Gletscherausrüstung (Seil) für den Brunnifirn.

Die Route Von der Etzlihütte steigt man auf markiertem Weg zur Müllersmatt ab (Wegweiser) und durch das blockgefüllte Chrüzlital zum Chrüzlipass (Wegweiser/P. 2347) auf. 1½ Std.
Von der Höhe des Übergangs hat man einen guten Blick auf den Weiterweg: Sowohl der massige Aufbau des Oberalpstocks/Piz Tgietschen ist im NE sichtbar als auch der Piz Ault gerade gegenüber im E. Die zu begehende Fuorcla da Strem Sut/Untere Stremlücke liegt zwischen Piz Ault (links) und den Stremhörnern. Auf dem markierten Weg steigt man vom Chrüzlipass in die Val Strem ab und verlässt den Weg, kurz bevor er die Talsohle erreicht. Über grobe Blöcke steigt man ins Tal ab, und überschreitet den Bach an geeigneter Stelle. ¾ Std. Nun folgt man dem Wasserlauf eine Viertelstunde hinauf und steigt dann auf Wegspuren steil den Hang nach Osten (E) hoch. Bei P. 2223 lässt die Steilheit nach, und das grasige Gelände geht in Geröll über. Über Schutthänge geht man bis zum nächsten, steilen, schuttigen und rippenartigen Aufschwung (Wegspuren; wenn man sich an der richtigen Stelle befindet). Bald danach steht man am Seelein bei P. 2579. Nun ist die Untere Stremlücke weiter oben im E sichtbar, und man erklimmt über Schnee oder Geröll den höchsten Punkt (P. 2841). 2 Std.
Die Passhöhe ist flach, ebenso der Brunnifirn, der sich gegen E bis zur gut sichtbaren Fuorcla da Cavardiras erstreckt. Auch die Cavardirashütte ist von der Unteren Stremlücke aus sichtbar. Nach der Gletscherüberquerung führen von der Fuorcla da Cavardiras Wegspuren dem S-Hang des Gwasmet entlang zur Cavardirashütte (2649 m). 1 Std.

Sehenswürdigkeiten Kloster Disentis. Das Gotteshaus gab der ganzen Region den Namen: Casa Die wurde zu Cadi, mit dem heute der oberste Teil des Vorderrheintals bezeichnet wird. Das Benediktiner-Kloster wurde um 1100 erbaut und immer wieder erweitert und ausgebaut. Es war während vieler Jahrhunderte religiöser, geistiger, kultureller und auch politischer Mittelpunkt der Region.

■ Einzelgänger auf dem Brunnifirn.

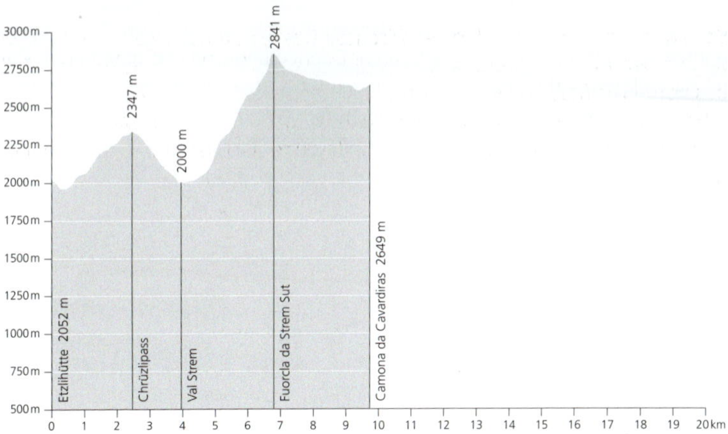

Etappe 31

Schritt für Schritt durch ein geologisches Museum

Camona da Cavardiras – Alp Cavrein Sura – Val Gliems – Fuorcla da Punteglias – Camona da Punteglias (Trun)

Ein weiterer Höhepunkt! Lange, hochalpine und nicht ganz leicht zu findende Route, eine der eindrucksvollsten und schönsten Etappen dieses Führers. Man erlebt an einem Tag verschiedenartige Gletscher, geheimnisvolle Alpweiden, verwunschene Hochtäler sowie mehr topographische und tektonische Wunder als andernorts in einer ganzen Woche. Doch diese grossartigen landschaftlichen Eindrücke müssen verdient werden: Allein der Aufstieg von der Alp Russein da Mustér zur Fuorcla da Punteglias misst über 1100 Höhenmeter – grösstenteils in weglosem Gelände.

T6 7 Std. ▶ 15,5 km ▲ 1250 m ▼ 1590 m

Routencharakter und Schwierigkeit Cavardirashütte – Alp Russein (T2); Bis zur Alp Cavrein Sura markierter Wanderweg. Fuorcla da Punteglias (T4). Danach unmarkiert und nur spärliche Wegspuren. Orientierungssinn und gute Kenntnisse im Kartenlesen sind notwendig. Die Umgebung ist hochalpin, die Route ist aber technisch problemlos zu begehen. Einzig das oberste, steilste Stück auf der E-Seite der Fuorcla da Punteglias kann bei Blankeis oder hartem Firn heikel sein.

Zeit 7 Std.

Ausgangspunkt Camona da Cavardiras (s. Etappe 30)

Endpunkt Camona da Punteglias (2311 m) 715.880/181.800 SAC-Sektion Winterthur, 8400 Winterthur. Tel. Hütte: 081 943 19 36. Hüttenwart Manuela Fischer Wiesmann + Ueli Wiesmann, Wannenstrasse 15, 8542 Wiesendangen, Tel. 052 337 02 55, Mail: info@cavardiras.ch, www.cavardiras.ch.
Tel./Reservation: 055 210 40 76, Fax 055 210 40 39.

Die Jubelschreie der rutschenden Gruppe beim Abstieg zu der Puntegliashütte hält das Bild leider nicht fest.

42 Plätze. Bewartet von Juli bis September.
Die Hütte liegt zuvorderst auf einem Felsriegel, bevor das Val Punteglias in einer 400 Meter hohen Steilstufe gegen die Alp Punteglias abfällt

Einfachster Abstieg ins Tal Nach Trun. T4. 2½ – 3 Std. Wie bei dieser Route zur Alp Cavrein Sura. Dort dem beschilderten Weg weiter rechts hinunter ins Tal folgen. Der Wanderweg führt meist der linken (westlichen) Bachseite entlang über Alp Cavrein Sut und Barcuns steil hinunter nach Trum.

Karten 1212 Amsteg, 1213 Trun, 1193 Tödi

Talort Trun (852 m) Dorf am Eingang des Val Punteglias.
Mit RhB Chur – Disentis bis Trun. Fahrplanfeld 920.
Mit PW erreichbar über Chur – Ilanz bis Trun.
Tel. Verkehrsbüro: 081 943 31 49.
Post: Tel. 081 943 11 36, Fax 081 943 23 73.
Bahnhof: Tel. 081 943 11 34.
Zahlreiche Hotels und Gasthäuser.

Ausrüstung Evtl. Eispickel zum Stufenschlagen in der Fuorcla da Punteglias.

Die Route Von der Cavardirashütte steigt man in das gegen NE abfallende Val Cavardiras hinunter. Schneefelder und zum Teil grosse Bäche bringen Weg und Markierungen im obersten Teil der Val Cavardiras immer wieder zum Verschwinden. Die beste Route führt von der Hütte auf das sich von der Fuorcla da Cavardiras hinunterziehende Altschneefeld bis unter den Felskopf, auf dem die Hütte steht. Unter diesem durch und links haltend hinunter, dann über den Bach, bis man an der linken Talseite, dort wo sie steiler wird, auf den Weg trifft. Der markierte Pfad bleibt immer auf der linken Talseite, verläuft manchmal hoch über dem Bachlauf, dann wieder direkt diesem entlang. Bei einem kleinen Alpgebäude (P. 2123) teilen sich die Täler: rechts das Val Pintga da Cavrein mit dem Bach, links das Tälchen Cavardiras. Der Weg folgt dem linken Tal und man erreicht dort, wo es sich öffnet, die Alp Cavrein Sura (P. 1814). 1½ Std.
Nördlich der Alpgebäude überquert man auf einer Brücke den Bach aus der Val Gronda da Cavrein und quert auf Wegspuren den S-Hang des Piz Cuolmet zur Alp Russein da Muster (P. 1770). ¾ Std. Von dieser grossen Alp überquert man nach NE die Ebene bis dort, wo von rechts (E) her ein Bach hinunterfliesst (Brücke). Nördlich dieser Brücke steigt man auf Wegspuren sehr steil über die Alpweiden bis zu einer kleinen Felskanzel (P. 1948) auf. Rechts haltend hinauf, bis ein deutlicher Einschnitt (schmaler, grasbewachsener Kamin) den Durchstieg durch die Felswand erlaubt. Bei P. 2228 erreicht man eine mar-

kante Kante. Wir folgen nun der orographisch linken Seite des Bachs aus der Val Gliems. Wegspuren folgen dem Bach bis in den Talgrund, wo das Wasser aus dem Gletscher über braungelbe Felswände rauscht. Unterhalb der Felswände (in der Nähe von P. 2476) überquert man den Bach (was je nach Wasserführung nicht immer ganz einfach ist) und steigt auf der orographisch linken Bachseite, links einer vorspringenden gelben Felsrippe, mühsam über loses Geröll und Felsplatten zu einem markanten Geröllgrätchen (ca. 2740 m). Von diesem Grätchen aus ist die Scharte der Fuorcla da Punteglias im E sichtbar. Man erreicht über Wegspuren (sie kommen von der Porta da Gliems, dem Aufstieg zum Tödi, her) im Geröllhang zuerst leicht ab- und dann aufsteigend die firn- und schneebedeckte Passhöhe (P. 2814). 3½ Std.
Hier eröffnet sich ein gewaltiges Panorama: links der Piz Urlaun, im N der Tödi Grischun und der Bifertenstock, gegenüber im NW der Piz Frisal, der Crap Grond und – besonders eindrücklich – der Cavistrau. Zwischen Piz Frisal und Crap Grond ist deutlich die Scharte der Barcun Frisal Sut (Untere Frisallücke) sichtbar (s. Variante von Etappe 32).
Die Fuorcla da Punteglias hat zwei Übergänge, die durch einen Felskopf getrennt sind. Man wählt den linken und steigt über den zunächst steilen, dann flacher werdenden und zunehmend von Geröll und Felsblöcken bedeckten Gletscher gerade in die ebene Val Punteglias hinunter. Bei Blankeis oder hartem Firn hält man sich möglichst links am Hang, wo man bald einmal Felsen und Geröll betreten kann. In der Talsohle wendet man sich gegen rechts (S) und folgt dem Bach auf seiner rechten Seite. Kurz bevor er in die Schlucht stürzt, überquert man ihn und erreicht gleich danach die Puntegliashütte, die auf einer Terrasse steht, kurz bevor das Tal in einer mehrere hundert Meter hohen Steilstufe abbricht. 1¼ Std.

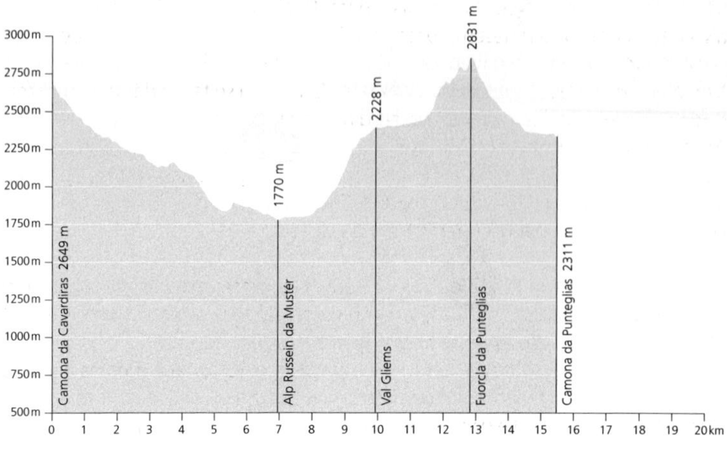

Etappe 32

Endlich – aus dem Geröll auf liebliche Alpweiden

Camona da Punteglias – Alp da Punteglias – Tschegn Dado – Frisal – Bifertenhütte (Breil/Brigels)

Nicht die direkteste, aber die technisch unschwierigste und abwechslungsreichste Route zwischen den Hütten Punteglias und Biferten. Sie führt aus den Bergen um Piz Urlaun und Bifertenstock zur Waldgrenze hinunter. Die Wanderung entlang der obersten Grenze des Bergwaldes und über liebliche Alpweiden bietet eine willkommene Abwechslung zur Geröllandschaft vorheriger und nachfolgender Routenabschnitte. Unterwegs ergeben sich immer wieder Möglichkeiten, mit Älplerinnen und Älplern ins Gespräch zu kommen. Auf dem ganzen Weg begleitet den Wanderer ein weiter Rundblick ins Vorderrheintal und seine Dörfer.

T3 7 Std. ▶ 17,8 km ▲ 1730 m ▼ 1550 m

Routencharakter und Schwierigkeit Bis Frisal keine technischen Schwierigkeiten T2 Markierte Wanderwege in voralpinem Gelände und Alpstrassen. Der Abstieg von der Puntegliashütte zur Alp da Punteglias ist teilweise steil, aber ausgetreten. Zwischen Alp da Schlans Sut und Alp Tschegn Dadens Sut etwas komplizierte Routenführung.

Zeit 7 Std.

Ausgangspunkt Camona da Punteglias (s. Etappe 31)

Endpunkt Bifertenhütte (2482 m) 721.180/186.040 Akademischer Alpenclub Basel. Tel. Hütte: 081 941 23 36, Hüttenwart Giusep Albin, Casa Christian, 7188 Sedrun, Tel. 081 949 18 17.
30 Plätze. Bewartet Mitte Juli bis Mitte August. Die Hütte liegt auf der flachen, ausgedehnten Grasterrasse am SE-Fuss des Kistenstöckli/Muot da Rubi.

Einfachster Abstieg ins Tal 1. T3 3 Std. Von der Hütte leicht absteigend nach E zu P. 2415, unter dem SW-Fuss des Piz d'Artgas durch bis zu den Alpgebäuden Rubi Sura (P. 2172), steil absteigend zur Alp Rubi Sut (P. 1612) und ins Tal, wo eine Alpstrasse dem Flembach entlang nach Breil/Brigels führt. 2. T3. 2½ Std. Auf obiger Route bis zur Alp Rubi Sura. Von dort dem Weg folgend weiter nach S über Cuolm da Rubi zur Alp Quader. Von hier Fahrstrasse nach Brigels. Taxi von Brigels bis zur Alp Quader oder Sessellift Brigels – Crest Falla bis zum Restaurant Burleun. 3½ Std. bis Brigels.

Karten 1213 Trun, 1193 Tödi

Talort Breil/Brigels (1287 m). Schön gelegener Ort auf einer Terrasse mit einiger touristischer Infrastruktur.
Mit RhB Chur – Disentis bis Tavanasa – Brigels, anschliessend Postauto Tavanasa/ Brigels bis Endstation. Fahrplanfelder 920 und 920.65.
Mit PW über Chur – Ilanz bis Tavanasa und nach Brigels.
Tel. Verkehrsbüro: 081 941 13 31.
Bergbahnen Brigels: Tel. 081 941 16 12, Fax 081 941 24 44.
Post/Postautodienst: Tel. 081 941 11 23, Fax 081 941 24 78.
Zahlreiche Hotels, Gasthäuser und Banken.

Variante/Schluss der Route Über Rubi Sut und Rubi Sura. T2. Markierter Wanderweg. Umgehung des möglicherweise heiklen Aufstiegs von Frisal über Faschas zur Bifertenhütte: Von Frisal talauswärts auf schottrigem Weg zur Abzweigung, die linker Hand zu den Alpen Rubi Sut (P. 1672) und Rubi Sura (P. 2172) führt. Von Rubi Sura links nach NW auf dem Weg zum Kistenpass zu P. 2415 (Wegweiser). In wenigen Minuten über Gras und Geröll nach W zur Hütte.

Die Route Direkt vom Hüttenplatz sticht der Fussweg über die Steilstufe hinab bis zum flacheren Boden des unteren Val Punteglias. Auf der rechten Talseite liegen die Hütten der Alp da Punteglias, an der engsten Stelle sperren die Kraftwerkanlagen «Ferrera» das Tal. Wegweiser. 1¼ Std.
Der Weg führt nun links haltend zunächst durch den Wald von Punteglias hinauf, quert Lichtungen und Alpweiden und erreicht, mehr oder weniger auf gleicher Höhe bleibend, die Alp da Schlans Sut (P. 1723). ½ Std.
Wenige Meter hinter den neuen Gebäuden trifft man auf die geteerte Alpstrasse, über die man geradeaus aufsteigt. Wo die Strasse eine Haarnadelkurve macht, verlässt man sie bei einer sumpfigen Wiese (Wegweiser) und folgt einem schlechten, nicht durchgehend sichtbaren Pfad durch den Wald von Catscha. Bei P. 1837 am Waldrand übersteigt man ein durchgehendes Alpmäuerchen und geht in weglo-

sem, aber markiertem Gelände über Weiden zu einem Brunnen (Wegweiser) hinunter. Gleich um die Ecke stehen die Gebäude der Alp Tschegn Dadens Sut. ¾ Std. Auch hier trifft man auf eine geteerte Strasse, auf der man kurz absteigt, bis sie bei P. 1720 auf die von Brigels heraufführende Strasse trifft. Schöner Blick auf den Ort Brigels, auf das Vorderrheintal und die gegenüberliegende Walser-Streusiedlung Obersaxen. Man folgt nun der Alpstrasse weiter nach NE hinauf, bis sie bei P. 1931 eine Haarnadelkurve macht. Nun verlässt man die Strasse und folgt den spärlichen Markierungen gerade (nördlich) den Hang hoch, bis man auf einen Weg trifft (Wegweiser), der zwischen den Felsen Ils Plattlus durch nach N zur Alp Nova und Rubi Sut. Von Rubi Sut auf markiertem Hüttenweg über Rubi Sura zur Bifertenhütte.

Der Aufstieg von Frisal zur Bifertenhütte erfordert Trittsicherheit, Schwindelfreiheit und Orientierungssinn. Bei Nässe und schlechter Sicht muss dringend davon abgeraten werden! In diesem Fall ziehe man die Variante vor, die zwar weiter, aber einfacher zu begehen ist. Achtung: Es gibt nur eine relativ einfache Möglichkeit, die schon von unten sichtbaren Felsbänder zu übersteigen. Von Frisal überquert man die kleine Kraftwerksanlage und folgt den zunächst gut sichtbaren Wegspuren direkt über den Steilhang hoch bis zum Schafgelände Faschas, wo sie sich verlieren. Unterhalb von P. 2215 wendet man sich links (westwärts) – auf keinen Fall den Wegspuren weiter nach E folgen (Sackgasse) –, um das darüber gut sichtbare braune Felsband am NE-Ende von Las Cordas zu umgehen. Trittspuren leiten zu dem Punkt, wo der Durchstieg durch das Felsband am einfachsten ist. Die Ersteigung des hellen Felsbandes scheint von Weitem schwierig zu sein, ist aber über gutgestufte Absätze recht einfach. Einige Meter über Gras hochklettern und bei einer in den Boden gerammten Eisenstange (markante Ecke) eine Kante umgehen, dann in einer blockgefüllten Geröllrinne hochsteigen. Nun befindet man sich in einem sich öffnenden Gras- und Geröllkessel. Oberhalb des riesigen, mitten in diesem Tälchen liegenden Felsblocks steigt man, Wegspuren folgend, rechts haltend hinauf, bis man (erst im letzten Moment) eine auffällige, kaminartige Spalte erblickt, die einen verblüffend einfachen Ausstieg auf das Hochplateau ermöglicht. Man steht nun wenige hundert Meter südlich der Bifertenhütte, die man über flaches Gelände erreicht. 2 Std.

■ Val Punteglias, Crap Grond und Barcun Frisal Sut.

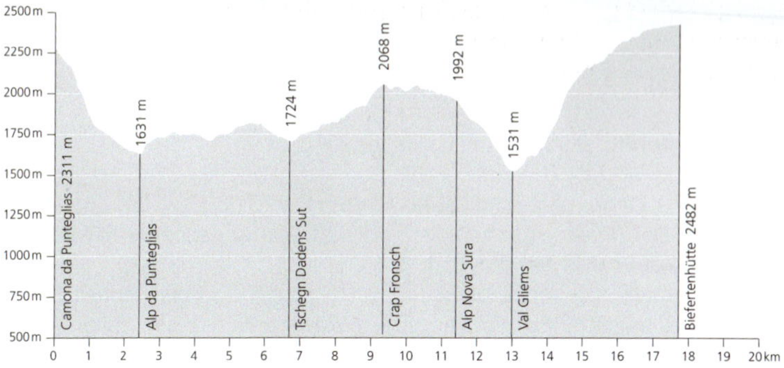

Etappe 33

Mondlandschaft im Hochgebirge

Bifertenhütte – Falla Lenn – Fuorcla da Gavirolas – Fil dil Fluaz – Panixerpass-Schutzhütte (Pigniu)

Ausflug in die Einsamkeit einer urtümlichen Gebirgsgegend, die weitgehend frei von menschlichen Eingriffen ist. Weite, einsame Geröllkessel wechseln ab mit Passübergängen, die immer wieder Ausblicke in die umliegende Hochgebirgswelt von Selbsanft, Hausstock, Tödi, Bifertenstock, Ringelspitz und bis weit hinaus in die Mittelbündner Berge gestatten. Zwischen den Übergängen Falla Lenn und Fuorcla Gavirolas durchquert man eine Mondlandschaft von exotischem Reiz; Felsen und Geröll leuchten in den verschiedensten Rot- und Brauntönen – schwer zu glauben, dass man sich in Graubünden befindet.

T3 4 Std. 30 Min. ▶ 11,5 km ▲ 750 m ▼ 830 m

Routencharakter und Schwierigkeit Mehr oder weniger durchgehend markiert, aber kein durchgehender Weg. Geröllfelder und Alpweiden. Zwischen Falla Lenn und P. 2326 östlich unterhalb der Fuorcla da Gavirolas ist etwas Orientierungssinn gefragt, weil die Markierungen nicht immer leicht zu finden sind. Bei schlechter Sicht unter Umständen sehr schwierige Wegfindung.

Zeit 4½ Std.

Ausgangspunkt Bifertenhütte (s. Etappe 32)

Endpunkt Panixerpass-Schutzhütte (2407 m) 727.000/190.800. Besitzerin Gemeinde Elm. Infos: Unterhaltsdienst des Kt. Glarus. Tel.: 055 616 60 20, oder Werkhof Schwanden 055 654 10 80.
Einfache Unterkunft, immer offen, 12 bis 15 Plätze, Kochgelegenheit. Keine Reservation möglich. Ein Problem bei dieser Hütte ist der zunehmende Vandalismus.

■ Ob rot-weiss oder blau-weiss, das kümmert die Schafe nicht.

Einfachster Abstieg ins Tal Nach Pigniu/Panix. T2. Markierter Wanderweg. 3 Std. Vom Panixerpass (P. 2407) zum Plaun da Cavals und über den imposanten Wanderweg durch die Felsen hoch über dem Stausee auf der Alp Panix nach Pigniu (1301 m).

Karten 1193 Tödi, 1174 Elm

Talort Pigniu/Panix (1301 m). Kleines Bergbauerndorf, das in der Val da Pigniu unterhalb des gleichnamigen Stausees liegt. Mit RhB Chur – Disentis bis Rueun, anschliessend Postauto Rueun – Pigniu/Panix. Fahrplanfelder 920 und 920.55. Achtung: Platzzahl im Postauto beschränkt. Reservation wird in der Hochsaison empfohlen.
Mit PW über Chur – Disentis bis Rueun, anschliessend nach Pigniu/Panix. Auto da posta Grischun Natel: Tel. 079 216 49 83, Ilanz 081 925 16 50. Post: Tel./Fax 081 941 18 08. Restaurant.

Die Route Von der Bifertenhütte geht man in wenigen Minuten nordöstlich in den Sattel hinab (P. 2415), wo man auf den Kistenpassweg stösst (Wegweiser). Man folgt diesem Weg nach N nur kurz, biegt hinter dem Piz d'Artgas nach NE ab und steigt in weglosem und spärlich markiertem Gelände zum schon von unten sichtbaren Passübergang Falla Lenn (P. 2578) auf. ¾ Std. Von der Falla Lenn hat man einen guten Überblick über den weiteren Verlauf der Route bis zur Fuorcla da Gavirolas (im NW als weite Einsattelung) links (nördlich) des markanten Crap Tgietschen. Die ideale Route überquert weglos und mehr oder weniger auf gleicher Höhe bleibend ausgedehnte Geröllfelder, übersteigt Geröllrippen und quert zuletzt einen Steilhang zur Fuorcla da Gavirolas (P. 2528). 1¼ Std. Von der Fuorcla da Gavirolas fällt gegen NE ein steiler, je nach Verhältnissen mühsam zu begehender Geröllhang ab. Markierungen sind bis zum flacheren Boden unterhalb des Geröllhangs keine sichtbar, man versucht am besten, sie von der Passhöhe auszumachen. Man steigt über den Geröllhang mehr oder weniger direkt ab und trifft bei P. 2326 auf den Weg, der von Andiast zum Panixerpass verläuft (Wegweiser). Nun folgt man dem zunächst gut sichtbaren Weg, bis er sich in den W-Hängen des Fil dil Fluaz wieder verliert (Fil dil Fluaz heisst der markante SE-Grat, der sich vom Piz Fluaz gegen das Val dil Pigniu hinabzieht). Man umrundet die markante Gratkante auf einer Höhe von ca. 2340 m (zahlreiche Kuhweglein) und trifft dahinter wieder auf Weg und Markierung. 1¼ Std.
Vom Fil dil Fluaz guter Überblick über den weiteren Wegverlauf: hinab zur Ebene Plaun da Cavals, über die Brücke bei P. 2130 und über die Spitzkehren des Wegs hinauf zum Panixerpass. Man folgt dem Wanderweg ohne Orientierungsschwierigkeiten zum Panixerpass (P. 2407). 1 Std.

■ Wolken mit Silberrand sind wunderschön.

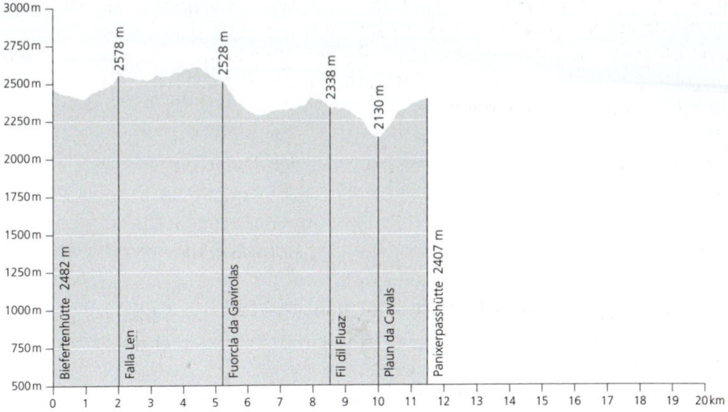

Einsame Natur, vom Militär benutzt

Am Eingang zum Val Cristallina fallen die grossen Tafeln auf, die über die Schiesszeiten in diesem Tal Auskunft geben. Weiter hinten stehen fein säuberlich betonierte und aufgeräumte Häuser und Häuschen, alle durch Strassen und Wege miteinander verbunden. Der Schiessplatz im Val Cristallina ist seit 1990 in Betrieb. Er dient der Erprobung neuer Waffensysteme und wird nur wenige Wochen im Jahr genutzt. Vor allem Panzer- und Panzerabwehrsysteme werden hier getestet. Die Strasse erlaubt es, von fahrenden Panzern aus scharfe Munition zu verschiessen; die Ziele hängen an einer quer über das Tal gespannten Seilbahn.

Abgesehen vom Val Cristallina kann es vor allem im Bereich des Panzerschiessplatzes von Hinterrhein, am Lukmanierpass, aber auch in vielen andern Tälern Einschränkungen durch zeitweise oder ganz gesperrte Wege geben. Viele Regionen sind immer wieder militärische Zielgebiete, und die rotgerandeten Schiessanzeigen in Gasthäusern, an Alphütten und Wegtafeln sind aufmerksam zu beachten. Es kann sein, dass man einen Umweg in Kauf nehmen muss oder dass einem die Schiessübungen die Tour vollständig vermasseln. Im Allgemeinen wird ein zeitlicher oder räumlicher Korridor für Zugänge zu SAC-Hütten offengehalten. Gefahr kann aber auch von herumliegenden Granaten drohen: «Durch das militärische Schiessen besteht die Möglichkeit, nicht explodierte Geschosse (Blindgänger) anzutreffen. Blindgänger niemals berühren! Den Ort markieren und die Fundstelle der nächsten Truppe, einem Polizeiposten oder unter der Gratistelefonnummer 155 12 00 melden», so verlangt die Vorschrift in korrektem Ordonnanzdeutsch.

Zu reden gegeben hat in den letzten Jahren vor allem auch die Belastung von Böden in der ganzen Schweiz durch Schwermetalle der Munition. Pro Jahr wird der Boden im Bereich von zivilen und militärischen Schiessanlagen und -plätzen durch verschossene Munition mit 400 bis 500 Tonnen Blei belastet, wie Juan F. Gut, Generalsekretär des Eidgenössischen Militärdepartements, zum Thema «Belastung der Umwelt durch militärisches Schiessen» im Herbst 1997 mitteilte. Konkrete Gefahren durch Gift im Boden bestehen für Mensch und Tier, heisst es in einer Untersuchung des Militärdepartements und des Bundesamts für Umwelt, (BAFU). Das belastete Bodenmaterial muss als Sondermüll behandelt und entsprechend entsorgt werden. Bei Schiessübungen der Armee im Gebirge, wo beispielsweise Artillerie- und Panzermunition verschossen wird, ist die Bodenbelastung geringer als in Schiessanlagen, dafür verteilt sich die Belastung auf eine viel grössere Fläche. Wer jetzt angesichts so vieler Hindernisse und Gefahren das Wanderziel Graubünden wieder streichen will, sei beruhigt: Auch das Schweizer Militär macht mal Pause. Nicht immer; aber immer öfter. PD

■ Die Ruinaulta ist das Tor zum Land ob dem Wald, der Surselva.

Etappe 34

Aus der Ruhe auf den Rummelplatz

Panixerpass-Schutzhütte – Rotstock – Fil da Ranasca – Fuorcla da Sagogn – Camona da Segnas (Flims)

Abwechslungsreiche Landschaft, die wunderschöne Aus- und Einblicke in die Bergwelt zwischen Hausstock und Vorab erlaubt, und zum Abschluss das tiefe Erlebnis der Wanderung durch die «Alpenarena» des modernen Wintersportdorados von Laax und Flims. Am Passeinschnitt der Fuorcla da Sagogn begrüssen einen die Masten der Hochspannungsleitung Surselva – Glarnerland, rechts ziert eine Seilbahn-Bergstation den Crap Masegn, geradeaus stehen die Vorab-Skilifte, und dazwischen wird an der Verbesserung der Pisten gelocht, planiert und gebaggert. Man begeht das letzte Stück der Etappe nach dem Motto «Augen zu und durch»; der Weg erlaubt dies.

T2 4 Std. 30 Min. ▶ 15,1 km ▲ 730 m ▼ 1040 m

Routencharakter und Schwierigkeit Bis zur Fuorcla da Sagogn wegloses, voralpines Gelände (T3). Die Routenfindung erfordert abschnittsweise guten Orientierungssinn. Geröll und Alpweiden. Ab Fuorcla da Sagogn markierte Wanderwege (T2).

Zeit 4½ Std.

Ausgangspunkt Panixerpass-Schutzhütte (s. Etappe 33)

■ In Existenznot entfalten sich auch einzelne Blumen am schönsten.

Endpunkt Camona da Segnas (2102 m). Privates Bergrestaurant mit Übernachtungsmöglichkeit. 7017 Flims-Dorf.
Hüttenwarte Margrith und Reto Berther, 7017 Flims-Dorf.
Tel./ Reservation: 081 921 58 49, Fax 081 921 58 49.
5 Doppelzimmer und 24 Lager. Geöffnet ab Anfang Juli bis ca. Mitte Oktober. Nur mit Halbpension.
Die Segnashütte liegt im Skigebiet von Laax und Flims, 30 Min. unterhalb der Bergstation der Seilbahn Flims-Startgels-Grauberg.

Einfachster Abstieg ins Tal Nach Flims
1. T2 3 Std. Segnashütte – Runca – Flims. Markierter Wanderweg.
2. T2 1½ Std. Segnashütte – Station Naraus der Seilbahn Flims-Cassonsgrat. Bergrestaurant. Markierter Wanderweg.

Karte 1194 Flims

Talort Flims (1081 m). Grosser Sommer- und Wintersportort mit zahlreichen Gasthäusern, Hotels, Seilbahnen und Liften.
Mit SBB bis Chur, anschliessend Postauto Chur – Laax bis Flims. Fahrplanfeld 900.75.
Mit PW über Chur – Reichenau nach Flims.
Verkehrsbüro Flims Tourismus: Tel. 081 920 92 00, Fax 081 920 92 01. Weisse Arena AG: Tel. 081 921 21 25.
Post: Tel. 081 911 11 40, Postautodienst: Tel. 081 911 11 30 oder 911 29 36.
Zahlreiche Hotels, div. Geschäfte und Banken.

Die Route Vom Panixerpass steigt man über Geröll, Felsplatten und leichte Felsstufen nach SE auf den Rotstock (2624 m). Kein Weg, nicht markiert, ¾ Std.
Vom Gipfel folgt man dem Grat zwischen Rotstock und Vorab auf der Glarner-Seite etwa 300 m über Geröll und einige Felsabsätze nach NE bis zur markanten Gratscharte (P. 2584). Aufmerksame Wanderer entdecken nun auf der südlichen (Bündner) Seite vereinzelte Pfadspuren im Geröll. Man folgt den spärlichen Spuren und einigen seltenen, alten, pinkfarbenen Markierungsstreifen links haltend (E) bergab bis in den flachen, sumpfigen Kessel der Alp da Bovs (P. 2378). Hier werden die Wegspuren etwas deutlicher und ziehen sich links haltend (nach SE) über den steilen Grashang hinauf zu einem Einschnitt im steilen Wiesengrat Fil da Ranasca. Etwa bei P. 2231 überschreitet man den Grat. Teilweise alte Markierung, teilweise Wegspuren, ¾ Std.
Nun ist gegenüber im NE die Fuorcla da Sagogn (P. 2383) sichtbar. (Im Einschnitt der Fuorcla sind der Leitungsmast und rechts davon die Gipfelstation Crap Masegn sichtbar). Man steigt nun wieder links haltend zunächst nach N,

dann nach E etwas ab und erreicht über karstige Alpweiden die von unten kommende Markierung, die dann von links her zur Fuorcla leitet. Trifft man nach dem Überschreiten des Fil da Ranasca nicht bald auf Markierungen, so peilt man einfach die Fuorcla da Sagogn an. Wichtig ist, dass man nicht zu weit absteigt: Man bleibt stets über 2300 m, sonst muss man danach zuviel aufsteigen. Teilweise markiert, vereinzelte Wegspuren. ¾ Std.
Von der Fuorcla da Sagogn (Wegweiser) folgt man dem nach links wegführenden Weg, der zuerst durch schönes Karstgelände verläuft und danach direkt ins Skizirkus-Gelände Vorab (an der Camona Vorab, P. 2259, vorbei) führt. Nun wird der Weg zur Strasse, die zum Berghaus Nagens führt. Von hier einige Höhenmeter absteigen, um kurz danach einen Bogen nach N zu machen und unter der Grauberg-Seilbahn durch in nördlicher Richtung die Camona da Segnas zu erreichen. 1½ Std.

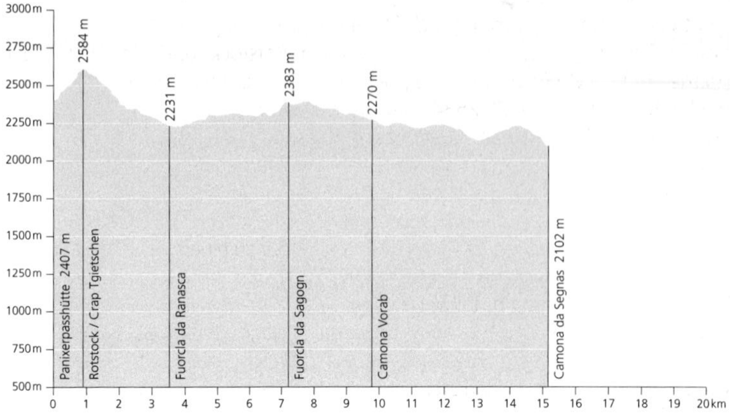

Etappe 35

Gletscher grenzen Graubünden von St. Gallen ab

Camona da Segnas – Segnas Sura – Sardonapass – Sardonahütte (St. Martin/Vättis)

Aus der betriebsamen und verkabelten Tourismus-Arena führt diese Etappe in die Einsamkeit der Berge des St. Galler Oberlands. Natur-Höhepunkte noch und noch: Das Gebiet des Flimsersteins (Crap da Flem) ist ein geologisch ungemein vielfältiges Gebiet, in dem sich verschiedenartige und verschieden alte Gesteinsschichten über- und unterlagern. Man geht durch ein geologisches Museum mit allen Schattierungen von Braun, Rot, Grau und Schwarz. Dazu kommt das bizarre Weiss der Gletscher, die man bald nach dem oberen Segnasboden erreicht. Die Alpweiden auf der St. Galler Seite des Sardonamassivs bilden einen ungeheuren Kontrast zur Steinwelt der Bündner Seite.

T5 4 Std. ▶ 8,7 km ▲ 800 m ▼ 750 m

Routencharakter und Schwierigkeit Überquerung des Sardonapasses T5 Wanderroute in teilweise hochalpinem Gelände, die keine technischen Schwierigkeiten bietet, aber Bergerfahrung und Trittsicherheit verlangt. Vor und nach dem Sardonagletscher markierte Wanderwege. Bei Nebel und schlechter Sicht kann die Orientierung schwierig sein. Bis zum Sardonagletscher Wanderwege (T3).

Zeit 3½ – 4 Std.

Ausgangspunkt Camona da Segnas (s. Etappe 34)

Endpunkt Sardonahütte (2158 m) 739.910/197.680. SAC-Sektion St. Gallen, 9000 St. Gallen. Tel. Hütte: 081 306 13 88. Hüttenwart Beat Jäger-Hobi, 7315 Vättis. Tel./Reservation: 081 306 11 17. In der Hütte Notfunkgerät.

43 Plätze, davon 25 im Winterraum. Bewartet von Juli bis Mitte August; von Mitte August bis Oktober an Wochenenden oder nach Vereinbarung. Die Hütte liegt aussichtsreich auf einer Terrasse im Talhintergrund von Sardona.

Einfachster Abstieg ins Tal Nach Vättis. T3 Markierter Wanderweg. 2½ Std. nach St. Martin; 4½ Std. nach Vättis. Der Abstieg ins Calfeisental ist von der Hütte aus bis zur Sardonahütte/Sardonaalp (privat; im Sommer kleine Gastwirtschaft) bei P. 1745 sichtbar. Er verläuft als markierter Wanderweg hangabwärts, über die Ebene von Sardona und über die Brücke zur Sardonaalp. Von dort folgt man der Alpstrasse bis St. Martin (1350 m), zuhinterst am Gigerwald-Stausee (von hier Fahrstrasse nach Vättis).

Karten 1194 Flims, 1174 Elm, 1175 Vättis

Talort Vättis (943 m). Kleines Dorf zuhinterst im Taminatal. Mit SBB Zürich oder St. Gallen – Chur bis Bad Ragaz, anschliessend Postauto Bad Ragaz – Vättis – Gigerwald. Fahrplanfelder 880, 905 und 900.62. Mit PW Zürich oder St. Gallen – Chur bis Bad Ragaz, weiter über Pfäfers nach Vättis. Post: Tel. 081 306 11 10, Fax 081 306 13 36.
Einige Restaurants und Gasthäuser (s. Etappe 36).

Ausrüstung Je nach Zustand des Gletschers ist Gletscherausrüstung erforderlich. Alpine Erfahrung ist unerlässlich.

Gipfel Trinserhorn/Piz Dolf (3028 m) T4 1 Std. Vom Sardonapass steigt man über mässig steile Schutt- oder evtl. Schneehänge auf den Nordgipfel (2998 m) und von dort auf einer Wegspur zum Hauptgipfel (3028 m).
Piz Segnas (3098 m) und Piz Sardona/Surenstock (3055 m)
Mit einfacher Gletscherausrüstung (Seil, Steigeisen, Pickel) und der entsprechenden Bergerfahrung sind Piz Segnas und Piz Sardona/Surenstock ohne grosse Schwierigkeiten zu ersteigen (L – ZS, je nach Verhältnissen). (Routenbeschreibung s. SAC-Clubführer «Bündner Alpen, 1»).

Die Route Von der Camona da Segnas auf markiertem Wanderweg Richtung Segnaspass links am Oberen Segnasboden (Plaun Segnas Sura) vorbei bis La Siala (P. 2459). Hier zweigt der Weg zum Segnaspass links ab; wir folgen dem Weg Richtung Fuorcla Raschaglius/Cassonsgrat. Zuhinterst im Talgrund, schon beinahe auf der Höhe der Gletscherzunge, steigt man über loses Geröll nach N gegen die breite Einsattelung des Sardonapasses auf (Wegspuren). Den Gletscher dil Segnas muss man bis kurz vor der Passhöhe (2778 m) nicht betreten. 2½ Std. Steht man dann auf dem Gletscher, peilt man die nördlich aus dem Eis ragende Felsinsel an und quert dann, etwas gegen den Piz Sardona haltend, in einem Bogen auf dem flacheren Eis die anschliessende Eiszunge des Sardonagletschers, die steil gegen E abfällt. Hier muss man auf einige parallel zur Marschrichtung verlaufende Gletscherspalten achten. Oberhalb von P. 2563 sieht man zahlreiche Steinmänner. Hier beginnt gleich am Gletscherende das Weglein, das in steilen Spitzkehren zur Sardonahütte und ins Tal führt. 1 Std.

Alternative Über die Trinser Furgga. (Umgehung des Sardonagletschers) T4 (Wanderwege, Wegspuren und z. T. wegloses Gelände). Für die Begehung der Trinser Furgga ist Trittsicherheit absolute Voraussetzung. 4 Std. Von der Camona da Segnas benutzt man den Wanderweg Richtung Cassonsgrat. Auf der Höhe zweigt man nicht rechts zum Aussichtspunkt mit Fahnen (P. 2674) und zur Bergstation der Seilbahn Flims-Cassonsgrat ab, sondern geht weiter nach N und erreicht, 100 Höhenmeter absteigend, die Fuorcla Raschaglius (P. 2551). 2 Std.
Von diesem Passübergang führt ein markierter Wanderweg nach Bargis und Flims. Man folgt ihm, aber nur bis P. 2411. Dort quert man die Flanke des Trinserhorns/Piz Dolf und wandert weglos durch die Val Sax nach N zum markanten Sattel der Trinser Furgga. Der kurze Geröllhang kann über einzelne Trittspuren erklommen werden. Von der Passhöhe (2492 m) sieht man eindrucksvoll in den Kessel von Sardona mit der Sardonahütte. Man kann den Weiterweg von hier aus gut einsehen. 1 Std.
Der folgende Abstieg von der Trinser Furgga in den Sardona-Kessel ist trotz Wegspuren nicht ganz problemlos. Der Weg wird jedes Jahr von Rüfen und Lawinen ins Tal befördert. Trotz einiger Bemühungen, den Weg instand zu halten, befindet er sich oft in schlechtem Zustand und seine Begehung erfordert Trittsicherheit, denn das Gelände ist ausserordentlich steil. An der westlichen Seite der Passhöhe beginnt beim Steinmann der Einstieg in die schattige Nordflanke. Der Pfad zieht sich von rechts nach links durch die abschüssige Schuttflanke. Achtung: immer auf dem Weg bzw. den Wegspuren bleiben! Nach ca. 300 m läuft die Flanke in einen Geröllhang aus, die Steilheit lässt nach, und die Wegspuren werden immer deutlicher. Sie queren einige Rippen, Rinnen und Bachläufe und treffen bei P. 2334 auf den Pfad, der vom Sardonapass zur Sardonahütte führt. 1 Std.

■ Schwarz-weisse Felsen im Calfeisental, ein Spiel von Wasser und Licht. Wer Augen zum Sehen hat, sehe.

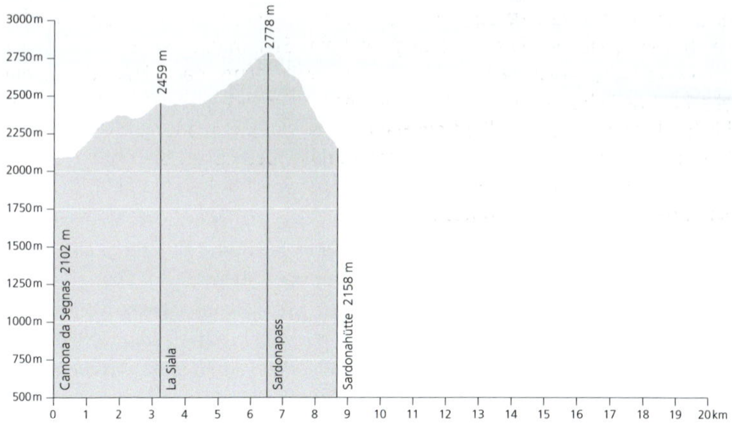

Allegra

Wir setzen unser Französisch ein, wenn wir nach Frankreich fahren, frischen die Italienischkenntnisse vor der Italienreise auf. Doch wer nach Graubünden reist, lernt kaum Romanisch. Dabei wäre es für die Schweizer ein Teil ihrer Identität! Die Schweiz ist viersprachig. Deutsch, Französisch und Italienisch werden durch die Nachbarnationen gestützt und sind nicht in ihrer Existenz bedroht. Romanisch dagegen braucht die Unterstützung der Schweizerinnen und Schweizer.

Warum sagen wir beim Eintritt in die Chamanna, die Berghütte, nicht «Allegra» – so heisst das Grusswort nämlich im Engadin, «Bun di» im Oberland. Irgendwo müssten wir anfangen. Wir kratzen in Spanien oder Italien ja auch alle Wörter zusammen, die wir kennen und bringen sie möglichst oft an. Ein paar romanische Wörter wären wir unseren Mitbürgern schuldig.

Diese Einstellung kannte ich noch nicht, als ich mit Romanischsprechenden zusammen an die Kantonsschule ging. Die meisten Fächer besuchten wir in sprachlich getrennten Klassen, den Unterricht in Turnen, Geschichte und Religion erhielten wir gemeinsam. Unsere Schulkameraden verstanden unser Deutsch gut. Wir haben kein Wort Romanisch von ihnen gelernt. Nachträglich finde ich es sehr schade.

Die vierte Landessprache der Schweiz steht heute ganz anders da als vor 60 Jahren. 1938 fühlte sich die Schweiz bedroht, vor allem von Norden her, die Südtäler spürten den Druck aus dem Süden. Damals hat die Schweiz mit 91 % der Stimmenden Romanisch zwar nicht zur schweizerischen Amtssprache, aber doch zur Nationalsprache erklärt. Amtssprachen blieben Deutsch, Französisch und Italienisch. Seit 1996 steht ein neuer Sprachenartikel in der Bundesverfassung, der mit 76% Jastimmen angenommen wurde. Romanisch ist damit den andern drei Landessprachen fast gleichgestellt. Bund und Kanton fördern die Verständigung und den Austausch unter den Sprachgemeinschaften. Der Bund unterstützt zudem Massnahmen zur Erhaltung der romanischen Sprache, anordnen muss sie allerdings der Kanton.

Surselvisch, Sutselvisch, Surmeirisch, Putèr und Vallader, die Sprachen im Oberland, Domleschg/Schams, Albulatal, Oberengadin und Unterengadin unterscheiden sich untereinander so stark, dass für die Erstklässler fünf verschiedene Lesebücher gedruckt werden müssen; Erwachsene kennen manche Wörter der andern Sprachgebiete nicht, können aber gut miteinander reden. Die Scheu, sprachliche Eigenarten zu vermischen, war bis vor kurzem so gross, dass Romanen miteinander oft deutsch sprachen.

Bewusst als Mischsprache wurde in jüngster Zeit das Rumantsch Grischun geschaffen. Dazu wird aus Surselvisch, Vallader und Surmeirisch nach dem Mehrheitsprinzip das Wort oder die Lautform für Rumantsch Grischun ausgewählt. Es soll als gemeinsame Schriftsprache für alle Bündner Romanen verbinden. 1982 erarbeitete Heinrich Schmid, Professor für Romanistik in Zürich, die Richtlinien dazu.

Am Steuerpult aller Bemühungen um die romanische Sprache sitzt die Lia Rumantscha. Der Verein nimmt Beiträge von Bund und Kanton entgegen und setzt sie zur Sprachförderung ein. Bei seiner Gründung 1919 waren es 10 000 Franken, heute sind es 2,4 Mio. Aufgrund eines Finanzhilfegesetzes unterstützt der Bund die Sprachförderung im Kanton zusätzlich, und zwar seit 1996 mit 5 Mio. Franken. All diese Massnahmen und viele weitere sollen nicht Almosen sein für eine winzige Randgruppe. In Graubünden sind es nur 30 000 Menschen, 17% der Einwohner des Kantons, in der ganzen Schweiz sprechen nicht mehr als 70 000 Menschen romanisch. Rätoromanisch spricht man auch in Italien: Hier heisst es Dolomitenladinisch, Codorisch, Comelisch oder Friaulisch. Im Friaul leben 700 000 Rätoromanen.

Romanisch geht auf die Sprache der Römer zurück: 15 v. Chr. haben Tiberius und Drusus das Land der Räter erobert und eine römische Provinz Rätia geschaffen. Während Jahrhunderten war Latein die Verwaltungssprache, die einheimischen Räter mussten es lernen, gaben aber ihre sprachliche Eigenart trotzdem nicht ganz auf. So ist ein Latein mit rätischem Charakter entstanden. Zentren dieser römischen Verwaltungsgebiete waren Augsburg und Chur, man sprach einst Rätoromanisch bis an die Donau. Das älteste romanische Sprachdokument ist der Würzburger Schriftversuch aus dem 10. Jahrhundert. Die Herrschaft der Römer war damals schon längst zusammengebrochen. Wie das Romanisch der Räter zur Zeit der Römer klang, wissen wir also nicht.

Aus dem Norden einwandernde germanische Völker drängten das Romanisch in die Alpen zurück; als mündliche Umgangssprache überlebte es hier Jahrhunderte. Erst die Reformatoren schufen eine romanische Schriftsprache: Sie wollten die heilige Schrift in der Sprache des Volkes verkünden, im untern Engadin anders als im obern, im Albulatal anders als in der «Cadi», dem Bündner Oberland. Die Schriften der Reformatoren haben die Regionalsprachen fixiert. Bald wurden diese Schriftsprachen auch für nichtreligiöse Texte verwendet. Literarische Texte aus Mittelbünden wurden erst um die Jahrhundertwende gedruckt. Eine sutselvische Schriftsprache gibt es seit 1943.

Im 19. Jahrhundert wurde das Romanisch besonders bedrängt, Kurgäste kamen ins Land, sie schufen Arbeitsplätze, Nichtromanen wurden im Sprachgebiet sesshaft. Gleichzeitig wanderten viele Romanischsprechende in die Industrie- und Verwaltungszentren ab.

Wie lange das Romanisch ohne die Tatkraft sprach- und kulturbewusster Bündner überlebt hätte, ist schwer zu sagen. Der Kampf ist noch nicht gewonnen, die Bedingungen unserer Zeit sind nicht günstig. Die Menschen sind unruhig geworden, sesshaft sind nur noch wenige. Romanen, die auswandern, müssen die fremde Sprache sofort sprechen, ins Sprachgebiet Einwandernde können sich Zeit lassen. Wer nur kurze Zeit da bleibt, fängt oft gar nicht an, Romanisch zu lernen.

Am meisten Sorge bereitet den Fachleuten, dass die Zahl derer, die Romanisch besser beherrschen als eine andere Sprache, zurückgeht. Diese reden daheim zwar Romanisch, nach aussen aber fühlen sie sich in der Zweitsprache sicherer.

Man meint, die Gründe des Rückgangs zu kennen: Es fehlt ein Zentrum. Die Romanen sind sprachlich zersplittert, wirtschaftlich kommt man nur in andern Sprachen vorwärts, die Medien bringen die Welt in die Stube und: Was sind 30 000 Menschen in einer globalistischen Welt? Unerschüttert wirken die Sprachförderer der Lia Rumantscha dennoch weiter. Ihr Ziel liegt in der Aufwertung des Romanischen für jeden einzelnen Menschen, sei er Romane, Bündner oder Schweizer. Wenn wir die Sprache als Kulturgut betrachten, als eines, das allen Menschen am nächsten liegt, das jeden prägt und Eigenständigkeit schafft, dann stehen die Aussichten für diese eigenständigste Schweizer Sprache als fester, innerer Halt in der Globalisierungswelle wohl gar nicht so schlecht. PM

Das ist kein neu entdecktes Klettergebiet, es ist nur ein Stein hinter der Cufercalhütte.

Etappe 36

Wildreiches Wanderland: das St. Galler Oberland

Sardonahütte – Gamserälpli – Malanser Alp – Brändlisberg – Tersol – Gigerwald – Vättis

«Es gibt ein Ort im Alpenland, Calfeisental wird er genannt, der hohen Berge Firnenkranz, der wilden Bäche Silberglanz. Wo noch der Adler horst, wo noch die Gemse springt, Sennerin auch Jodler singt. Du liebes Tal, du schönes Tal…»

T6 6–7 Std. ▶ 21,1 km ▲ 1280 m ▼ 2490 m

Routencharakter und Schwierigkeit Markierte Bergwanderwege bis Malanser Alp, der Übergang von Brändlisberg ins Tersol ist bei Nässe sehr heikel und bei Neuschnee unmöglich. Der Schluchtweg von Tersol nach Gigerwald ist zum Teil in kahle Felsen gehauen und ungemein eindrücklich.

Zeit 6 – 7 Std.

Ausgangspunkt Sardonahütte (s. Etappe 35)

Endpunkt Vättis/St. Gallen (s. Etappe 35) Hotel Tamina, im Dorfkern, 7315 Vättis. Tel./Reservation: 081 306 11 73, Fax 081 306 12 08.
40 Betten in 18 Zimmern. Ganzjährig geöffnet mit guter Küche.

Karten 1174 Elm, 1175 Vättis

Unterwegs einkehren Restaurant Gigerwald, am Ausgang von Tersol an der Strasse nach Vättis.
Berggasthaus St. Martin 1350 m am Westende des Gigerwaldsees im Calfeisental. Zufahrt im Halbstundentakt von der Staumauer. 50 Plätze im Lager, 4 Doppelzimmer, gepflegte Küche. Geöffnet ca. Mitte Mai bis Mitte Oktober. Tel. Vättis 081 306 12 34 im Winter 081 302 45 50.

■ In den Grauen Hörnern wurden die ersten Steinböcke in der Schweiz ausgesetzt. Der Felskamm im linken Bilddrittel ist der Pizol.

Die Route Von der Sardona zum Teil weglos aber markiert direkt nach Norden zum Schafälpli. Auf Höhe 2000 drunter und drüber zum Rothusboden, Chäsboden und zur Malanser Alp. Über Egg weiter auf Brändlisberg und hinauf zum First P. 2492. Die Schönplanggen sind äusserst steil und der Fussweg nicht durchgehend, bei Nässe sehr heikel. Vom Säss auf dem Alpweg nach Tersol. Die Schlucht nach Gigerwald ist das Erlebnis des Tages. Im Frühling füllt sie Lawinenschnee manchmal so weit auf, dass sie mit Ski vom Pizolgipfel fahrbar wird. Von der Staumauer P. 1337 hinunter zur Höhi und über Martinsbrunnen zur Isig Brugg, P. 1060, und auf dem Fussweg nach Vättis.

Sehenswürdigkeiten Das gesamte Calfeisental nördlich der Tamina ist Freiberg (Wildschutzgebiet). Zu den wildreichsten Orten zählen Plattenseeli, Seezberg, Eggtal, Marchtal, Ochsental und der Brändlisberg. In den Felsregionen halten sich Steinböcke und Gämsen auf, in den tieferen, bewaldeten Regionen Hirsche.
In St. Martin steht ein winziges Kirchlein, eine gepflegte Gaststätte, zwei stilechte, uralte Walser Häuser im Strickbau, winzig und eingeklemmt zwischen steilen Wäldern im Rücken und den Felswänden vor dem Gesicht, die fast senkrecht 1912 Meter vom Ringelspitz zur Tamina abbrechen. Es liegt zwischen Mittelalter und neuester Zeit, am Westende des Gigerwaldsees, in dem die Krafwerke Sarganserland das Wasser der Tamina stauen, nach Bedarf im Vättnertal bei Maprak noch einmal und bei Landquart zum zweiten Mal Energie ins Netz liefern.
Hinter St. Martin, in der Malanser- und der Sardonalp werden seit Jahrhunderten Käse und Butter gemacht. Ringsum Ringelspitz, 3247 m ü. M., Trinserhorn 3028 m ü. M., Piz Sardona 3013 m ü. M., Chli und Gross Schiben 2938 m ü. M., alle vergletschert. Gegensätze liegen selten so dicht beisammen. Das ganze innere Tal ist Wildschutzgebiet

■ Haldensteiner und Felsberger Calanda vom Vättner Berg. Jäger, Förster und Schafhirten legten den Weg durch die Felsbänder von Waldstufe zu Waldstufe.

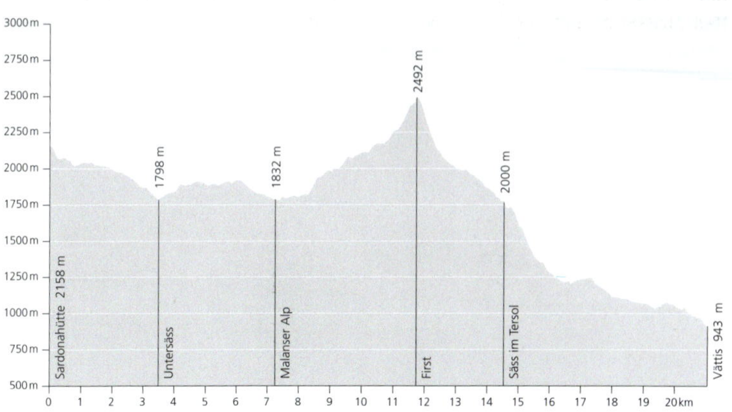

Etappe 37

2000 Meter über der Hauptstadt

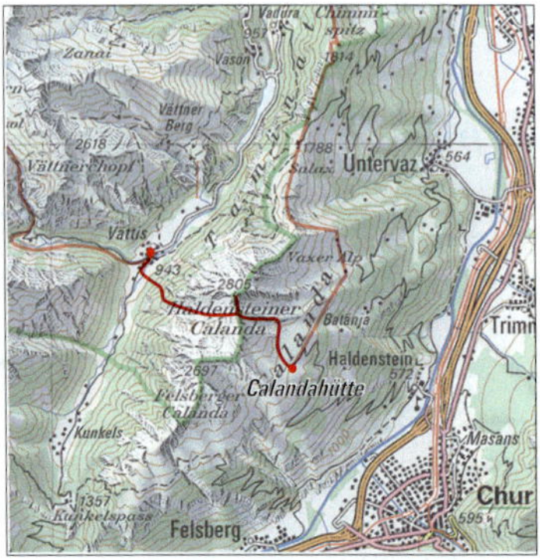

Vättis – Schaftälli – Tüfels Chilchli – Calanda – Calandahütte (Haldenstein)

Der Calanda ist nicht ganz 3000 Meter hoch und zählt damit nicht zu den Grossen unter den Bündner Bergen. Und doch liegt Chur 2275 Höhenmeter tiefer an seinem Fuss. Zum Vergleich: Von Pontresina zum Gipfel des Piz Bernina sind es nur 2244 m. Die Besteigung des Calanda ist ein ernsthaftes, aber zugleich auch ein lohnendes Vorhaben für Wanderer. Der Ausgangspunkt Vättis liegt auf der Schattenseite des Bergs. Im Sommer wären die Churer manchmal froh um diese Kühle – wir geniessen sie auf unserem steilen Aufstieg durch Wälder, Legföhren und über Alpweiden.

T4 6 Std. 30 Min. ▶ 9,0 km ▲ 1920 m ▼ 790 m

Routencharakter und Schwierigkeit Markierter, sehr steiler Bergweg bis zur Waldgrenze, dann weglos zum Gipfel. Gut markiert auf Bergweg hinab zur Hütte.

Das grösste technische Problem dieser Tour ist eine kleine Steilschlucht vom Mittleren zum Obern Schafälpli. Liegt hier im Frühsommer viel Schnee, dann steigt man problemlos auf. Ist der Schnee im Herbst ganz weggeschmolzen, bietet diese Passage ebenfalls keine Probleme. Für kurze Zeit kann ein spitzer Keil aus vereistem Firn Schwierigkeiten bereiten.

Zeit 6½ Std.

Ausgangspunkt Vättis (s. Etappe 36)

■ Für die Sektion Rätia baute der Architekt Schäfer am Calanda auf 2073 m über der Stadt Chur ein stattliches Bündnerhaus, die Calandahütte.

Endpunkt Calandahütte (2073 m) 755.750/194.460. SAC-Sektion Rätia, 7000 Chur. Hüttenwartin Alice Gasser, 7000 Chur. Tel. P 081 285 15 37.
40 Plätze, davon 10 im Winterraum. An Wochenenden von Juni bis Oktober bewartet.
Die Hütte liegt auf einer Terrasse der Haldensteiner Alp, ¼ Std. oberhalb des Altsäss.

Einfachster Abstieg ins Tal Nach Haldenstein. T2 3 Std. Von der Hütte auf markiertem Wanderweg zum Haldensteiner Altsäss (P. 1973), dann über Bärenhag, Fontanolja, Nesselboden und Arella nach Haldenstein. Man folge dem alten Alpweg.

Karten 1175 Vättis, 1195 Reichenau

Talort Haldenstein (572 m). Dorf im Bündner Rheintal am Fuss des Calanda. Mit SBB bis Chur, anschliessend Bus nach Haldenstein, oder mit RhB ab Landquart – Chur bis Haldenstein. Fahrplanfelder 905, 910 und Bus Nr 3.
Mit PW bis Chur Ausfahrt Nord und nach Haldenstein.
Post: Tel. 081 353 23 29, Fax 081 353 57 90.
Bahnhof RhB: Tel. 081 353 21 66.
Restaurants und Laden.

Variante 1 Kunkelspass Reichenau. Als Alternative zum Abstieg nach Haldenstein ist der Abstieg von der Calandahütte zum Kunkelspass und nach Reichenau sehr schön. Von der Hütte nach S zum Rossboden und weiter zur Älplihütte. Von hier leicht ansteigend immer über der Waldgrenze zum Taminser Älpli und beim Sennenstein auf gutem Weg durch den sehr steilen Lärchenwald am Nordhang zum Kunkelspass.

Variante 2 Via Pradätsch. Von Vättis auf dem Kunkelspassträsschen bis nach Pradätsch (bei P. 1024). Auf dem Waldweg nach E bis an sein Ende. Weiter auf einem Fussweg in den Pradätschwald und nach N über Hüttenwistobel und Gonschrolatobel auf Gonschrolaboden, wo man auf den Weg von Vättis trifft. Dieser Einstieg umgeht die nach Unwettern möglicherweise heikle Stelle; er ist zwar 1 Std. länger, aber reizvoller als der steile Direktanstieg durch den dichten Wald.

Die Route Vom Dorfzentrum Vättis über die Taminabrücke Richtung Kunkelspass. 100 m nach der Rechtskurve zweigt ein Gässchen ab, das zwischen Häusern zum Görbsbach führt (150 m). Nach der Brücke auf dem linken Feldweg nach S (350 m) an den Bergfuss. Der Einstieg in den Wald ist nicht

sehr deutlich sichtbar. Man staunt, wie rasch man auf dem nun folgenden Waldweglein höher kommt! Nur die Fallrüfi reisst es bei Unwetter weg, und weil diese Stelle dicht über einer Felsstufe liegt, kann sie nach einem Gewitter heikel sein (s. Variante). Weiteraufstieg, bis sich der Weg in den Legföhren bei P. 1749 verliert. Wir überqueren die Rinne und steigen eine feuchte, steile Grashalde hoch bis zum unteren Schaftäli. Auf Wegspuren über eine Stufe in den verborgenen Kessel des Mittlertäli, das zuhinterst durch einen Felsriegel abgeschlossen wird. Man steigt links haltend bis zum Felsriegel und überwindet ihn in einer glattwandigen Miniaturschlucht. Der Altschnee schmilzt manchmal zu einem spitzen Keil, der wie ein Türwächter drin steht und hart gefroren sein kann. Danach ohne Probleme zum Gratsattel (P. 2411). 4 Std.
Die Schutthalde über dem Gratsattel stellt sich zu P. 2634 auf, ist aber auf Trittspuren gut begehbar und wird oben flach, bis wir bei P. 2755 in den «Weibersattel» gelangen. Die folgenden Felszacken lassen sich auf der Westseite leicht umgehen. 1 Std.

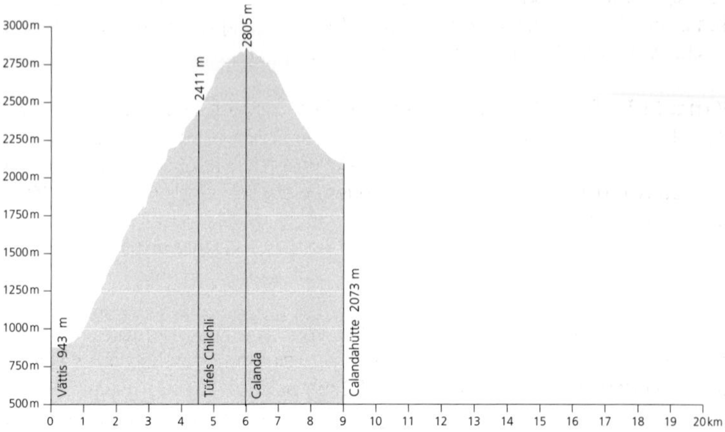

Etappe 38

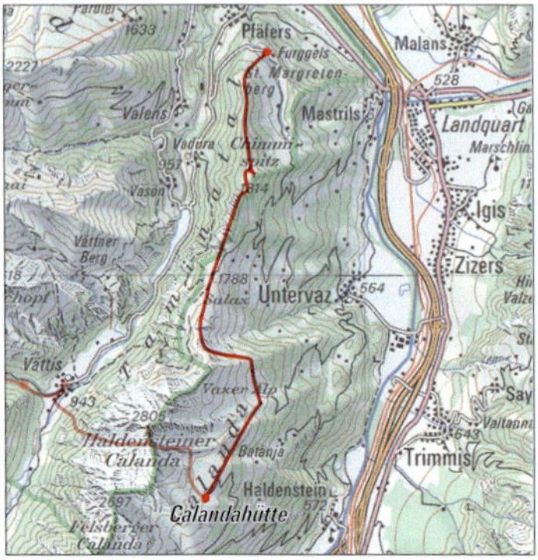

Zum Abschluss ein unbekanner Höhenweg

Calandahütte – Vazer Alp – Stelli – Zweienchopf – Chimmispitz – Furggels (St. Margretenberg)

Dieser Höhenweg ist noch nicht entdeckt worden! Er ist beschaulicher und vielseitiger als mancher bekannte Bergwanderweg, nur nicht so komfortabel. Er ist weitgehend vom Vieh ausgetreten, wird nicht gepflegt und fällt stellenweise ganz aus. Aber die stets wechselnden Blicke ins offene Rheintal, auf die Stadt Chur, die fünf Dörfer, die Bündner Herrschaft, Sargans und dann zur Linken in die Tiefe der Taminaschlucht – diese Route hätte die Voraussetzung zu einem klassischen Panoramaweg! Beim Überschreiten des Zweienchopfs nehmen wir am Ringen der Bäume auf dem stürmischen Kamm teil. Wir beenden den Tag in St. Margretenberg, einem eigenartigen Hochtal.

T2 7 Std. 30 Min. ▶ 14,6 km ▲ 950 m ▼ 1830 m

Routencharakter und Schwierigkeit Ein eigentlicher Höhenweg, meist weglos und nicht markiert über Weiden und Kuhweglein und durch lichten Bergwald.

Zeit 7½ Std.

Ausgangspunkt Calandahütte (s. Etappe 37)

Endpunkt St. Margretenberg/Furggels/Kanton St. Gallen (1186 m). Auf einem Plateau gelegene, kleine Siedlung.
Mit SBB Zürich oder St. Gallen – Chur bis Bad Ragaz, anschliessend Postauto Bad Ragaz – Pfäfers – St. Margretenberg. Fahrplanfelder 880, 905, 900.62 und 900.63.
Mit PW Zürich oder St. Gallen – Chur bis Bad Ragaz, weiter über Pfäfers nach St. Margretenberg.

■ Der Calanda von der Alp Salaz im Norden, im ersten Schnee.

Hotel Piz Alun (1200 m)
7313 St. Margretenberg.
Tel./Reservation: 081 300 45 45, Fax 081 300 45 49.
60 Plätze. Ganzjährig geöffnet.

Karte 1175 Vättis

Unterwegs einkehren
Steffis Bergwirtschaft
Liegt gleich am Ende der Strasse im hintersten St. Margretenberg, 5 Min. östlich der Strasse mit Blick auf das Rheintal, Landquart und die Klus. Serviert werden Getränke und kleine Imbisse.

Buura Beizli
Kleine, sympathische Bauern-Gastwirtschaft ca. 20 Min. vor Furggels direkt an der Strasse. Gemütlicher Gastraum und Sonnenterrasse. Es gibt eine Menge selbst produzierte, geräucherte, eingemachte und gebackene Bauernspezialitäten.

Talort Bad Ragaz (502 m). Kurort, Thermalquelle in der Taminaschlucht, Thermalbäder. Mit SBB Zürich oder St. Gallen – Chur bis Bad Ragaz. Fahrplanfeld 900. Mit PW auf der A3 / A13 nach Bad Ragaz.
Verkehrsbüro: Tel. 081 302 10 61, Fax 302 62 90. Bahnhof: Tel. 157 22 22. Zahlreiche Hotels, Geschäfte, Banken.

Variante Stelli und Zweienchopf können nördlich auf Kuhweglein umgangen werden. Die Route wird dadurch etwa um 1½ Std. kürzer.

Gipfel Pizalun (1478 m). T2 1 Std. Markierter Wanderweg.
Von Büel (1300 m) auf gutem Fussweg über P. 1316 und P. 1364 zum Pizalun.
Abstieg: Die erste Abzweigung nach N (rechts) führt auf eine Steilstufe, die zwar begehbar, bei Nässe aber glitschig ist. Besser ist das untere Weglein am W-Hang des Pizalun entlang nach Furggels.

Die Route Von der Calandahütte nach NE immer etwa auf gleicher Höhe zur Wolfsegg. (Die Wegzeichen leiten hinunter nach Batänja.) An «Gigers Grab» vorbei 300 m absteigen zur Vazer Alp (1751 m) und zur Mastrilser Alp (1755 m). Auf dem Fussweglein zu P. 1840, auf den Gratrücken und weiter zum Brotjoggli (2115 m) ansteigen. 2½ Std.

Weglos über den Sattel zum Stelli, hinunter zu den Alphütten von Salaz und gleich wieder hoch zu P. 1786. Der Weiterweg über den Grat zum Zweienchopf ist voller Abwechslung, aber nicht ganz mühelos. Die Route geht über Stock und Stein und ist landschaftlich sehr reizvoll. Man kann dem Grat weiter über P. 1821 folgen oder auf den Weg absteigen, der zur Bärenfallen führt. Auf dem Fussweg nach N zur Alp Maton hinauf. Hier lohnt sich ein viertelstündiger Abstecher von N nach S auf den Chimmispitz. 3 Std.
Man kann von Maton nach St. Margretenberg absteigen. Die Fortsetzung der Gratwanderung über «Grat» nach N lohnt sich bis zum Skilift auf dem Ragoler Berg. Weglos hinunter nach Furggels. 1½ Std.

Sehenswürdigkeiten Taminaschlucht und Pfäfers. Thermalquelle in der Taminaschlucht: Die Schlucht ist so eng, dass man auf dem künstlichen Steg die Sonne gar nicht zu sehen bekommt; der Einfall einzelner Strahlen ist besonders stimmungsvoll. Ganz hinten, tief im Berg, ist die Fassung der Thermalquelle zu besichtigen. Die Stiftung Bad Pfäfers hat das Barockgebäude in der Schlucht sorgfältig restauriert. Auf der Terrasse über dem Rheintal thront die prachtvolle Barockkirche des ehemaligen Klosters Pfäfers.

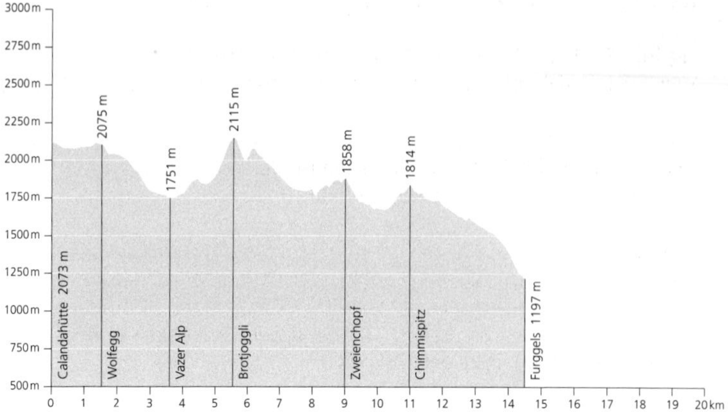

Etappe 211

Dankbar: schönster Gipfel der Rondadurakette

Cuolm Lucmagn –
Piz Gannaretsch

«Schönster Gipfel der Rondadura-Kette. Dankbar», schreibt Condrau im Clubführer der Bündner Alpen. Die Rondadurakette begleitet die Lukmanierstrasse auf ihrer Westseite und wirkt mit ihren Graten, Gipfeln und Gletschern in den Polstern des Glacier Express unnahbar und hochalpin. Es ist ein eindrückliches Vorspiel zum grossen Eindruck der Urner und Berner Alpen für die Fahrgäste der Furka-Oberalpbahn.

T4 8 Std. ▶ 11,9 km ▲ 1420 m ▼ 1420 m

Routencharakter und Schwierigkeit Bis zum Lai Blau 2409 auf markiertem Wanderweg. Weiter weglos und nicht markiert. Vom Lai Blau über steile, mit kleinen Felsen durchsetzte Schafweiden an den Beginn des riesigen Blockfelds am Piz Lai Blau. Den Lai Verd, 2702 m erreicht man an seinem SW Ende und quert bequem zum NE Grat und unschwierig zum Gipfel. Im Nebel sind Auf- und Abstieg schwer zu finden.

Zeit 8 Std., zu Fuss am Ufer des Lai da Sontga Maria zum Hospezi Sontga Maria zusätzlich 1 Std.

Ausgangspunkt Lai da Sontga Maria am Cuolm Lucmagn, Parkplatz westliches Dammende.

Endpunkt Hospezi sontga Maria, 7185 Platta. Tel. 081 947 51 34. Das Haus ist im Besitz des Klosters Disentis, Auskunft an der Kloster-Porta Disentis, Tel. 081 929 69 00.

Karte 1232 Oberalppass

Zum Znacht eine Forelle aus dem Lai Blau.

Die Route Der Lai Blau auf 2409 m ist ein beliebtes Ausflugsziel, der Aufstieg markiert und ausgetreten. Beim Weitersteigen zur Gratscharte neben P. 2723 wird es dann stiller. Vorbei an riesigen Blöcken erreicht man den steilen, von Felsen durchsetzten Hang und sucht sich seinen Weg über kleine Stufen. Im oberen Teil haben Schafe Wegspuren in die Steilflanke getreten, es lohnt sich auch im Abstieg nicht, ihnen zu folgen.
272 m über dem Lai Blau liegt der Lai Verd, man steige so weit als möglich über Altschnee am P. 2702 vorbei und dann zum westlichen See-Ende. Auf der Ufermoräne bequem zum Südgrat des Piz Gannaretsch und unschwierig zum Gipfel.
Der Abstieg: Auf Aufstiegsspur zum Lai Verd, bei P. 2619 nach Osten dem Bachlauf folgend absteigen und ab P. 2018 auf dem Fussweg zur Staumauer.

Sehenswürdigkeiten Disentis Benediktinerkloster mit Barockkirche.

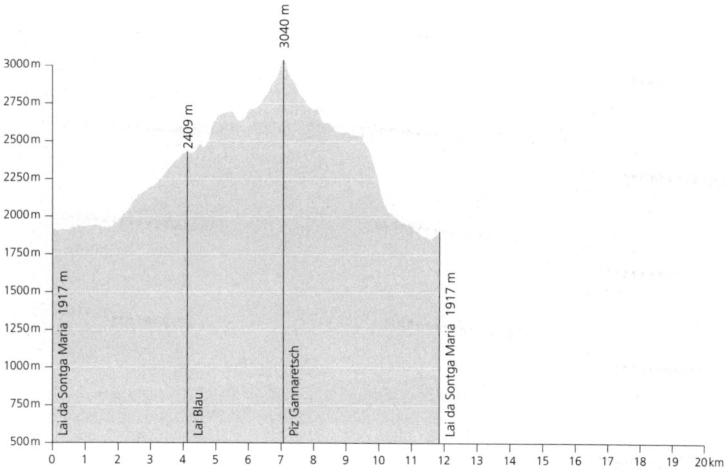

Am Südgrat zum Piz Cannaretsch schauen wir immer wieder zurück auf den Lai Verd.

Etappe 212

Vielfalt von Wasserfällen und ein Seenpanorama

Cuolm Lucmagn –
Fuorcla Rondadura – Pass Nalps –
Capanna Cadlimo

Alpiner wirds nimmer. Eine Alpinwanderfreude sondergleichen: Weglos bis 200 Meter vor der Capanna Cadlimo – einsam – nie schwierig – vielseitig mit einem grossartigen Abschluss: ein Panoramaweg hoch über hell leuchtenden Bergseen in dunklem Gestein.

T5 7 Std. 30 Min. ▶ 10,6 km ▲ 1280 m ▼ 620 m

Ausgangspunkt Staumauer Lai da Sontga Maria

Endpunkt Capanna Cadlimo 2570 m 85 Pl, Sektion Uto, www.cadlimo.ch Rüegsegger Erich und Theres 6782 Madrano Airolo.

Karte 1232 Oberalppass

Talort Sedrun/Airolo

Die Route Frühstück im Hospezi Sontga Maria um 7h 30 ist spät, man kann es sich am Abend aufs Zimmer bringen lassen und nach Gutdünken aufbrechen.

Die freundliche Gastwirtin, Frau Luz, liess mich vor acht Uhr von einer Angestellten zur Staumauer fahren. So begann der Tag freundlich und er blieb es weiter.

Ein Fahrweg führt von der Staumauer zur Mündung der Aua dal Val in den Lai da Sontga Maria. Es könnte in Norwegen sein, ein wild schäumender Bergbach findet noch in der engen Schlucht die Ruhe des Sees. La Val, die Alphütte auf 2017 m, wird seit Jahren nicht mehr benutzt, die Weiden verwildern. Kuhweglein liegen unter einer üppigen Decke von Gras und Kräutern,

Die letzten Schritte auf dem Panoramaweg vom Pass Nalps kurz vor der Capanna Cadlimo.

man taumelt über sie hin wie auf Geröll im Neuschnee. Der Talschluss aber ist einzigartig, das Rauschen der Wildbäche wird immer lauter. Von drei Seiten stürzen sie auf uns zu, als wollte jeder den anderen übertönen wie Männergesang in der Schenke. Hält man sich dann an einen einzelnen, fügt sich sein Plätschern in unser Atemgeräusch. Bergsteiger, Tal, Bach und Berg werden eins.

Eine grüne Terrasse zieht sich von P. 2570 an den Fuss der Fuorcla Rondadura. Dort störe ich den Frieden der Gämsen, und Granatsplitter erinnern mich an den Krieg. Ein Geschoss eines Minenwerfers steckt senkrecht im Gras – ein Blindgänger! Ich merke mir den Ort, orientiere den Waffenplatz und erhalte 50 Franken dafür.

Auf der Fuorcla Rondadura leuchten Himmelsherolde, mit einem Blau, das nicht schöner sein könnte. Dem Einzelgänger tut die Freude an den winzigen Boten auf nackten Felsen besonders wohl.

Der Pass Nalps ist nur 43 m höher und 1,5 km im Südosten, doch zwingt mich ein Felssporn erst eine steile Rinne 200 m hinunter. Hier beginnt der Tanz von einem Stein auf den andern. Tänzeln ist kurzweilig, auch wenn der Weg dabei länger wird. Altschneezungen sorgen für Abwechslungen, aber Tänzeln ist lustvoller. Am Ende bin ich dann doch wieder dankbar, dass Trittspuren am steilen Schneehang mich zum einzig richtigen Übergang führen.

Pass Nalps trennt Nordsee und Mittelmeer. Über Felsen, Steine und Schnee erreicht man mühsam die Scharte, auf dem Grat weiden friedliche Schafe. Auf einem schmalen Weideband folgen wir ihren Spuren, Felswände oben und Felsen unten, es ist ein Panoramaweg sondergleichen. Fehlen die Trittspuren der Schafe, weisen Steinmannli, wos lang geht. In der milden Nachmittagssonne ist es eine Lust, von Weideplätzchen zu Weidplätzchen abzusteigen. Im Nebel ist der Abstieg nicht leicht zu finden. Ganz zum Schluss auf dem Hüttenweg zur Capanna Cadlimo. Sie steht auf einem Felskopf wie die alten Stadtteile von Rom. Statt auf dem Aquädukt fliesst das Wasser in einer Röhre hoch durch die Luft. Sie weist uns morgen den Weg von der Hütte, aber es lohnt sich trotzdem, ihn am Abend zu erkunden.

Ein Wanderweg führt an den Stausee Val Nalps; ihn hat die Umwelt wohlwollend angenommen.

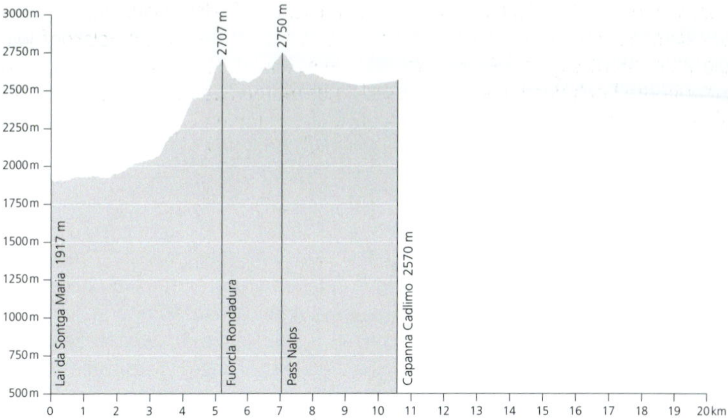

Etappe 213

Ein See wie in der Arktis und ein berühmter im Grünen

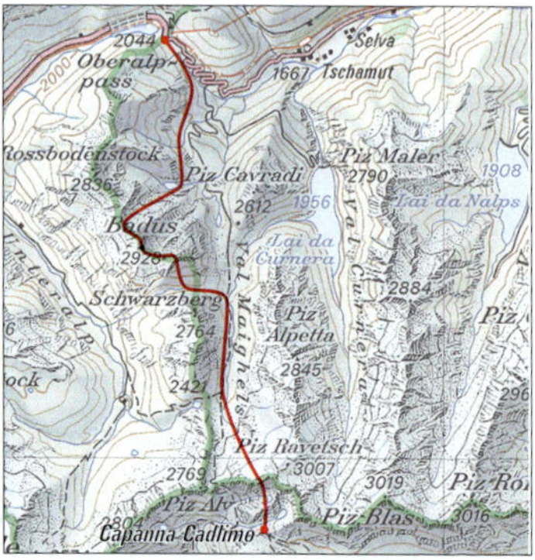

Capanna Cadlimo – Glatscher da Maighels – Piz Badus – Oberalppass

«Woher kommen denn Sie?», begrüsst man mich auf dem Badus. Die letzten Meter zum Gipfel waren ein Tanz über dem Abgrund: einmal über die Spitzen, dann durch enge Scharten, auf schmalen Bändchen, einmal links, dann wieder rechts, aber immer vorwärts, schwierig wars nie, doch spannend und ausgesetzt über grünen Schafweiden. «Von der Capanna Cadlimo», gab ich zur Antwort. Aber sie wollten es genauer wissen.

T4 8 Std. ▶ 14,2 km ▲ 1180 m ▼ 1710 m

Ausgangspunkt Cap. Cadlimo, SAC Sektion Uto E. und Th. Rüegsegger, 6782 Marano/Airolo

Endpunkt Oberalppass Bahnstation Halt auf Verlangen. Hotel. Bahn nach Sedrun. Tourismus Inf. 081 920 40 30, www.disentis-sedrun.ch, E-Mail: info@disentis-sedrun.ch

Einfachster Abstieg ins Tal Airolo oder Tschamut über den Passo Bornengo

Karte 1232 Oberalppass

Die Route «Der Himmel schon südlich, die Luft aber rau», fällt mir beim Abschied von Cadlimo ein. Gleich nach der Hütte führt unser Weg nach links hinunter zum Klettergarten. Hoch über uns hängt die Wasserleitung. Ich folge ihr bis zum See und dann den schwarzen Rohren bis zum zweiten See. Hier werde ich an Grönland erinnert: Nur Fels, Eis und Schnee. Wegspuren führen weiter zum dritten Seelein. Rechts geht es zur Fuorcla Borel, ich überschreite

Zwei Strahler suchen ihr Glück in den Steinen.

den zackigen Kamm und steige über den sanften Glatscher da Maighels ab und stosse in seinem flachen Vorfeld auf den ausgetretenen Verbindungsweg Capanna Cadlimo – Camona da Maighels. Bummeln unter Bummlern bis auf den Oberalppass? Nur 650 Meter über Maighels steht der Badus.
Von Piogn Grap 2279 erst über Grasplanken auf den Pass Tagliola und weiter über Lolenälpeli auf von Felsen durchsetzten Schafweiden direkt auf den Gipfel des Badus. Oder: Über den Vorgipfel P. 2839 und den luftigen, wild gezackten Grat, zwar sehr ausgesetzt aber nur wenig schwierig hinüber zum Piz Badus/ Six Madun.
«Die einzigartige Aussicht, die der Badus bietet, macht ihn zum meist besuchten Berg der ganzen Gegend. Der kurze und leichte Zugang trägt das seinige bei, wenn auch für die obersten 50 Meter Vorsicht geboten ist», schreibt Condrau im Führer.
Die Rundsicht überwältigt, wer sich noch überwältigen lassen kann. Der Abstieg kommt einem Irrgarten gleich: er führt durch eine fast endlose Felstrümmerlandschaft. Steinmännchen weisen den Weg den Aufsteigern, für den Absteiger sind sie meist auf der falschen Seite. In der Gruppe kann es zum Ratespiel werden, allein steht einer oft still und schaut suchend um. Altschnee lockt vom Fussweg ab, der an der Grasflanken am Piz Tuma zum Tomasee führt. Auch in der Mulde führen Wegspuren zum Lai da Tuma. Noch einmal ein kurzer Irrgarten zur Quelle des Rheins. Nach 1320 km fliesst dieses Wasser in die Nordsee. Hier quillt es aus Bündner Erde, springt hinunter vom Hochgebirge, durchfliesst Deutschlands Mittelgebirge und dann das Tiefland. Es verbindet 15 europäische Kulturzentren, verbindet jetzt wieder die Räume an seinen Ufern. Am Tomasee ist man eins mit Europa! Tagesziel aber ist der Oberalppass.
Wegweiser und Markierungen führen weiter zum Oberalppass.

■ Blumenpracht am rauschenden Bach.

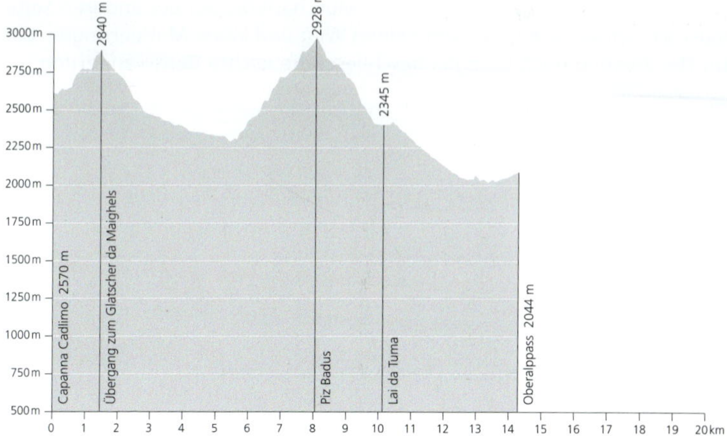

Etappe 214

Fichtenwald, Rinderalppanorama und ein Himmel für Schafe im Talschluss Val Gierm

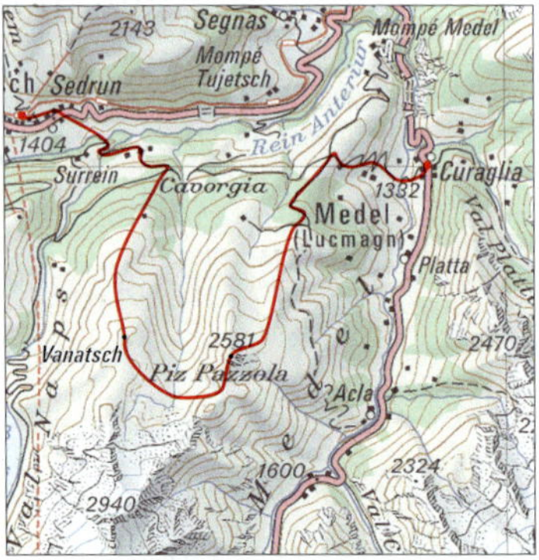

Sedrun – Vanatsch 2484 m – Piz Pazzola – Curaglia

Cavorgia liegt wunderbar lieblich unterhalb von dunklen Wäldern, aber leider auch auf der anderen Talseite, 100 m weiter unten als Sedrun, und es ist nur auf einer Asphaltstrasse erreichbar. Umgeben von sattgrünen Wiesen träumt der Weiler vor sich hin. Rund um einen riesigen Grossstall weiden braun-glänzende Ziegen. Eigentlich gäbe es geeignetere Weiden für diese Tiere als dieses hoch gewachsene Gras, das ihnen bis zum Bauch reicht. Ziegen sind von Natur aus naschhaft, sie zupfen am liebsten ein Kräutlein da und eins dort, Blätter von Bäumen und Sträuchern und Nadeln von Tannen. Das hat ihnen den Ruf, beim Essen wählerisch und heikel zu sein, eingetragen, dabei sind sie doch nur genügsam. Der junge Mann, der eben aus dem schmucken Bauernhaus tritt, weist mir den Weg nach Mises Grond. Die Höhe Vanatsch, den Talschluss am Piz Gierm und dem Piz Muschaneras auf der anderen Seite muss ich selber suchen. Es gibt keinen Weg und keine Markierungen. Ein sanfter Abstieg nach Curaglia beschliesst die leichte Bergwanderung.

T3 8 Std. 30 Min. ▶ 18,2 km ▲ 1820 m ▼ 1890 m

Zeit 8½ Std.

Ausgangspunkt Station Sedrun

Endpunkt Curaglia

Karten 1212 Amsteg, 1232 Oberalppass, 1213 Trun

■ Der Herdentrieb der Schafe baut für Sie Bergstrassen.

Unterwegs gibts nur Wasser, aber im Hotel Scopi verwöhnt Stefan Luz die Gäste mit einheimischen Köstlichkeiten. Am Abend wird Curaglia ganz ruhig. Stefan erklärt mir Kaffeemaschine und Kühltruhen, ich bereite mein Frühstück wie daheim. Stefans Vertrauen beeindruckte mich. Ob für einen Zwischenhalt oder für ein paar Tage: Im Scopi sind Sie willkommen.
Weitere Unterkünfte: Hotel Munschanenga, 7184 Curaglia-Muntschanenga, Tel. 081 947 63 43.
Hotel/Gasthaus dalla Posta 7185 Platta, Tel. 081 947 52 13

Die Route Den Maiensäss auf Mises Grond 1566 m zieren wohlgepflegte, schwarzbraune Häuschen, jedes mit Parkplatz. Der Fussweg am oberen Rand der gemähten Wiesen wächst stellenweise mehr und mehr ein, im Wald oben ist er leichter zu finden. Weiter steigen Menschen und Vieh zu Fuss. Darum haust der Hirt auf Riada in einer Bretterbude und an seinem Sommerhaus auf Höhe 1901 werden die Stürme an den Brettern beängstigend rütteln. Auf Cuolm Cavorgia biegt der dürftig markierte Weg nach rechts zum Lai da Nalps. Ich folge ihm bis P. 2194, von dort steigt man auf die Höhe Vanatsch. Am liebsten möchte man auf der gleichen Höhe hinüber zum Piz Muschaneras, aber der kurze Abstieg in eine alpine Idylle am Fusse des Piz Gierm ist viel schöner.
Ein Bach mäandert durch sattgrüne Wiesen an Wollgrasteppichen vorbei, und lässt sich dann in die Tiefe fallen. Ein paar Schafe scheuen in der alpinen Nische, Menschen kommen hier wohl ganz selten vorbei. Sie aber scheinen sich wohl zu fühlen, auch wenn sie die einzigartige Schönheit ihres Ferienortes wohl gar nicht erkennen. Auch für Bergsteiger haben sie Fussweglein bis auf den Piz Muschaneras getreten. Dort, auf 2611 m legen sie sich in die Mittagsonne und geniessen in ihrem heissen Wollkleid den erfrischenden Gipfelwind. Umsichtig hält ein Zaun die Schafe vom Gipfel fern, so ist er mistfrei, den Geruch aber hält der Zaun nicht zurück.
Ein flacher Grat verbindet Piz Muschaneras und Piz Pazzola, ein Rücken führt über Plaun Grond hinunter nach Tegia Nova. Man verlasse den Gratrücken nie, zwischen Alpenrosen und Wachholder sinkt man oft ganz tief ein. Bei P. 1761 beginnt der Fussweg nach Stagias, mündet aber gleich wieder ins Asphaltsträsschen. Dürftig markiert führt ein Fussweg hinab nach Curaglia, doch scheinen Fussgänger auf den fetten Wiesen nicht willkommen zu sein, Markierungen sind kaum sichtbar. Auf der Autostrasse überschreiten wir den Rein da Medel und steigen nach Curaglia hinauf.

■ Ein prachtvoller Brunnenstock dankt strahlend dem Wasser.

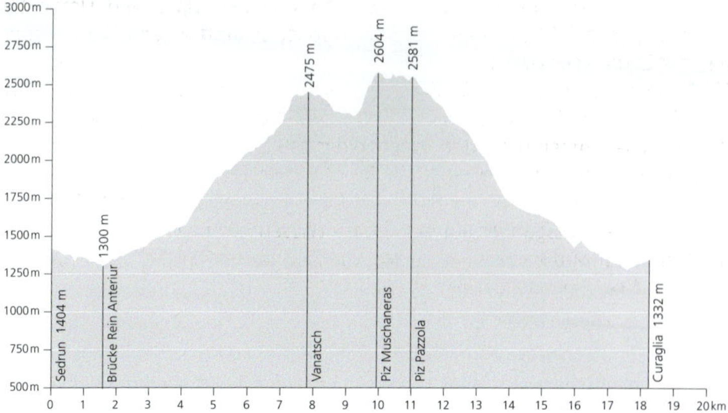

Rumantsch Grischun

Die einen sehen im Rumantsch Grischun den Untergang, die anderen den einzigen Weg zum Überleben. Im Augenblick sieht es so aus, dass die anderen recht haben, Muttersprache wird RG trotzdem nie.

Seit dem 20. August 2007 lernen Graubündner Erstklässler in einem Pilotprojekt die Kunstsprache Rumantsch Grischun kennen. Eine Zeitung berichtete in einer Reportage zum Start des Projekts aus Trin: Schüler und Lehrerin in hellblauen T-Shirts mit dem Aufdruck «Tgi che a RUMANTSCH GRISCHUN», in der Hand «Passins», das Lehrbuch, das entwickelt wurde, um die neue, vereinheitlichende romanische Sprache zu unterrichten. 23 Schulklassen erhalten vom Kanton speziell für den Unterricht in Rumantsch Grischun vorgesehene Beiträge. 80 Erstklässler werden deshalb neben dem Romanisch ihrer Region auch Rumantsch Grischun kennen lernen. Es ist «ein sehr wichtiger Tag für das Projekt, ‹RG in scola›», betont Regierungsrat Claudio Lardi. Das Lehrmittel ist ein Meilenstein in der Einführung der neuen Sprache.

Rumantsch Grischun ist eine Standardsprache wie Hochdeutsch, darum lernen die Kinder RG nicht von Vater und Mutter, sondern aus einem Lehrbuch in der Schule, es bleibt eine Schriftsprache. Unsere Zeit drängt zu den Standardsprachen, und die Sprachwissenschaft bemüht sich um sie. Doch droht in der modernen Weltoffenheit den Sprachen der Minderheiten der Untergang. Aber Artenvielfalt ist ein natürlicher Zeiger für eine Umwelt, die noch in Ordnung ist, Sprachenvielfalt ist Ausdruck einer nach innen offenen Gesellschaft.

Im Auftrag der Lia Rumantscha legte Heinrich Schmid, Professor für Romanistik in Zürich, 1982 Richtlinien für Rumantsch Grischun vor. Grundlagen sind die drei romanischen Schriftsprachen: Sursilvan, Surmiran und Vallader. Wort für Wort wird verglichen, sind alle drei gleich, ist die Wahl für RG leicht, sind zwei gleich, entscheidet die Mehrheit, sind alle verschieden, beginnen die Schwierigkeiten der Sprachwissenschafter. Doch die Richtlinien von 1982 bewähren sich, die LR schuf Lehrmittel und veranstaltete Kurse. Muttersprache wird Rumantsch Grischun nie, RG lernt man in der Schule, in Kursen oder aus Büchern. Doch «Grau teuerer Freund ist alle Theorie und grün des Lebens goldner Baum», Fausts Rat an einen zu eifrigen Schüler bleibt an der Standardsprache haften. Zwischen 1800 und 1960 sind drei Versuche gescheitert. Aber seit 1983 wird RG immer lebensfähiger. Die Lia Rumantscha veranstaltet Kurse, 1985 erschien ein Wörterbuch Rumantsch

Grischun. Im Auftrag der Bündner Regierung wurde 1992 die Einstellung zu RG von über 1000 ausgewählten Personen durch Sprachwissenschaftler geprüft. 1996 erschienen die Ergebnisse als Buch. Es ermutigt die Regierung zum Entscheid: Texte an alle Romanen in RG zu schreiben, und die Einführung in der Schule vorzubereiten. Eine Petition wollte die Schule vor RG bewahren, doch der Rat lehnte sie ab. 23 Pioniergemeinden werden ihre Erstklässler mit RG vertraut machen, für ihren mutigen Einsatz werden sie vom Kanton unterstützt. Weiterbildung der Lehrer soll RG fördern. Und so geht es weiter: RG wird 2008 im Einvernehmen der Gemeinden in allen Schulen eingeführt, Pionierbeiträge werden kleiner. 2015 werden auch die letzten Gemeinden in ihrer Primarschule RG pflegen.

Und die Schweiz half auch mit: 1996 stimmten 76 % dem neuen Sprachenartikel zu: Schweizer Landessprachen sind jetzt: Deutsch, Französisch, Italienisch und Rätoromanisch. Amtssprachen sind zwar nur Deutsch, Französisch und Italienisch. Doch im Verkehr mit Personen romanischer Sprache ist seit 1986 Rumantsch Grischun Amtssprache des Bundes. Die Kantone haben den Auftrag, das Einvernehmen der Sprachgemeinschaften zu wahren, indem sie auf die herkömmliche sprachliche Zusammensetzung des Gebiets achten.

Ein Sonderfall ist der Schutz der Romanischen Sprache nicht: in Europa leben noch über 100 verschiedene Sprachen, Arbeitssprachen der EU aber sind nur 20. In Russland werden über 50 Sprachen gesprochen und viele Chinesen verstehen einander nur mit ihren Schriftzeichen. PM

Etappe 215

Morgenandacht in Soliva – Herrlichkeit der Glatschers da Medel und Mühsal einer Geröllhalde

Curaglia – Piz Muraun – Fuorcla da Stavelatsch – Camona da Medel

Zwischen Kaiser und König in der Cadi. Der Blick vom Piz Muraun auf Tödi- und Medelsergruppe ist einzigartig. Freude am Aufstieg bereiten schon gleich nach Curaglia die Weidenröschen am Weg nach Soliva. In der kleinen Kapelle dankte am Sonntag einst eine Handvoll Bauern dem Ewigen für die Kraft, die er ihnen gegeben, und vielleicht auch für die Herrlichkeit, in der sie ihr Tagwerk verrichten durften.

T5 8 Std. 30 Min. ▶ 15,3 km ▲ 2150 m ▼ 960 m

Routencharakter und Schwierigkeit Auf Wegen und Weiden an den Fuss des Gipfelaufschwungs zum Piz Muraun. Auf dem steilen, aber gut gestuften Nordgrat auf Pfadspuren 200 m zum Gipfel. Abstieg zur Fuorcla da Vallesa auf Schafspuren, weglos über Geröll und Blockfelder hinüber zur Fuorcla Stavelatsch und schliesslich auf menschlichen Spuren zur Medelserhütte.

Ausgangspunkt Curaglia, Postsauto von Disentis

Endpunkt Camona da Medel, 2524 Sektion Uto, Tel. 086 914 03

Karten 1233 Greina, 1213 Trun

Talort Disentis. Bahnlinie Chur Disentis Andermatt. Glacier Express.
Tourismus: Sedrun-Disentis Information 081 920 40 30
E-Mail: info@disentis-sedrun.ch.

■ Im Bündnerland sind schwarzgefleckte Kühe schon lange keine schwarzen Schafe mehr.

Variante Für den Abstieg vom Piz Muraun ins Tal:
Fuorcla da Vallesa – Alp Caziraus – Pardatsch – Curaglia

Die Route In der Dorfmitte Curaglia Wegweiser: Soliva,1490 m ü. M. Bei P. 1600 auf Wegspuren nach links. Von Il Plaun auf dem Alpweg nach Alp Soliva, Stavel Sura. Auf dem Weideweg horizontal zu P. 2181 und an den Fuss des nördlichen Gipfelgrats, P. 2516. Der Hirt aber empfiehlt den etwas längeren Panoramaweg von Alp Soliva Sura über den flachen Gratrücken zu P. 2501. Die folgenden Gratzacken zum Fuss des Gipfelgrats sind nicht ganz leicht zu überklettern, auf der Südseite lassen sie sich umgehen.
Variante: Eilige führen Wegspuren vom Stavel Sura am Schräghang direkt zum Fuss des Gipfelgrats bei P. 2516.
Kleine Stufen am nördlichen Gipfelgrat sind leicht zu erklettern, dazwischen führen Wegspuren weiter. Die Aussicht vom Piz Muraun auf die Medelsergruppe ist einzigartig.
Abstieg über den Südgrat in die Fuorcla da Vallesa. Hinüber zur Fuorcla da Stavelatsch hüpft man zwei Kilometer von Stein zu Stein und erreicht die Camona da Medel auf Wegspuren.

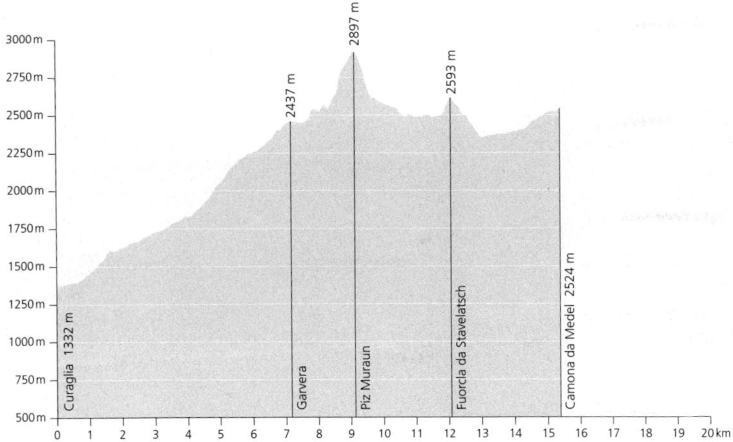

Vieleicht gönnen wir uns eine Pause und fahren wieder einmal mit der RhB durch die Ruinaulta wie durch eine andere Welt.

Etappe 216

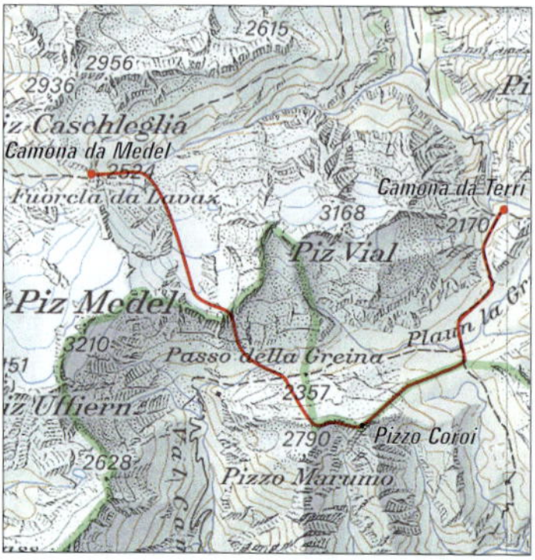

Schönheit ist unfruchtbar, Menschen mit Gemüt tut sie wohl

Camona da Medel – Camona da Terri

Im Zentrum liegt das Erlebnis Greina. Leo Tuor, der Schafhirt von Greina, warnt vor der Zerstörung der Greina durch den Strom der Touristen. Von der Hütte Abstieg nach Osten über Weiden und so hoch als möglich über Geröllhalden Richtung Glatscher da Lavaz, dann auf die Fuorcla da Lavaz. Hier stehen wir vor dem Wunder Greina.

T4 5 Std. 30 Min. ▶ 13,2 km ▲ 1170 m ▼ 1530 m

Ausgangspunkt Camona da Medel.

Endpunkt Camona da Terri, 2170 m, 60 Pl.

Variante Überschreitung des Pizzo Coróí von Westen nach Osten

Die Route (Siehe auch Etappe 23: Von der Camona da Terri zur Camona da Medel) Von der Camona da Medel P. 2524 erst in östlicher Richtung auf P. 2200 absteigen, dann nach Süden über den stark ausgeaperten Glatscher da Lavaz zur Fuorcla Sura da Lavaz (Romanen betonen hier das erste a, das zweite ist kurz) auf 2703 m. 2½ Std. Jetzt liegt das Wunderland vor uns, aber Greina ist kein Aha-Erlebnis. Greina ist Stille. Bleiben bringt Greina uns näher, als die Besteigung der Gipfel ringsum.

■ Der Künstler kommt der Greina-Legende näher als der Fotograf Plaun la Greina, Pizzo Coróí, Aquarell von Bryan Cyril Thurston, Legende Greina, 2008, ©Schweizerische Greina-Stiftung, Zürich.

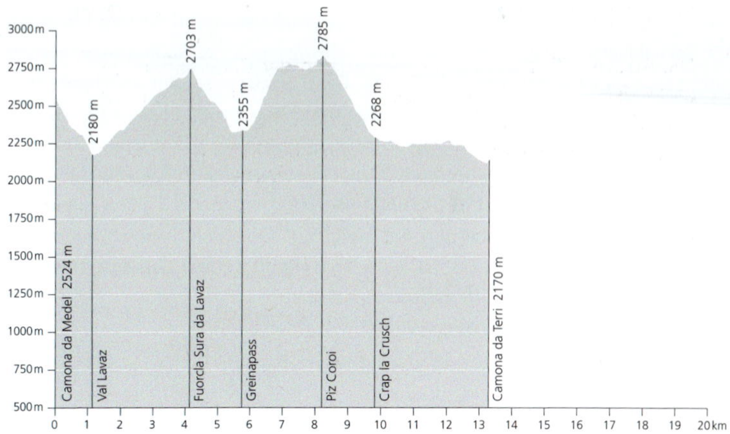

Legende Greina

20 Jahre nach der Rettung von La Greina lässt die Greina-Stiftung als Festgabe «Legende Greina» erscheinen. Legenden erzählen von Wundern der Heiligen. Ein Wunder ist, dass La Greina nicht in einem Stausee ertrank, für die Präsidentin der Stiftung, Nationalrätin Hildegard Fässler, noch nach 20 Jahren. Und das Wunder wirkt weiter. Seit der Gründung der Stiftung im August 1986 werden Gemeinden, die ihre Landschaften schützen, für die Ausfälle der Wasserzinsen angemessen entschädigt.

Dann gibt die Präsidentin das Wort weiter, erst an den Dichter Iso Camartin, geb. 1944, ein Bündner aus der Surselva, Professor für romanische Literatur und Kultur an der ETH in Zürich.

«Über verregnete Nachmittage zu jammern ist nicht das Höchste, zu dem der Mensch fähig ist.» Zwar sind wir «im Hinblick auf den Fortbestand der Welt alles andere als sorgsam und klug. Und irgendwie ahnen wir, dass unsere Unvernunft der kommenden Generation teuer zu stehen kommen wird».

Die Natur ist begrenzt, unser Gehirn ist es nicht: Es denkt Alternativen, Verbesserungen, Anpassungen und Korrekturen aus. Gegen den falschen Lauf der Welt kann etwas getan werden. «Sonst leben wir nicht nur über unsere Verhältnisse, sondern unter unsern Möglichkeiten. Und das ist für denkende Wesen noch die grössere Schande». «Finde dich niemals ab, mit dem was da ist! Forsche nach Besserem. Lass dich nicht nur tragen und treiben. Wähle ein Ziel, dann setze die Segel und halte Kurs. Die Greina-Stiftung praktiziert seit Jahren die Kunst, konstruktiv Fehlentwicklungen zu analysieren und bessere Lösungen für Energieversorgung, Landschafts- und Gewässerschutz. Namhafte Schweizer kommen zum Wort in: Legende Greina. Leo Tuor ist einer der 40. Neun Jahre hütete er auf Greina die Schafe. In «Giacumbert Nau» erzählt er seine Geschichte. Sein Beitrag: «20 Jahre gegen den Strom für Gewässer- und Flusslandschaften. Herzlichen Dank für den unermüdlichen Einsatz, eine Stiftung, die fähig ist, Umweltschutz aus der Sicht des alpinen Menschen zu machen.» Der Bund verlangte für Greina ein Jagdverbot, das hielt Tuor für dumm. «In Jahrhunderten wurde der Charakter der Greina von Jägern und Hirten geprägt. Dass der Tourismus ihn zerstören wird, ist absehbar.» PM

■ Frei in der Natur.

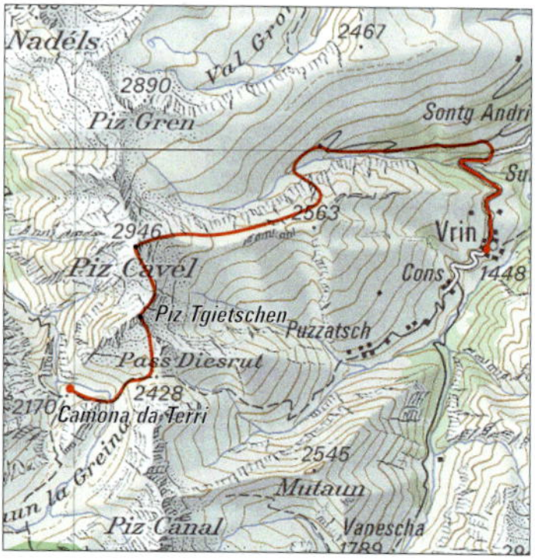

Etappe 221

Mit der Plaun Greina im Rücken steigen wir zum Piz Tgietschen

Camona da Terri – Piz Tgietschen – Piz Cavel – Mulina (Vrin)

Piz Cavel, von Placidus a Spescha 1799 bestiegen. Höchster Gipfel nördlich des Pass Diesrut mit verwirrendem Blick: Sanfte Alpweiden im Norden und Osten, schwarze Schiefergipfel Piz Aul und Piz Terri im Süden, zerrissene Gletscher in den Hängen der Vial-Gruppe. Der Piz Tgietschen ist ein kleiner Berg mit grossartigem Einblick aus stiller Höhe auf den Strom der Greinatouristen. Der Tiefblick fällt in eine alpine Landschaft, die in ihrem Unberührtsein einmalig ist. Es ist nicht nur die Greina-Ebene, Gipfel, Übergänge und die angrenzenden Täler gehören dazu. Im Osten Puzzatsch, der oberste Weiler über Vrin, im Süden Plaun la Greina, darüber der Pizzo Coroi und im Westen der wilde Talschluss der Val Sumvitg. Es scheint, als führe kein Ausgang aus dieser Gebirgslandschaft. (Tgietschen ist die männliche Form von rot, cotschna die weibliche).

T3 6 Std. 30 Min. ▶ 15,3 km ▲ 1260 m ▼ 1970 m

Ausgangspunkt Camona da Terri, 2170 m Sektion Piz Terri, Ilanz, 60 Pl.

Endpunkt Haltestelle Mulina, Postauto Ilanz-Vrin

Karten 1233 Greina, 1234 Vals

Talort Rabius Surrhein, Stausee Runcahez Val Sumvitg. Vrin.

Die Route Von der Camona da Terri auf markiertem Weg Richtung Pass Diesrut zum Brücklein P. 2194. Am Pass Diesrut vorbei zur Fuorcla Cotschna, P. 2586 und über den Südgrat zum Piz Tgietschen. Neben dem Pizzo Corói bietet er den eindrücklichsten Blick auf das Schutzgebiet Greina. 2½ Std.

Auf dem Grat über Fuorcla Ramosa und über Buckel und Mulden an den Fuss des Piz Cavel. Über Geröll auf Wegspuren vorbei an Türmchen und Rippen zum Gipfel. 1½ Std.

Der Abstieg von der Fuorcla da Cavel zur Alp Cavel ist steinig und mit Alpenrosen bewachsen. Viel spannender ist der Abstieg vom Gipfel über La Capiala stets über dem Felsband im Süden der Alp Cavel zur Plaun da Chistagls, bis bei P. 2295 eine kurze Steilschlucht sich nach unten öffnet. Auf Viehweglein durch Alpenrosen zu den Hütten von Cavel Tegias Sut, 1967 m. 1½ Std.

Der Fussweg ins Tal wird wenig begangen. Er ist erst am Waldrand bei P. 1832 rot-weiss markiert und führt nach 300 m über den Alpweg zum Wegweiser «Mulina». Dann auf dem Alpweg nach Mulina (P. 1461) zur Postauto-Haltestelle. 1 Std.

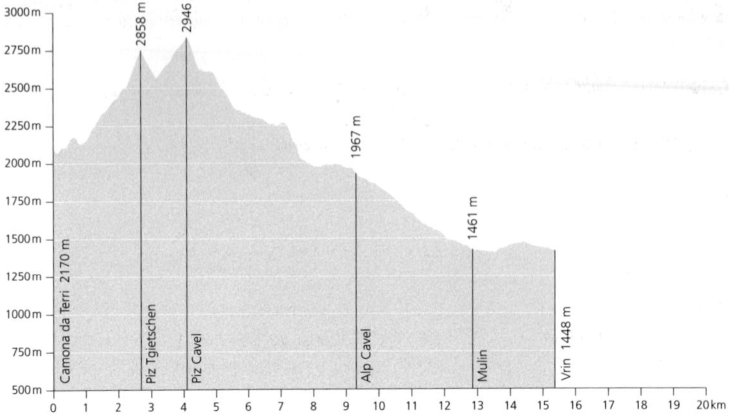

Vrin

Vrin ist ein ausgezeichnetes Dorf, ausgezeichnet «für seine Leistung und Weichenstellung zur Zukunftssicherung der Gemeinde». Der Vriner Architekt Gion A. Caminada hat Vrins Sonderleistung angeregt und begleitet Vrin weiter. Er ist in Vrin geboren, arbeitet in Vrin als Architekt und an der ETH Zürich als Forscher. An der Hochschule für Technik und Wirtschaft sprach Gion A. Caminada am 5 Oktober 2007 im Auftrag des SIA zur Eröffnung der «Ausstellung zukunftsfähiger Arbeiten».

Vrin ist kein Modell, sagte Caminada, man kann es nicht ausführen, aber Vrin ist auf dem Weg, seine Eigenart zu verdichten. (Das ist ein menschliches Ziel.) Statt von Vrin sprach er von Denkstrategien des forschenden Architekten: Das wichtigste ist die Wahrnehmung des örtlichen Potenzials einer Gegend. Mit Geduld und Hingabe schenke man seine ganze Aufmerksamkeit zuerst dem Raum. Zwar gestalte Architektur unsern Lebensraum, aber sie muss im Lokalen wurzeln. Das Wesentliche im Leben des Menschen geschieht in überschaubaren Räumen. Massgebend ist die Natur, die Hingabe an den Raum, nicht der Wille, etwas zu gestalten. Erst in neuerer Zeit sind Architekten nicht mehr an die Natur gebunden, das kann ihr Sündenfall werden. Innere Sicherheit des Gestalters ist Voraussetzung für jedes Schaffen, nur der Sichere kann auf andere Eigenarten eingehen. Bestimmen soll das Bauen die Natur einer Landschaft und ihre Kontinuität, Kontraste sind Fehler. Bauten sollen die Eigenarten verstärken. Dann lobt er die Langsamkeit unseres Schaffens. Wer plant, muss sich Zeit lassen, Wahrnehmung braucht Zeit, man muss auf alles eingehen, was am Ende im Ganzen mitspielt, wiederholen ja, aber niemals kopieren. Eigenart der Schweiz ist ihre Vielfalt und auf dem Land gebe den Ton die Landwirtschaft an.

Caminada sprach frei, las viele Zitate von Meistern der Baukunst und Philosophie sorgfältig ab. Anhaltender Beifall belohnte den Referenten. Zuhörer waren vor allem Studenten, weder Bauherren noch Politiker, die Grossaufträge vergeben werden. PM

Wir trinken das Wasser vom moosigen Stein.

Etappe 222

Rund um den König von Vals

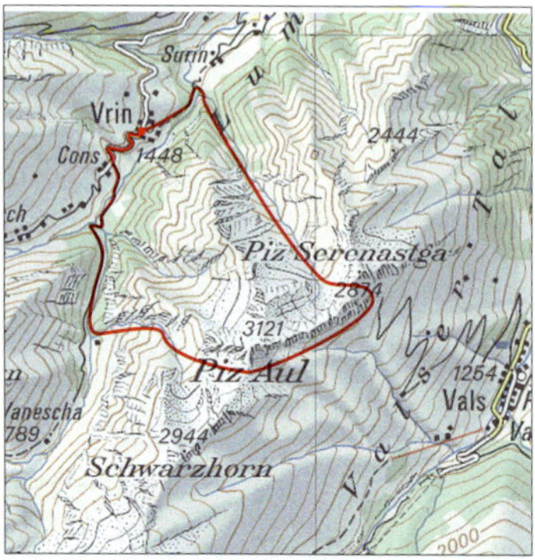

Rund um den Piz Aul

Schwierig sind nur 100 m im Abstieg von der Satteltilücke nach Süden, aber die Felsen in der Rinne sind fest und griffig, auf Händen und Füssen stemmend kann man immer vorwärts absteigen. Ängstliche wird ein Seil von ihrer Angst befreien, es kann ganz kurz sein, die Sturzgefahr ist gering. (Im Winter steigt man in der Rinne zu Fuss auf.)
Selbstverständlich kann man von der Satteltilücke nach Vals absteigen, doch hat mir Leo Caminada die beiden Übergänge als Eintagestour empfohlen, und er hatte recht. Es wurde ein grosses Erlebnis. 9 Std. reine Marschzeit ist zwar viel, aber beide Übergänge als Ganzes bieten eine Fülle von Eindrücken: Alpwege, die nur mit Schafen begehbar sind, ein erster, überraschender Übergang für Bergsteiger mit etwas Courage, und ein zweiter Pass für fast alle. Ausdauer und feinen Spürsinn für wegloses alpines Gelände fordern beide.

T6 8–10 Std. ▶ 17,9 km ▲ 2140 m ▼ 2150 m

Zeit	Vrin – Satteltilücke	4½ Std.
	Satteltilücke – Fuorcla da Patnaul	1½ Std.
	Fuorcla da Patnaul – Vrin	3½ Std.

Ausgangspunkt Vrin 1448 m. Hotel Pez Terri. Casa d'Albiert, Alig Marcellina 081 931 12 55

Endpunkt Vrin

Karte 1234 Vals

Sommerresidenz des Fürsten der Schafalp Patnaul.

Die Route Vrin liegt auf 1475 m, auf 2763 m die Satteltilücke, doch die Asphaltstrasse führt erst hinunter zur Brücke über den Glogn auf 1253 zum Taleingang Serenastga. Kraut und Gras neben der Strasse, kein Wegweiser, keine Spur, ich gehe weiter, kehre vor Surin wieder zur Brücke zurück: der Weg in die Val Serenastga wird erst im Wald sichtbar. Mit Pickel und Schaufel frisch ausgebessert, noch schwarz und schmierig, ganz sicher fühlte ich mich immer noch nicht, doch sagten Trittspuren: Da ist heute schon einer gegangen. Bei P. 1641 traf ich ihn dann, er suchte mit dem Fernglas nach Wild.
Ich steige weiter. Auf einer Moräne wird der Weg wieder deutlich, biegt links ab zur Alp Serenastga, mein Ziel liegt geradeaus. Dort fällt Wasser wie zum Spiel von einer Felsstufe zur andern, ich steige Stufe um Stufe rechts neben dem Wasser hoch, ein leiser Wind treibt kaum sichtbare, kühlende Tröpfchen ins heisse Gesicht, Alpen-Wellness! Bei P. 2508 steht ein stattlicher Steinmann, ich bin also richtig. Auf dem Grat vor mir steht ein mächtiger Felszacken. An seinem Fuss liegt die Satteltilücke, eine ganz enge Felsscharte.
Nach Osten fallen Grasplanken und Felsbändchen ab. Es ist fast nicht zu glauben, dass man bei ganz günstigen Verhältnissen im Spätwinter mit den Ski hier hochkommt. Stemmend und spreizend steigt man auch über kleine Stufen in der felsigen Rinne am sichersten ab. Auf etwa 2600 m quert man auf Grasbändern zwischen Felsstufen nach Südwesten in eine Mulde bei P. 2511, steigt über blumige Weiden zwischen gigantischen Felsbrocken wieder auf und trifft den ausgetretenen, üppig markierten Wanderweg zur Fuorcla da Patnaul. Nach der Wildnis von Serenastga ein kleiner Kulturschock.
Der Abstieg nach Vrin führt in das Wilde zurück. Im Blockfeld haben frisch leuchtende Markierungen wenig Sinn, es geht überall, aber nirgends ganz einfach. Erst auf der Steilstufe bei P. 2601 zeigen sie Pfadspuren an, die man gerne benutzt. Am steinigen Steilhang grünt die kleine Ebene Patnaul wie ein Golfrasen, hier erleichtern sich die Schafe nach ihrem mühsamen Weidgang. Verglichen mit Serenastga aber ist Alp Patnaul ein Schlaraffenland für die Tiere. Am schönsten Plätzchen lehnt sich die Hirtenhütte an einen Felsbuckel, aber schön ist sie nicht. Eine Rast auf dem Bänklein am Rande der Ebene lohnt sich. Man kann sich dort langsam auf das Ziel in der Tiefe vorbereiten. Von oben gesehen ist es ein prachtvoller Talschluss, absteigend wird es Schritt für Schritt enger, 461 Meter tief unten Pardatsch. Der Weg ist holprig und steil, schliesslich spenden Erlen und Tannen wohltuenden Schatten. Endlich ein Fahrsträsschen. Vrin steht auf dem Wegweiser, dazu aber 1¼ Std. Das Ziel also ist noch weit. Ein Landrover fuhr vorbei, drei Sitze waren leer, aber die Einladung zum Mitfahren blieb aus. Nach 11½ Std. duschen im Hotel pez Terri tat wohl. Es war einer meiner bestausgefüllten Tage in der Cadi.

Die Schafalp im Val Serenastga ist sogar für Schafe schwer zugänglich.

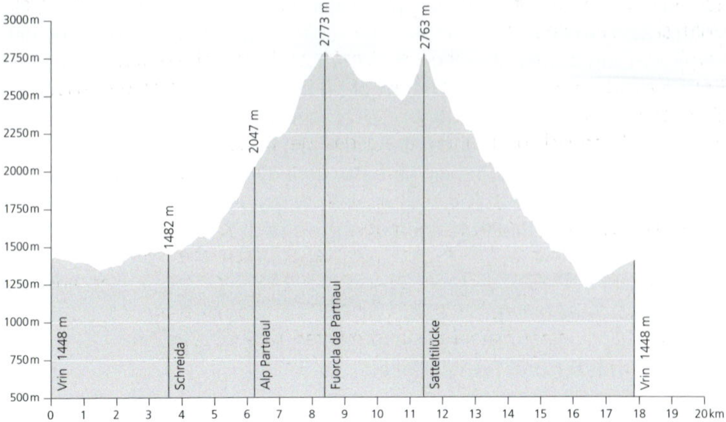

Etappe 223

Auf 2000 m ü. M. auf und ab und in die Tiefe

Vals – Wannaspitz – Surcasti

3 Stunden auf einer Höhe von 2000 m auf und ab. Der Höhenweg führt über Staffelti, Leisalp, Schloss, Brand, Lüschabüel, Fanella zum Teuftalstaffel. Dann hinauf zum Wannaspitz. Für einmal ist der Abstieg eigentlich der schönste Teil der Tour: ein sanfter Bergrücken, rechts 1200 m weiter unten der Valserrhein und links noch weiter unten der Glogn.

Vornehm und ganz langsam öffnet sich die Kabine der Gondel in der Bergstation Gadastatt auf einer Höhe von 1870 m. Der Blick fällt auf die Steindächer des Dorfes Vals unten im Tal, die baurechtlich vorgeschrieben sind. Vor mir liegt eine Höhenwanderung und ein traumhafter Absteig hoch über dem Valserrhein und dem Glogn. Vor dem Alphüttchen bei P. 1735 begrüsst mich der Älpler Derungs in Jägertracht auffallend freundlich. Er freut sich über den seltenen Besuch und lässt sich leicht zu einem Gespräch über Gott und die Welt verführen. Seine geliebte Schafalp liegt am Wannaspitz. Mich interessiert, wie Hirten ihre Schafe auseinander halten, wenn sich zwei Herden vermischen, was hier immer wieder mit derjenigen der Alp Serenasca ob Cavorgia bei Vrin passiert. Aber Derungs redet lieber über Musik, denn die Derungs sind Musiker: Gion Giusep Derungs war Musiklehrer, Dirigent und Komponist von Chorliedern. Er wuchs in Surcasti auf und war verwandt mit Gion Antoni Derungs, der seinerseits erfolgreich romanische Opern schrieb. Überhaupt ist die Surselva eine Hochburg der Bündner Chöre und der Männerchor Ligia Grischa der bekannteste und gilt als beste unter den Bündner Chören. So vergeht die Zeit im Gespräch wie im Flug, und ich muss weiter, denn noch wartet der Aufstieg zum Wannaspitz und der Abstieg nach Surcasti.

T3 7 Std. 30 Min. ▶ 14,9 km ▲ 970 m ▼ 1800 m

Routencharakter und Schwierigkeit Keine

■ Dieser Spitz gehört uns!

Zeit Man lasse sich Zeit.

Ausgangspunkt Vals, Bergstation Gadastatt. Tourismus Information Tel. 081 920 70 70.

Endpunkt Surcasti, Haltestelle Postauto in Uors

Einfachster Abstieg ins Tal Von Brand über Hüttena führt das letzte Weglein nach Vals, die folgenden Waldrunsen sind voller Felsstufen.

Karten 1234 Vals, 1214 Ilanz

Die Route Die Bahn nach Gadastatt fährt morgens um 8 Uhr, dann macht sie Pause, im Sommer bis 9 Uhr, im Winter bis 10. Wegweiser und Markierungen führen von Gadastatt bis Brand, dann wählt man die Kuhweglein selber. Der Aufstieg zum Wannaspitz lässt die Routenwahl offen. Durchs Teuftal steigt man angenehm, erklimmt irgendwo den Südwestgrat. Vielleicht bei einer Quarzader, wo Strahler grübelten und kleine Kristalle zurückliessen. Auf dem Grat liegt der Drahtgeflechtzaun schon am Boden, abbrechende Schneewehen rissen ihn sonst ins Tal. Den höchsten Punkt hat der Älpler für sich ausgespart, der Zaun grenzt ihn ab, er ist schafmistfrei.
Für einmal ist der Abstieg das Schönste. Den Weg haben Schafe getreten. Doch nur wo er für sie nötig ist, auf flachen Stellen ist er es nicht. Den Neuanfang suche man auf der Nordseite.
Bei P. 2039 biegt der Weg vom Grat Richtung Alp Zuord ab, bald aber zweigt einer rechts ab nach Muttaun. Über Waldweiden voller Pilze, auch essbare, hinunter nach Surcasti. Der Wanderweg zur Postautohaltestelle Uors führt hinunter zum Rhein, über die Strassenbrücke erreicht man Uors in 20 Minuten.

Pianella della Madonna tönt noch schöner als Frauenschuh. In der Surselva im Juni.

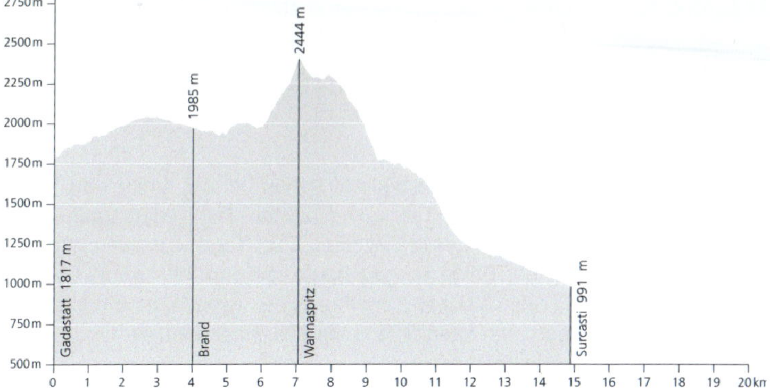

Etappe 231

Auf dem Grat zwischen Bergbauern und Wellnesstouristen

Tenna – Piz Fess – Piz Signina – Günerhorn – Plangghorn

Allein zwischen zwei Welten. Auf der Gratwanderung vom Piz Fess zum Piz Tomül liegt links das Safiental. Rechts liegt das Lugnez mit der Abzweigung ins Valsertal bei Surcasti. Das sind verschiedene Welten!

T6 **9 Std.** ▶ **14,5 km** ▲ **1780 m** ▼ **1670 m**

Zeit Tenna ab 06 h 00 Piz Fess 09 h 30 Böser Fess 11 h 00 Piz Signina 12 h 00, Abstieg 12 h 45, Günerhorn 13 h Güner Lückli von 14 h 30 bis 15 h 30, Plangghorn 16 h 45, Camana Boden 18 h 00.

Ausgangspunkt Tenna, 1642 m Hotel Alpenblick, Tel. 081 645 11 23

Endpunkt Camanaboden, 1772 m, Frau Hauser-Buchli. Nachtessen, Bett und Frühstück, für Frühaufsteher heisses Wasser in Thermos.

Karten 1195 Reichenau, 1215 Thusis, 1214 Ilanz

Talort Safien Platz 1315 m ü. M.

Die Route Die Zweitagebergtour beginnt genau bei der Kirche von Tenna. Was für eine Kirche Bauern von Tenna hier bauten, lässt jeden staunen, der es noch kann. Wir brauchen für die nächsten zwei Tage Vertrauen in unsere Kraft, der Herrlichkeit der Berge entgegenzusteigen und ein gutes Geschick beim Übergang vom Guten hinüber zum Bösen Fess. Je nach Kondition steigen wir in 3 bis 5 Stunden zum Guten Fess, je nach Können klettern wir in 30 bis 60 Minuten hinüber zum Bösen.

■ So bös wie er aussieht ist auch der Böse Fess nicht ganz. Rechts (westlich) im Bild lässt er sich umgehen, und der Grat zum Piz Signina wird dann ganz leicht.

Piz Fess steht schon auf dem Wegweiser neben der Kirche, wir folgen den Wegzeichen. Aufstieg durch Heuwiesen zu «Bir obera Hütta», Tällihütte, Schneeböden direkt auf den Guten Fess.
Das könnte langweilig sein, aber die Pracht der Bergwiesen ob Tenna anfangs Juli, und auf dem Älpli machen das Steigen zur Freude. Noch auf dem Gipfel des «Guten» Fess lachen uns Frühlingsenzianen an, hoffentlich können wir ihr Lächeln erwidern.
Beim Klettern hinüber zum Bösen Fess vergeht einem das Lachen. «Welch herrlicher Berg und welch hässlicher Fels», schreibt Rébuffat von der Nordwand am Matterhorn. Genau so ist es am Bösen Fess. Die Schwierigkeiten überschreiten den zweiten Grad nicht, aber Stein um Stein will geprüft sein, obwohl der sechs Meter höhere Böse Fess schlank ist wie eine Nadel. Seit kurzem stecken Bohrhaken im Fels. Eine Schlinge zum Abseilen in die Scharte und vom Gipfel des Bösen Fess über die obersten Felsen am Südwestgrat. Doch wären dazu 60 Meter Seil nötig. Sie hingen dann aber zwei Tage unnütz an unseren Schultern.
Ohne Seil geht es 15 m westlich vom Guten Fess. Hier führt ein Kamin in die Schlucht, die an der Scharte zwischen den beiden Fess-Gipfeln ansetzt. Sie ist voller Trümmer, über diese 50 m weiter hinunter. Der Wiederanstieg auf die Kante und weiter zum Gipfelkreuz ist leichter. Der Böse Fess steht 100 m neben dem Guten, man erreicht ihn in etwa ¾ Std.
Die obersten Felszacken am Südwestgrat werden westlich umgangen. Trittspuren führen zu weit in die Tiefe. Man versuche, möglichst hoch die Rippe in der Westflanke zu erreichen und steige auf ihr bis in Gipfelnähe auf den Südgrat zurück. Ein Standhaken zeigt hier, dass der Südwestgrat auch erklettert wird.
Der weitere Abstieg und die Überschreitung des Piz Signina ist unschwierig und vom Günerhorn führen Wegspuren zum Güner Lückli.
Auf grünem Grat folgt ein Intervalltraining: 25 m Aufstieg, 20 Abstieg und so weiter und weiter. Auf dem Plangghorn 2581 m neigt sich der Tag. Auf Camanaboden 1772 m bietet Frau Hauser-Buchli in ihrem uralten Elternhaus Dusche, Nachtessen, Bett und Frühstück an.
Gegenwärtig steht die Weiterführung dieser Unterkunftsmöglichkeit in Frage. Man erkundige sich im Gasthaus Rathaus, Unter Platz, Safien-Platz, Rathaus. safien@bluewin.ch

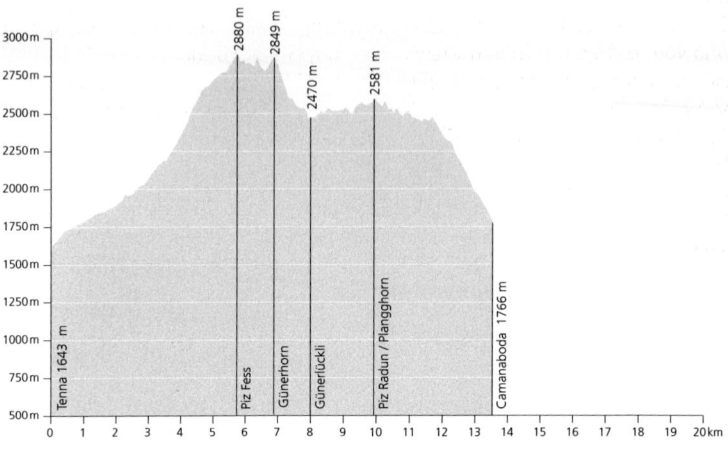

3000 m
2750 m
2500 m
2250 m
2000 m
1750 m
1500 m
1250 m
1000 m
750 m
500 m
Tenna 1643 m
Piz Fess 2880 m
Günerhorn 2849 m
Günerlückli 2470 m
Piz Radun / Plangghorn 2581 m
Camanaboda 1766 m
0
1
2
3
4
5
6
7
8
9
10
11
12
13
14
15
16
17
18
19
20 km

Etappe 232

Als Erster dankte auf dem Piz Tomül Pater Placidus a Spescha für die Kraft und die Herrlichkeit

Camanaboden – Tällihorn – Piz Tomül – Turrahus

Die Osthänge im hinteren Safiental sind von der Strasse bis auf die Höhen vor allem im Hochwinter beliebte Skitourenziele. Bis gegen 2000 m werden die sanft geneigten Kulturwiesen mit Maschinen bewirtschaftet. Die meist asphaltierten Erschliessungsstrassen sind dazu unbedingt nötig, sonst wäre Safien nicht mehr bewohnt.

Wer im Sommer vom Camanaboden aufbricht, kann nicht umhin, diese Erschliessung durch asphaltierte Strassen bis in relativ hohe Höhen in Kauf zu nehmen, denn die Pflege des Landes durch die Bergbauern ist Pflege der Berglandschaft. Für ein vom Tourismus abhängiges Land wie die Schweiz ist diese Pflege Pflicht. Es gibt in den Alpen genügend Beispiele, die für eine Verletzung dieser Pflicht stehen.

T2 7 Std. ▶ 13,8 km ▲ 1540 m ▼ 1620 m

Ausgangspunkt Camanaboden 1772, Frau Hauser-Buchli.

Endpunkt Berggasthaus Turrahus CH-7109 Thalkirch GR
Tel. 081 647 12 03. 23 Betten, 25 Lagerplätze. Touristenlager Fr. 60.– Zwei- und Mehrbettzimmer Fr 80.– mit Halbpension. «Im 300-jährigen Walserhaus zuhinterst im Safiental auf 1700 m umgeben von einer wunderbaren Bergkulisse ist der Lärm der Welt weit weg.»

Karten 1214 Ilanz, 1234 Vals

Die Route Von Camanaboden erst durch blühende Heuwiesen, dann über Alpweiden ins Camaner Tälli und über die immer noch blumige Ostrippe zum

P. 2809 auf dem Nordgrat des Tällihorns. Zwischen eindrücklichen, riesigen Felstrümmern zum Tällihorn, 2855 m.
Auf noch blumigerem Grat hinunter zum Rinderpirglückli und hinauf zum Piz Tomül. Die Felsrippe am Südostgrat erscheint aus der Ferne als unüberwindbares Hindernis. Sie ist es nicht: Zwischen Felstürmen steigt man über Schutt ganz leicht auf den Gipfel. Die Aussicht lockt jeden Gast im Safiental auf den Piz Tomül. Ein breit ausgetretener Wanderweg führt vom Gipfel hinunter zum Tomülpass.
Radspuren zeigen, dass der Weg fahrbar wäre, aber den meisten ist es zu Fuss wohler, obwohl der Abstieg oft nicht recht abwärts will. Turrahus und Postautohaltestelle zeigen sich erst ganz kurz vor dem Ziel.

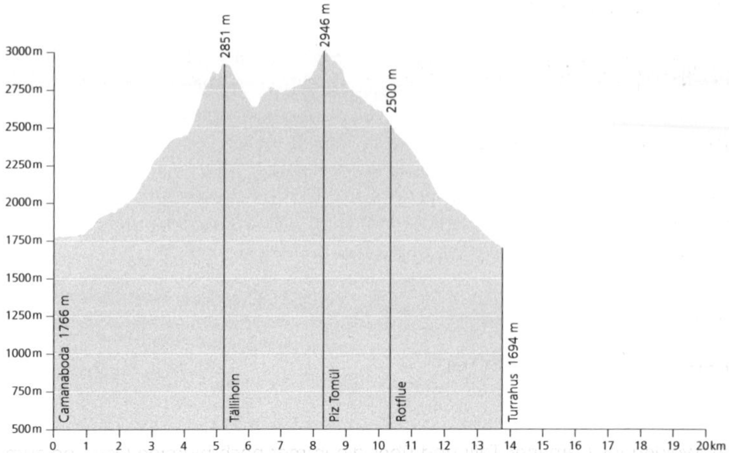

Etappe 233

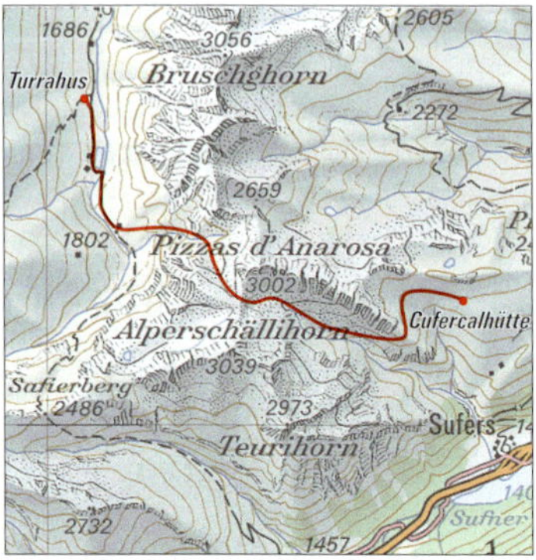

Wo die Steine das Schönste sind

Turrahus – Alperschällilücke – Cufercalhütte

Voller Kurzweil und Überraschungen von Safien ins Rheinwald. Alperschälli ist eine Alp zwischen 2400 und 2700 m. Alpa-schelle ist romanisch und heisst kleine Alp. Sie liegt abseits in einer Mulde über dem Höllgraben, der für Hirten und Vieh ein schier unüberwindliches, «höllisches» Hindernis gewesen sein mag, für Bergsteiger ist er ein Genuss.

Die Alp Alperschälli liegt am Fuss der Pizzas Anarosa. Dem Namen nach sind diese grauen Zacken verwandt mit Arosa, wobei rosa ein vorrömisches Wort für Gletscher, Wildbach, Rinne ist. Offenbar waren die Walser nicht die ersten, die in den Bündner Hochtälern Schanfigg und Safien dem Land Namen gaben, denn Namen werden nötig, wenn Menschen das Bergland bewirtschaften, sei es als Alp oder als Jagdgrund. Der Talschluss von Safien ist weit und offen, sanft steigen die Lehnen zu den Felsen im Norden an; das Bärenhorn bleibt sanft bis zum Gipfel.

Vielleicht war dieser offene Raum zuhinterst im Tal früher bewohnt als die steilen Flanken im 25 Kilometer langen Safiental. An seinem Ausgang liegt Versam auf einer Bergsturzterrasse 300 m über der Ruinaulta, der Schlucht, die der Rhein in vorgeschichtlicher Zeit in die Trümmer des Flimser Bergsturzes zwischen Reichenau/Tamins und Castrisch grub.

So eindrücklich der Schluchtweg auch ist, wir bewegen uns hier auf Bergwegen. Dabei ist das weglose Wandern von Ort zu Ort keine Erfindung unserer Zeit. Bereits die Walser wanderten so über die Höhen.

T4 6 Std. 30 Min. ▶ 13,0 km ▲ 1480 m ▼ 790 m

Ausgangspunkt Turrahus 1694 m ü. M.

Endpunkt Cufercalhütte SAC Rätia

Die Cufercalhütte ist freundlich und liegt überaus schön. Schön sind auch die Splügener Kalkberge, bergsteigerfreundlich ist ihr Gestein nicht.

Einfachster Abstieg ins Tal Sufers

Karten 1234 Vals, 1235 Andeer

Die Route Auf dem Fahrsträsschen am Ausgleichsbecken vorbei zum Piggamad und über das flache Mad auf Wegspuren an den Bergfuss. Man beachte: Die Bauern schnitten den Fussweg nicht in ihre schöne «Halde», sondern stiegen in engen Kehren bis auf 2032 m, bogen erst dann nach rechts in den Höllgraben. Höllisch ist nur eine ganz kleine Stufe, Schotter liegt auf blanken Felsplatten und Wasser rinnt über sie weg, die oft schon im Frühherbst am Morgen Eis überzieht.
Auf 2659 m Wegweiser: Furcletta digl Lai Grand. Dieser Übergang führt weiter über Fuorcla digl Lai Pintg 2590 m auch zur Cufercalhütte. Der Weg über Alperschällilücke, Steileralp zur Cufercalhütte ist etwas länger, aber den Eindruck der wüstenhaften Schutthalden von den Pizzas d'Anarosa ins Steilertal bereiten uns hier aus der Ferne in ihrer Schönheit Freude, unter den Füssen von der Fuorcla digl Lai Grond zur Fuorcla digl Lai Pintg aber Mühe.
Zudem wird die Alperschällilücke zum Erlebnis der Wüste: nackte Felszacken ringsum, blauschwarze Schuttreisen neben silbergrau in der Sonne leuchtenden, eine Welt ohne Wasser, ohne Grün, ohne Blumen, fast ohne Leben. Mit der Zeit aber erwacht die Freude an den feinen Nuancen der Farben. Wüste kann in ihrer Leblosigkeit wunderschön sein.
Im Steilertal kann man kurz unter den Böden, 2356 nach links queren und über wirklich steile, aber leicht ersteigbare Grashalden die Schulter der Cufercalalp und über flache Rücken voller Edelweisse die Cufercalhütte erreichen.

Der Weg, der auf Höhe 2000 von der Steileralp nach links abzweigt, wird bei Unwettern oft verschüttet und ist dann nicht ganz leicht begehbar, und die Hütte steht 300 m höher.

Ein Wanderweg führt von der Steileralp direkt hinunter nach Sufers. Er ist stellenweise recht flach, sodass man für 600 m Abstieg mehr Zeit braucht als erwartet. Das Postauto hält unter dem Dorf an der N 13.

Raue Trümmer eines Bergsturzes vom Piz Calandari und der liebliche Lai da Calandari.

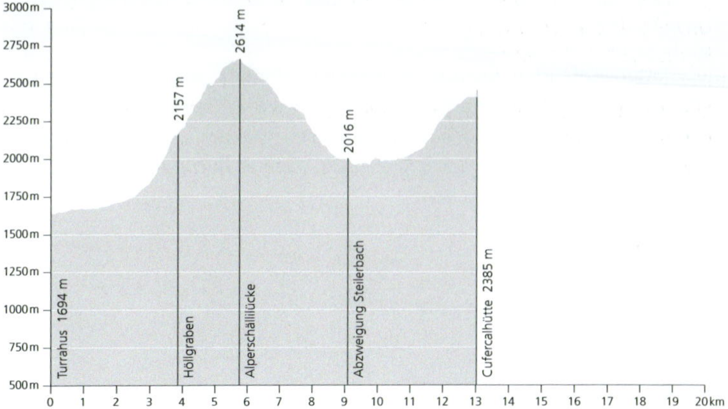

Cufercalhütte SAC Sektion Rätia

Eine Gedenktafel an der Hütte erinnert an ihren Stifter. Am 4. August 1923 schrieb August Hotz:

> «Liebe Mutter, da ich im Sinn habe, Hochtouren auszuführen und man ja nie weiss, was vorkommen kann, gestatte ich mir, meine letzten Wünsche anzubringen. Meine einzige Freude waren meine heimatlichen Berge. Ich liebe und ehre sie wie dich selbst. Ich möchte auch etwas für sie schaffen und vermache dem Schweizer Alpenclub, Sektion Rätia den Betrag von 20 000 Franken für den Bau einer Clubhütte. So leb denn wohl, meine liebe Mutter.
>
> Dein Sohn August Hotz»

1931 starb August Hotz, 1937 wurde die Hütte für 30 809.95 Franken gebaut.

Die «flotten Abfahrten Anarosa, Bruschghorn, Tumpriv sollten mit der neuen Hütte erschlossen werden, doch auf Alp Tumpriv wären Touristen mitten auf den Alpweiden unerwünscht». So wird ihr Standort begründet. Die Hütte steht wunderschön, die Pizzas d'Anarosa sind es auch. Aber es sind unfreundliche Berge und werden selten bestiegen. PM

Piz Beverin, vom Piz Calandari

Etappe 234

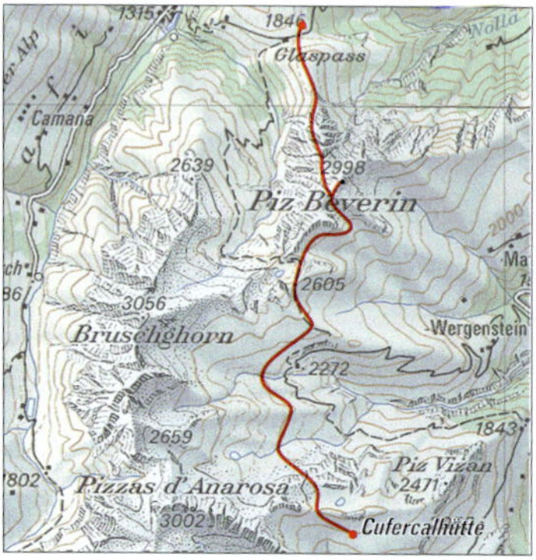

Treffpunkt auf 2997 Metern

Cufercalhütte – Piz Beverin – Glaspass

Der Piz Beverin ist ein Berg der Mitte: Vom Heinzenberg, Domleschg, Schams und Safiental schauen die Menschen zu ihm hinauf. Vielleicht führte eine Familientour, eine Schulreise, ein Vereinsausflug den einen oder andern zum ersten Mal auf den Gipfel. Seither schaut er den Beverin anders an. «Von dort habe ich heruntergeschaut, dort erschien meine Welt klein, mein Alltag unbedeutend, oben war ich ganz frei.»

T4 7 Std. 30 Min. ▶ 15,2 km ▲ 1190 m ▼ 1700 m

Ausgangspunkt Cufercalhütte Sektion Rätia SAC 30 P, m-caduff@bluewin.ch, Caduff Mathias, 6565 San Bernardino, Tel. 091 832 14 13.

Endpunkt Berggasthaus Beverin, Glas, Tel. 081 651 13 23, 7428 Tschappina

Karten 1235 Andeer, 1215 Thusis

Talort Erst Sufers, dann Vargistan, dann Mathon

Die Route Von Cufercal zum Beverin führen zwei Wege: entweder zurück in die Wüste an den Pizzas d'Anarosa oder hinunter ins Grün der Alpweiden, entweder etwas beschwerlicher über Fuorcla digl Lai Pintg zum Lai Grond, oder, seis rechts oder links am Piz Calandari vorbei zum Lai da Calandari. Dort gönnen wir uns etwas Zeit für dieses zierliche Seelein, folgen dann seinem Ausfluss auf 2100 m und irgendwo auf den Weg hinauf zur Alp Curtginatsch und weiter zum Carnusapass, P. 2605. Spannender als der Weg ist hier der Blick auf das Gelbhorn. In der Frühsonne leuchten seine riesigen Schuttreisen in lichtem Gelb auf. Das Gelbhorn ist wunderbar gelb, aber ein Horn ist es nicht. Den Südwestgrat zum Gipfel des Beverin quer durch den Südhang des Runal zu

■ Der Piz Beverin ist Treffpunkt. Wer im Domleschg, am Heinzenberg, im Safiental oder im Schams daheim ist, steigt einmal im Jahr auf den Beverin auf 2997.5 Meter über Meer, solange er mag. Der Scheitel des Steinmanns liegt auf 3000 Metern.

P. 2625 und über leichte Felsstufen auf dem Grat zum Piz Beverin. Vom Gipfel wieder zurück in die Scharte P. 2826 und auf kühn angelegtem Weg durch die schwarzgraue Westwand des Piz Beverin auf den grünen Nordgrat und auf gutem Pfad die äusserst steilen Grasplanken hinunter zum Glaspass.

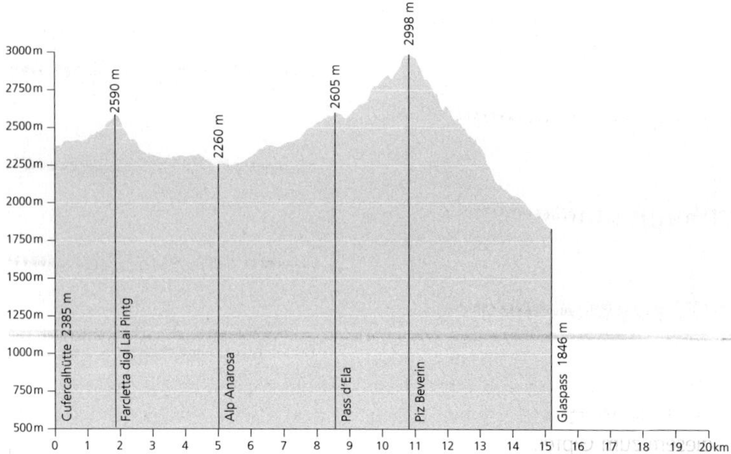

■ Vom Glaspass steigt man erst auf dem Grat, dann den Schneeflecken nach durch die Westwand des Piz Beverin auf die Schulter am Südgrat und auf diesem zum Gipfel.

Etappe 235

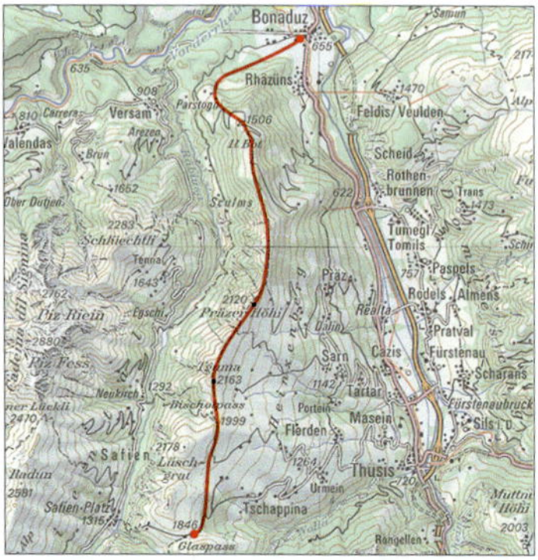

Auf dem Rücken des schönsten Bergs der Welt

Glaspass – Tguma – Alp Sura – Bonaduz

Der Heinzenberg sei der Welt schönster Berg, lesen wir in Conrad Ferdinand Meyers Roman Jürg Jenatsch.

Reto Hänny sieht den Heinzenberg anders. Er kam in Untertschappina zur Welt, erlebte als Ziegenhirt glückliche Bubenjahre auf Obermasügg, dann aber wurde er vom Berg in die Stadt verstossen. Dort erzählt er, was am Heinzenberg erzählt wird: «Ein Kalb kam vom Weg ab, sein Hirt wollte den Ausreisser zurückholen, brach auf einer Schneebrücke ein und kam erst Wochen später vom Gletscherbach in unkenntlichen Fetzen an den Tag.» Geschah ihm recht, lese ich zwischen den Zeilen Hännys, warum zwingt er einen Ausreisser zurück? Das Kalb lebte weiter. «Vom dem in der Güllengrube erstickten oder dem in der Seilwinde Zerquetschten, von dem im Nebel vom Schneepflug zermalmten aus dem Schnee gescharrten Wegmacher.» Seite um Seite berichtet Hänny in seinem Buch: «Flug», neue Fassung, Bibliothek Suhrkamp, 2007.

T2 7 Std. 30 Min. ▶ 20,5 km ▲ 700 m ▼ 1920 m

Ausgangspunkt Berggasthaus Beverin, Tel. 081 651 13 23

Endpunkt Bonaduz oder Rhäzüns

Karten 1215 Thusis, 1195 Reichenau

Talort Thusis, Rhäzüns, Bonaduz

Die Route Glaser Grat 2123 m, Lüschgrat 2178 m, Bischolpass 1999 m, Tguma 2163 m, Präzer Höhi 2119 m, Crest dil Cut 2015 m. Verzichtet man auf den Glaser Grat und den Lüschgrat und geht vom Glaspass über Alp Lüsch

■ Die Walser haben ihre Bergwiesen im Auftrag der Landesherren selber erschlossen. Jetzt hilft ihnen die Landesherrschaft und das ist recht so, die Baueren tragen Sorge zum Land.

zum Bischolpass wird die Tour einiges kürzer. «Dieser flache Bergrücken, der sich mit einer Länge von 15 km zwischen Domleschg und Safiental bis zum Zusammenfluss von Vorder- und Hinterrhein zieht, bricht auf seiner Westseite von zahllosen Schieferrunsen durchfurcht, steil zur Rabiusa ab. Die stundenlang sich dehnenden, sanften Alpweiden der Domleschger Seite bieten Gelegenheit zu den reizendsten Spaziergängen und einzelne Stellen, wie Präzerhöhe und Crest dil Cut sind hübsche Aussichtspunkte», steht im SAC-Führer. Bei einer Gesamtüberschreitung reiht sich ein «reizender Sparziergang» an den andern, es geht nicht bloss 4- bis 5-mal auf und ab, sondern hundertmal. Der sensationelle Höhepunkt aber ist der Ausblick von der Alp da Razen. (Rhäzünser Alp). 1100 m unter uns windet sich der Vorderrhein durch die Ruinaulta, die Rheinschlucht. Auf einer Schulter darüber liegt diesseits Versam mit seinem prächtigen Kirchlein und jenseits Flims-Laax mit seiner Weissen Arena.
Im Rampenlicht steht aber die Tektonikarena Sardona. Wie ausgestellt liegt sie der Rhäzünser Alp gegenüber. Piz Segnas, Tschingelhörner und Ringelspitz gehören seit dem 8. Juli 2008 mit Jungfrau – Aletsch – Bietschhorn und dem Weinbaugebiet Lavaux zum Unesco-Natur-Welterbe. 250 Mio. Jahre altes Verucano Gestein wurde auf 50 Mio. Jahre alte Flyschgesteine geschoben. Kaum irgendwo auf der Welt ist dies so schön sichtbar.
Wie vom Flugzeug blickt man aus der Höhe der Alp auf Rhäzüns, Bonaduz, Domat Ems, Felsberg und Chur, gegen 50 000 Menschen leben dort unten, vom lauten Treiben dringt kein Ton auf die Alp. Lautlos kriecht auch die schöne Rote, die RhB, durch die Rheinschlucht und über Reichenau nach Chur.
Doch der Abstieg von dieser Aussichtskanzel ist der schwierigste Teil. Der Alpweg von der Alp Sura 1771 m über Scardanal nach Bonaduz ist ein beliebter Veloweg, überwindet 1100 m Höhe ohne grössere Steilrampen, für Fussgänger ist er lang. Die Abkürzungen auf der Karte werden nur ganz selten benutzt und die Markierungen sind verblasst. Der Einstieg bei P. 1369 ist nicht markiert, auf Höhe 1260 zweige man auf Wegspuren rechts nach Salums ab und erreicht Veier 689 m, 2 km vom Bahnhof Bonaduz. 2–2½ Std. von Alp Sura.

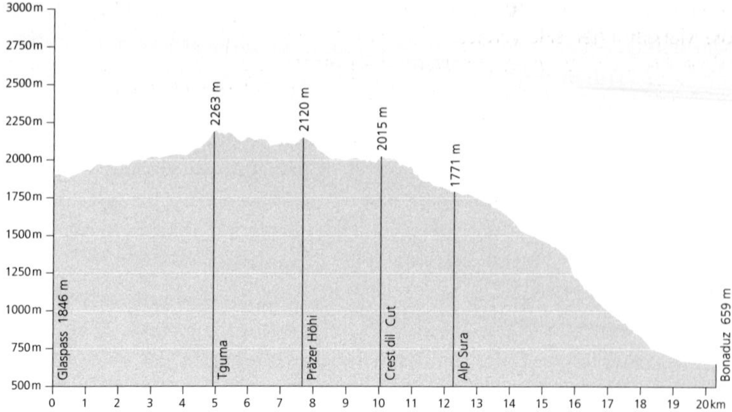
3000 m
2750 m
2500 m
2250 m
2000 m
1750 m
1500 m
1250 m
1000 m
750 m
500 m
Glaspass 1846 m
Tguma
2263 m
Präzer Höhi
2120 m
Crest dil Cut
2015 m
Alp Sura
1771 m
Bonaduz 659 m
0 1 2 3 4 5 6 7 8 9 10 11 12 13 14 15 16 17 18 19 20 km

Landschaft und Kunst in Graubünden

Im Auftrag der Bündner Kulturforschung schuf Leza Dosch 2001 das Buch: «Kunst und Landschaft in Graubünden». Es gibt keine bessere Vorbereitung auf Bündner Bergferien.

Vor 200 Jahren haben Maler Graubünden entdeckt: 1796 malte Ludwig Hess den Rheinfall bei Andeer, seit dem Kraftwerkbau ist er nur noch ein Rinnsal. Hans Konrad Escher von der Linth kolorierte 1812 ein Panorama von Vrin talwärts durch das Lugnez. Als im Oktober 1843 Felsen auf Felsberg stürzten, war A.R. Högger im Dorf bereit, in 32 Studien hielt er den stürzenden Berg im Bild fest. Felsberger wurden keine verschüttet, doch der Bergsturz war eine Sensation, und der Maler verkaufte Bilder. Romantiker folgten dann der Natur auf leiseren Spuren, sie strebten nicht auf die Höhen, sie suchten die Tiefe. In Graubünden waren es Schluchten. Dosch stellt acht Schluchtbilder der Viamala vor, darunter eine Zeichnung von Goethe. Die Reihe dieser Naturbilder schliesst J.M.W. Turner ab: «Niedergang einer Lawine in Graubünden 1810». Blendend weiss stürzen Schneemassen wie Wolken auf eine Siedlung im Dunkeln. Ein Felsklotz hoch durch die Luft, viermal grösser als das Haus, auf das er sich stürzt.

Giovanni Segantini (1858 – 1899)

«Voglio vedere le mie montagne» soll der an einer Bauchfellentzündung erkrankte Segantini geflüstert haben. Da schoben seine Nächsten sein Bett am 28. September 1899 an das kleine, niedrige Fenster in der Hütte auf 2700 m. Sein letzter Blick fiel auf die Berge, die er für sein Hauptwerk noch hätte malen wollen. Segantini war 41.

Sein Sterben erhöhte den Mythos des Meisters. Zur Kirche hielt er Distanz, lebte mit Bice Bugatti in wilder Ehe und liess seine vier Kinder nicht taufen. «Niemals suchte ich einen Gott ausserhalb von mir, denn ich war überzeugt, dass Gott in uns sei, das jedes von uns ein Teilchen davon besässe oder erringen könne durch schöne, gute, edelmütige Werke». Bosch stellt ein Bekenntnis Placidus a Speschas daneben: «Als ich die hohen Berge bestieg, erkannte ich erst die Allmacht des Schöpfers und die Grösse und Mannigfaltigkeit der Natur». Ich meine, dass diese Gedanken manchem Bergsteiger wohl tun.

Bergbilder machten Segantini berühmt. In der Nähe des Gardasees als Vollwaise von seiner Schwester lieblos erzogen, folgte er dem Ruf ins Militär nicht, verlor Italiens Staatsbürgerschaft, auf das Schweizer Bürgerrecht hat er verzichtet. Mit Bice wanderte er durchs Veltlin, Puschlav, Engadin mit dem Ziel Viamala.

In Savognin sagte er am 20. Juli 1886: «Non vado piu oltre, resto qui.» In einer Kutsche liess er seine Familie und Bices Mutter nach Savognin bringen. Acht Jahre später zogen sie nach Maloja.

«Die Berge malte Segantini meist in einer Höhe, wo die Landschaft nicht mehr von einzelnen Gipfeln unterjocht wird, wo auch die höchsten Berge am Horizont sich in Wellenbewegungen fügen fast wie das Meer. Der Horizont wird dann ruhig und nackt, gleicht einem gepflügten Feld, Bergspitzen werden zu Schollen eines gepflügten Ackers.» Doch seien seine Bilder gar nicht so friedlich wie es im ersten Blick scheine, «seine Beklemmung drücke sich nicht in verzerrten Visionen aus, sondern in der Besessenheit, jedes Detail eines abgeschlossenen Universums in einem schonungslosen Licht zu zeigen». (Bosch)
Ein Beispiel dafür wäre «Pascoli alpini», (Alpweide) auf Alp Tigiel über Savognin auf 2200 m, begonnen 1893 in Savognin, vollendet 1895 in Maloja. Es zeigt Mutterschafe mit ihren Neugeborenen, auf einem Stein sitzt müde der Hirt. Im Wolkenschatten, zwischen Bergseen kaum erkennbar, weidende Kühe. Wieder im hellen Licht darüber der Horizont als flach ausufernde Linie. Als Berg erkennbar ist nur der Piz Curvèr. Mit Lupe und Karte lassen sich weitere Gipfel benennen, doch näher kommt man Segantini damit nicht. Waagrechte Linien bestimmen das Bergbild, eine erhabene Höhe über dem Tal. Mutterschafe mit säugenden Kindern. Es ist ein Meter neunundsechzig hoch und zwei Meter achtundsiebzig breit und gehört dem Kunsthaus in Zürich.

Gearbeitet hat Segantini aufs engste zusammen mit einem ausgezeichneten Kunsthändler, nur Reiche konnten Segantinis Höchstpreise bezahlen. Gerne lebte er in vornehmer Gesellschaft und geriet oft in Geldnot.

Ferdinand Hodler

Sein Bild «Silvaplanersee im Herbst» ist sein bekanntestes Bündner Bild. Hodlers Malerfreund Willi F. Burger berichtet von seiner Entstehung: «Um neun Uhr morgens stellten wir unsere Staffelei am Silsersee auf. Hodler hielt erst das Geschaute mit einem langen, in Terpentinöl getränkten Pinsel fest. Spontan aufgetragen wurde der Entwurf dann wieder verschoben und überzeichnet. In Hodlers Gesamtwerk sieht Burger eine besondere Kraft und Liebe zu dem Geschauten. Nach zwei Stunden liess der Malojawind die beiden nicht weiter malen. Hodler ärgerte sich, wurde aber gesprächig, lobte begeistert die Wälder, schwärmte von Schönheit der Linie, die vom Piz Corvatsch abfällt. Wer sich am Silvaplanersee an Hodlers Bild erinnert, schaut vielleicht mit ganz anderen Augen über den See nach Maloja.

Ernst Ludwig Kirchner

«Die hohen Berge hier werden mir helfen», schrieb Ernst Ludwig Kirchner im Juni 1917 von seiner Hütte auf der Stafelalp ob Davos. «Ich möchte in der Welt und für die Welt bleiben. Ich fürchte nichts mehr, als wenn das Kränkeln kommt.» Am 15. Juni 1938, mit 58 half ihm die Stafelalp doch nicht mehr, nahe bei seinem Haus auf Wildboden nahm sich der Hochbegabte das Leben. Im Kriegsdienst hatte das Kränkeln begonnen, 1915 wurde er mit der Auflage entlassen, sich ärztlich behandeln zu lassen. Gut mit Kirchner bekannt lud ihn Dr. Spengler für einige Wochen nach Davos ein. Vom Sanatorium Binswanger am Bodensee sehnte er sich zurück nach Davos. Integriert mit den sechs Kindern der Bergbauernfamilie Müller überwand er sein Kränkeln, Dr. Spengler und seine Frau Helene gelang es nach Jahren, Kirchner von seiner Abhängigkeit von Morphium zu befreien. Sie lobten seine «fabelhafte Energie».

Erst nach Jahren hat Kirchner bei den Bergbauern sich auch als Künstler gefunden. Die friedliche «Rückkehr der Tiere» macht es deutlich. Leza Dosch kommentiert: «Auf der gegenüber liegenden Talseite steigen die Berge auf, die Kirchner gelegentlich fast erschlugen und die hier in feurigem Rot-Gelb-Orange und Blau wiedergegeben sind. Weiss-grüne Wolken, gelbe Fetzen am Himmel und das Dunkel der Dämmerung scheinen sich zu einer Bedrohung zusammenzuziehen. Der Gewalt der Natur im Vorder- und Mittelgrund steht das wohlgeordnete Alpleben in der Geborgenheit der Hütten gegenüber.» Genau in die Mitte stellt Kirchner den Brunnen, wo der gute Hirt seine Tiere zur Tränke führt.

Manche seiner Bilder sind schwer zu verstehen. Die Amselfluh ist als Berg nicht zu erkennen. Das Bild entstand auf dem Chummerberg. Der Bergsee links liegt auf 2435 m. Im Blick über die Maienfelder Furgga steht links die Amselfluh, das Furkahorn rechts, dahinter die Zacken Erzhorn und Aroserrothorn. Ich sah die Furgga ganz anders. Aber der Herbst und das Licht verzaubern Landschaften oft mit Gewalt, warum sollen wir nur eine einzige Wirklichkeit sehen. Kirchner ist an seinen Visionen gescheitert, die Welt aber hat er mit seinen Kunstwerken bereichert.

Giovanni Giacometti

Giovanni Giacometti war erst Segantinis aufmerksamster Schüler, fand dann aber seinen eigenen Weg. Aus wirtschaftlichen Gründen musste er mit 23 seine künstlerische Ausbildung abbrechen, baute in Stampa einen Stall zum Atelier um und zog mit den Bauern von Stampa auf ihren Sommersitz in Maloja. «Von eher kontemplativer als kämpferischer Natur schloss ich mich in meinen Bergen ein, sehr allein und sehr isoliert. Das Bergell bietet eigentlich genügend Material für ein ganzes Leben», schrieb er in Briefen. «Gibt es ein schöneres Land als gerade dieses Stück Erde. Warum sollte ich desertieren? Hier ist es wunderschön. Segantini hat mich gern gehabt und fand es merkwürdig, wenn ich einen andere Gegend aufsuchen wollte. Es ist notwendig, dass ein Künstler neue Eindrücke empfängt, aber dann muss er sich zurückziehen, auf sich selbst konzentrieren und ernsthaft nachdenken, so entstehen die grossen Werke. Die Berge hat er als seine Lehrmeister betrachtet. 1919 fasste er sein Leben zusammen: «Müde der Wanderschaft schlug ich mein Zelt zu Hause auf. Hier, im engen Umkreis der Berge, fand meine Kunst den Nährboden für ein ganzes Leben. Ich genoss das Glück häuslichen Familienlebens, umgeben von meinen Kindern...Hier kam ich zur Welt, hier erhob meine Phantasie ihre Schwingen; hier erblickten meine Augen zum ersten Mal das Licht. Aus den Metropolen, wo die Hauptwerke der grossen Meister mich die göttlich Kraft der Kunst erkennen liessen, kehrte ich in diesen angestammten Kreis zurück.» Giacomettis Brief tut mir wohl, auch wenn ich nur als ganz kleiner Rebbauer in dem Kreis der Berge rund um Maienfeld jetzt wieder daheim sein darf. «Gibt es ein schöneres Land als gerade dieses Stück Erde?»

Giacomettis «Passagio d'inverno» (Winterlandschaft) erinnert stark an Segantini. Gebückt schreitet ein Mann mit Holz auf dem Rücken ins Dorf. Hauptthema aber ist nicht der mühsame Alltag der Bauern, sondern das Licht- und Schattenspiel und seine Farbigkeit. Die Schneefläche vor dem Dorf im engen Tal aber empfängt ein wunderbar zartes Licht vom Himmel. PM

Etappe 241

Über den Piz Platta vom Julier ins Avers

Piz Platta

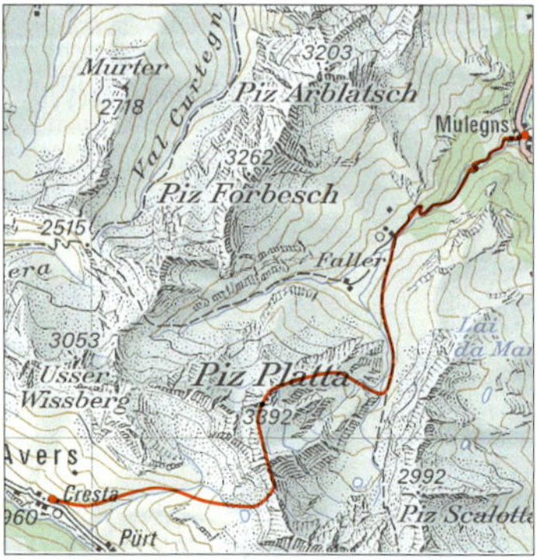

Der Piz Platta war die schönste meiner Erkundungstouren im Sommer 2006. In Tga, 1922 m, stellte Margrit Poltera in ihrem uralten Bauernhaus Polenta und Braten auf den Tisch, bereitete den Jägern das Frühstück schon lange vor Tag. Ich legte im Massenlager die Decken zusammen, zahlte 70 Franken und machte mich auf den Bergweg. Dieser beginnt gleich vor der Haustüre. Tga und Mulegns sind mit einer gut ausgebauten Fahrstrasse verbunden, doch lässt eine Barriere am Dorfausgang von Mulegns nur Fussgänger durch.

T6 9 Std. ▶ 16,2 km ▲ 2030 m ▼ 1560 m

Ausgangspunkt Tga 1922 m über Mulegns 1482 m an der Julierstrasse

Endpunkt Avers Cresta 1960 m ü. M. oder Pürt 1921 m ü. M.

Karten 1256 Bivio, 1255 Splügenpass

Verschiedenes Den Abend nach der Tour geniesst man am besten im Avers, dem höchsten dauernd bewohnten Tal der Alpen, oder in Zillis und bewundert in der Kirche die berühmteste Holzdecke. Im Laufe des nächsten Vormittags fährt man mit dem Postauto nach Thusis und steigt am Nachmittag vom Bahnhof über Carschenna nach Obermutten, dem Ausgangspunkt für die nachfolgende Tour auf den Piz Curvér, er ist der kleine Bruder des Piz Platta.

Unterwegs einkehren Adolf und Margrit Poltera-Robustelli,7455 Mulegns. Tel. 081 684 53 46 oder 079 413 06 73. Tel. Hütte 081 684 57 57.

Talort Mulegns an der Julierroute und Avers Cresta

■ Auf Muttans über dem Lai da Marmorera ist der Piz Platta am schönsten. Der Einstieg zum Nordgrat liegt über den Schafweiden in der Bildmitte.

Variante 1 Abstieg vom Grat zum Tälihorn nach Westen etwa bei P. 3140. Über die sehr steile Geröllflanke steigt man im Spätwinter von Avers mit Ski auf und fährt wieder ab, ausgeapert aber ist sie mühsam und heikel

Variante 2 Abstieg über den Vadret da Piz Platta in die Val Bercla. Steinmännchen markieren den Weg über die glatt geschliffenen Felsen, aber viele von ihnen werden im Winter von Lawinen weggefegt, und der Weg ist nicht ganz leicht zu finden. Auf dem Gletscher ist manchmal Eisausrüstung nötig.

Die Route Die erste Gratstufe umgeht man durch die Val Bercla, biegt auf 2280 m rechts zur Schafalp Platta ab. Sie hat dem Berg den Namen gegeben, Namen übertragen sich meistens vom Tal auf die Berge, das Matterhorn ist das Horn über der Matte. Der Grat setzt auf der Schulter bei P. 2655 m an. Er ist immer noch lange genug.
Der Aufstieg beginnt mit einem Tanz von Block zu Block und weckt die Lust, sich am Fels zu bewegen. An der ersten Stufe aber greifen dann auch die Hände ins raue, griffige Urgestein. Schwierigkeiten kann man suchen oder fast immer umgehen. Nach einer zweiten Schulter türmt sich der Grat so hoch auf, als ginge es dort oben gar nicht mehr weiter. Doch die Genusskletterei wird immer schöner und steiler und ausgesetzter. Noch immer sind fast alle Schwierigkeiten vermeidbar, wo aber bliebe die Freude? Am schönsten ist es stets auf der Gratkante über der grausigen Nordwand. Pioniere stiegen einmal über Rippen und Rinnen und Stufen zum Gipfel, jetzt folgt kaum einer.
Vielleicht ist die Schulter doch schon der Gipfel, keimt eine Hoffnung, dann die bekannte Enttäuschung: Weit, weit hinten das Kreuz auf einer spitzen Nadel mit bunten Schuttreisen. Die Felsen dort scheinen brüchig zu sein. Sie sind es nicht. An der Gipfelnadel sind kleinere Nadeln, jede elegant und fest, kleine Schuttreisen sind nicht zu vermeiden. Aber erst nach dem letzten Zug richten wir uns vor dem Gipfelkreuz auf. 4–5 Std. von Tga.
Der Abstieg von der ganz flachen Kuppe ist nicht leicht zu finden. Ein Wald von Steinmännchen zeugt von der Freude am Bauen, die meisten führen zum Couloir auf der Südseite. Das ist der Winteranstieg, Wagemutige fahren sogar durchs Couloir ab. Schöner ist der Abstieg nach Westen Richtung P. 3201. Von dort gehts über den Grat in 1½ Stunden hinüber zum Tälihorn 3164 m.
Vom Tälihorn auf Wegspuren hinunter zur Fuorcla Bercla und den Bandseen. Ihre Schönheit ist im Vorbeigehen nicht zu erfassen, sie laden zum Ausruhen ein, man sei eine Zeitlang nur da. Erst dann nehmen unsere Augen das Spiel von Farbe und Licht auf dem Wasser wahr. Der holprige Fussweg nach Avers Cresta nimmt 1¼ Stunden in Anspruch, das Postauto hält auch in Pürt. Das erreicht man über ganz steile Weiden und Wiesen rascher.

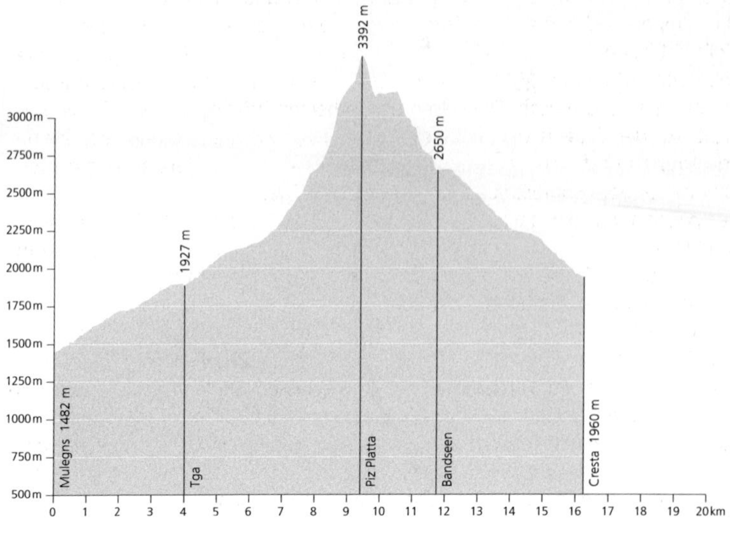
3392 m
2650 m
1927 m
Mulegns 1482 m
Tga
Piz Platta
Bandseen
Cresta 1960 m
3000 m
2750 m
2500 m
2250 m
2000 m
1750 m
1500 m
1250 m
1000 m
750 m
500 m
0
1
2
3
4
5
6
7
8
9
10
11
12
13
14
15
16
17
18
19
20 km

Einzigartig ist die Muttner Höhi

Ein Herbstabend auf der Muttner Höhi 2000 m ist ein Erlebnis. Nie leuchten Lärchen schöner als im letzten Licht, wenn die Tannen schon dunkeln. Es ist eine «Höhi wie nid grad a Höhi». Auch drüben am Heinzenberg strahlen im dunklen Grün Lärchen, während das Domleschg noch ganz in der Sonne liegt. Von der Höhi gesehen erkennt man das Städtchen Fürstenau, die alte Sommerresidenz des Bischofs von Chur. An der Almenser Rüfe dahinter das Schloss Riedberg, in dem der Pfarrer Georg Jenatsch seinen Gegner mit dem Beil erschlug. Mit dem gleichen Beil soll nach C. F. Meyer Pompejus einzige Tochter Lucretia, die Jenatsch liebte, das Blut ihres Vaters an Jenatsch gerächt haben. Heute wohnt im Schloss Riedberg ein Biobauer, der als Jurist im Nationalrat die Bündner Sozialdemokraten vertritt.

Mutten ist auf seiner schwer zugänglichen Kanzel über Sursés und Schons eine Sprachinsel, wo das Deutsch der Walser am reinsten erhalten blieb, sagte sich Rudolf Hotzenköcherle, Student der Sprachwissenschaft von Chur und Bürger von Rongellen. «Die Mundart von Mutten» war seine Doktorarbeit, erweitert auf über 600 Seiten legte sie den Grund der neuen Walserforschung und habilitierte Hotzenköcherle als Professor an der Universität Zürich. «Die Mundart von Mutten» von 1934 war ein sprachgeschichtlicher Markstein.

Im Zuge der Völkerwanderung sind Alemannen ins obere Wallis gewandert, ein Teil zog nach Graubünden weiter, die Romanen nannten sie Walser. Nie haben Walser romanisch gesprochen. Die Sprache einer Menschengruppe sagt von ihrem Wesen viel mehr aus als ihre Abstammung.

Ganz anders reden die Leute im Churer Rheintal. Auch ihre Mundart ist wissenschaftlich genau erfasst. 1917 schrieb Paul Meinherz seine Doktorarbeit: «Die Mundart der Bündner Herrschaft». Die Leute im Churer Rheintal sprachen romanisch. Der Churer Stadtbrand habe den Sprachwechsel gefördert. Die meisten Häuser waren aus Holz und mit Schindeldächern bedeckt. 1464 brannten fast alle nieder, überstanden haben der Hof, das Nikolaikloster und der Rorschacherhof. Kaiser Friedrich III. half, indem er viele Handwerker aus Franken nach Chur schickte, die Aufbauarbeiten leisteten. Fränkisch sprachen auch die Verwalter des Kaisers, natürlich mit dem Akzent ihrer Sprache von früher. Es gibt also kein Bündnerdeutsch, das Deutsch der Walser und das Deutsch der Bündner im Rheintal sind zwei grundsätzlich verschiedene Sprachen. PM

Das Domleschg hat Richard La Nicca geprägt

Die Rheinebene im Domleschg hat Richard La Nicca gestaltet. Der Pfarrerssohn von Tenna wurde einer der einflussreichsten Ingenieure der Schweiz.1828 schlug La Nicca vor, das Geschiebe des Nollen in acht Kammern im oberen Domleschg aufzufangen. Jahrzehntelang wurde dann Wasser in diese Kammern geleitet. In diesen Kammern setzte sich der Schlamm. Daraus entstand im Laufe der Zeit bestes Kulturland. Als Trägerschaft dieser Kolmatierung schlug La Nicca eine Aktiengesellschaft vor. In einem «Verein für die Rheinkorrektur» begannen erst Rodels und Cazis Auffangbecken nach den Plänen La Niccas quer ins Tal zu bauen. Zum ersten Mal verwendete La Nicca im Domleschg Rollbahnen, um auf dem Arbeitsplatz Erde und Steine auf eisernen Schienen zu verschieben. In Jahrzehnten setzte sich in den durch Dämme entstandenen Becken aus stehendem Wasser Schlemmstoffe nieder. Mit der Zeit wurde daraus fruchtbarste Ackererde. Da der Rhein kein Geschiebe mehr mitführte, konnte er jetzt zwischen Dämmen durchs Domleschg geleitet werden.

Auch die Bürger von Maienfeld begannen kurze Zeit später zum grossen Teil im Frondienst nach La Niccas Vorbild bestes Kulturland zu gewinnen. Nach Plänen La Niccas bauten sie für Wagen und Werkzeuge den alten Werkhof, der an der Bahnhofstrasse in Maienfeld heute noch steht. Dass La Niccas Baudenkmal in Maienfeld jetzt durch die Zeiten dämmert, ist peinlich. Aber die Bürgergemeinde will es bewahren, vor kurzem hat sie diesen La-Nicca-Bau zu Bewahrung in ihre Hand genommen. Nach seinem Rat haben die Bürger meist im Frondienst zwischen Landquart und Fläsch 200 ha bestes Kulturland geschaffen. Noch heute hält die Bürgergemeinde diese Güter mit Stolz fest in ihrer Hand. PM

Etappe 242

Wild und steil zur Muttner Höhi

Thusis – Obermutten

Auf Obermutten endet ein wilder «Hüttenanstieg» auf 1860 m im Zweibettzimmer mit Dusche, Fernseher und Telefon. Zu finden ist der kurzweiligste der drei Wege allerdings nicht ganz leicht.

T3 3 Std. 30 Min. ▶ 7,5 km ▲ 1350 m ▼ 190 m

Routencharakter und Schwierigkeit Wanderweg Via Mala bis Carschenna P. 1119. Weiter entweder: auf markiertem Wanderweg nach Carschenna bei P. 1033 Tarneras und ausgesetzt, aber markiert und gesichert nach Crocs.
Oder: Viel spannender aber unmarkiert und ungesichert durch den steilen, mit Felsen durchsetztem Wald auch nach Crocs.
Zwischen Carschenna und Crocs weder ganz leicht zu finden noch ganz leicht zu ersteigen.

Zeit Thusis 691 m – Crocs 1574 m 2 Std.
Crocs1574 m – Muttner Höhi 2000 m 1 Std.
Muttner Höhi 2000 m – Obermutten 1863 m 30 Min

Ausgangspunkt Thusis Bahnhof 691 m

Endpunkt Obermutten Berggasthaus Post, Tel. 081 559 02 02, info@gasthaus-obermutten.ch. 48 Betten, ein gemütliches Restaurant, ein Saal für Feste und Anlässe. Martin Schütz und Ruth Baier heissen Sie herzlich willkommen.
Zweimal reisst mich der Heubelüfter aus dem Tiefschlaf, sonst hätte ich den Nachthimmel über Mutten gar nicht richtig bewundert, Stern um Stern funkelten so klar wie in der Wüste.

Karten 1215 Thusis, 1235 Andeer

■ Muttner Höhi und Piz Beverin, dazwischen liegt die Viamala.

Die Route Kaum entsteigt man in Thusis der Rhätischen Bahn, verirrt man sich im Gewirr der Zufahrten zur N 13. Auch der Wegweiser weiss nicht, dass er Fussgänger auf die alte Landstrasse nach Sils i.D. schicken soll. Im Dunkeln der Strassenunterführung steht dann endlich: Hohenrätien – Carschenna – Obermutten. Wir folgen dem Fussweg über Hohenrätien nach Carschenna.
Drei Wege führen zwischen Bäumen und Felsen von Carschenna nach Obermutten. Der Wegweiser weist uns auf den Fahrweg nach Tarneras und übernimmt damit die Verantwortung nur für den östlichen Weg. Der westliche biegt bereits bei P. 1012 nach Sant Albin ab, ist aber nicht angeschrieben.
Ich wählte den mittleren. Er setzt erst im Innern des Waldes südlich von P. 1119 an, man findet ihn kaum, aber am südlichen Ende des horizontalen Holzwegs verfehlt man ihn nicht. Dort führen ein paar Fussspuren in einer Lichtung ganz steil im Wald hoch. Mit der Zeit hält man die Tritte für einen Fussweg. Dieser Aufstieg ist nicht von Wanderleitern für Touristen geplant, sondern für Jäger und Bergler, die möglichst rasch ins Tal stiegen und wieder zurück, felsige Abgründe rechts und links und oben und unten. Aber man kommt nach Crocs. Die winzige Lichtung dient der Erholung: eine Feuerstelle mit reichlichem Holzvorrat, eine alte, schwarzbraune Hütte und ein ganz neuer Stall. Ein Paar kommt von oben, steigt auf markiertem Weg ab nach Carschenna. Allein kommt der Mann bald zurück: Er sei nicht schwindelfrei, ziehe es vor, nach Obermutten zurückzusteigen und mit dem Postauto ins Tal zu fahren. Auf dem Weg über Sant Albin wird man Obermutten auch erreichen.
Von Crocs auf markiertem Wanderweg nach Obermutten.

Sehenswürdigkeiten Hohenrätien ist die ausgedehnte Fluchtburg Hochrialt, wie sie eigentlich heisst. Für sie haben wir heute keine Zeit. Es ist eine Grossanlage mit einem festen Turm, einer Kirche und verschiedenen Nebenbauten. In Notzeiten fand hier die Bevölkerung in den Mauern des Landesherrn Schutz, gute Landesherren waren eigentlich dafür da.
Auch mit den vorgeschichtlichen Felszeichen auf Carschenna, die vom Glauben der vorchristlichen Menschen der Gegend zeugen, können wir uns nicht befassen. Ein Förster entdeckte sie erst in unserer Zeit, zu ihrem Schutz deckten Denkmalpfleger sie wieder zu.

■ Tief unter der Muttner Höhi liegt das Domleschg, ein Tal, das Geborgenheit bietet.

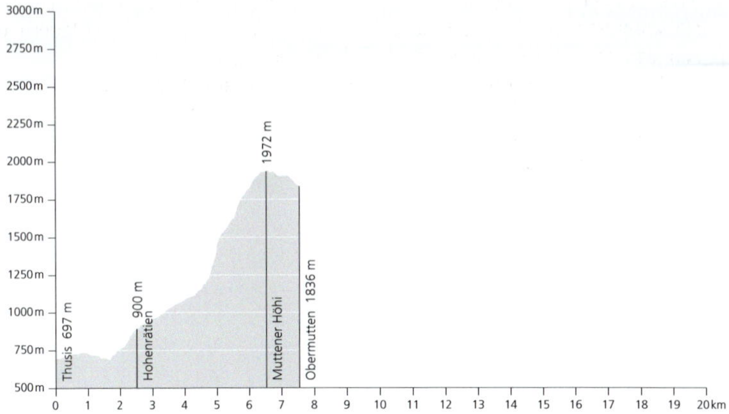

Etappe 243

Abseits der Massen zum Piz Curvér

Piz Curvér

Der Piz Curvér steht still über den Massentouristen. Die Bahn führt Fahrgäste von Savognin auf den 2670 m hohen Piz Martegnas, dort steht der Piz Curvér vor der Nase. Drum stand ich bei meiner Erkundung für den Alpinwanderführer zum ersten Mal auf diesem Gipfel. Am liebsten hätte ich mich bei ihm dafür entschuldigt. Doch «was wären die Berge, wenn sie die nicht hätten, die sie bewundern»? Nietzsche sagte das zwar zur Sonne, ich meine, das gilt auch für die Berge.

T6– 8 Std. 30 Min. ▶ 18,1 km ▲ 1480 m ▼ 2290 m

Zeit	Obermutten – Piz Curvér Ping da Taspegn	3 Std.
	Piz Curvér	2 Std.
	Abstieg über Alp Neaza nach Pignia Bad	3 Std.

Ausgangspunkt Berggasthaus Post, 7431 Obermutten, Tel. 081 659 02 02 info@gasthaus-obermutten.ch, 48 Betten, gemütliches Restaurant und ein Saal für grosse Feste.

Endpunkt Pignia Bad Postauto

Einfachster Abstieg ins Tal Ziteil – Parsonz – Savognin

Karten 1215 Thusis, 1235 Andeer

Die Route Der Aufbruch in Obermutten gleicht einer Bergfahrt in den grossen Gebirgen der Welt: vom Ziel sieht man beim Start keine Spur. Man folgt der Senda Surmirana von der Kirche Obermutten und wandert von Stange zu Stange über Muttner Alp, erreicht über den Böden den Feiler Grat bei P. 2442. Dabei braucht man nicht bei der Sache zu sein, ortsfremde Gedanken

■ Auf dem Gipfel des Piz Curvér reihte ich stolz Bild um Bild zu einem grossartigen Panorama. Auf dem Abstieg aber gefiel mir ein Bild vom Maiensäss Bavugls in leuchtenden Lärchen unter schützenden Felsen besser.

schleichen sich ein, ganz richtig in den Bergen ist man nur, wenn der Weg Hauptsache ist. Nach 2 Std. weist ein Wegweiser bei P. 2501 nach «Zitail». Wir bleiben aber auf dem Grat und dürfen endlich der Nase nach über den Gratrücken steigen, hinauf zum Piz Curvér Pintg da Taspegn.
Dieser Piz ist flach wie ein Fussballfeld, aber hier sehe ich nach 3 Std. und 15 Minuten endlich mein Ziel: weit, weit hinten, winzig klein hinter einem bedrohlichen schwarzen Turm schneeweiss ein flacher Grat zum Piz Curvér.
Ich überquere den Fussballplatz, dahinter reiht sich Gratzacken an Gratzacken, ein bisschen gehen, ein bisschen klettern, auf und ab, kurzweilig, aber zeitraubend bis ein dunkler, abweisender Turm den Grat sperrt. Probieren geht über Studieren. Ich steige von Felsblock zu Felsblock, dann folgt ein besonders grosser, drei, vier Meter vielleicht. Griffe und Tritt sind zuverlässig, ich lasse meine zwei Stöcke getrost am Handgelenk baumeln, Schwierigkeit 2. Einem Ängstlichen hilft man hinauf. Dann wieder weiter von Stufe zu Stufe. Der Turm reicht mit seinen 2859 m bis 112 Höhenmeter an die Höhe des Curvér, doch steht dieser noch immer 1,2 Kilometer weit weg. Nach dem Turm wird der Grat zum Spaziergang, auf aperen Stellen werden deutliche Wegspuren sichtbar, jetzt im Oktober liegt fester Trittschnee, ich betrete den Gipfel wie einen Viertausender. Nach 5½ Stunden stehe ich auf dem Piz Curvér. Kein Gipfelbuch, der Curvér ist kein Berg für die Masse.
Sehr gute Fernsicht meldeten die Meteorologen. Ich sah die Wildspitze im Öztal, Ortler und Adamello im Südtirol, Piz Kesch und die Berninagruppe, vor der Nase Piz Platta, Piz Julier, dahinter glänzte der Bondascagletscher, eine der schönsten Bündner Skitouren, Gemelli, Cengalo, Badile. Schon etwas kleiner Piz Timun, Surettahorn, Piz Tambo, und ganz winzig die Ostwand der Dufourspitze am Monte Rosa. Bietschhorn, Aletschhorn, Mönch, Finsteraarhorn, Galenstock, niemand hat mich korrigiert, und ich störe niemand mit meiner Litanei. Bei Oberalpstock, Tödi, Ringel, Calanda, Schesaplana, Drusen- und Sulzfluh bin ich wieder ganz sicher.
Wo steige ich vom Curvér ab? Der Hartschnee lockt auf der Nordseite, er reicht bis fast zur Alp Taspegn. Über den nordwestlichen Gratrücken führen Wegspuren und Spuren im Trittschnee hinunter zum Sattel am Curvér Pintg da Neaza und durchs Geröll weiter Richtung Alp Neaza. Auf den Alpweiden waren Kühe die Wegmacher, leider führen ihre «Trajen» stets hin und her, und als Treppenstufen sind Kuhweglein unbequem. Den Neaza-Alpweg erreicht man bei P. 2138 , er führt nach Bavugls, 1031 m unter dem Piz Curvér, 974 über dem Pignia Bad. Ein Halt auf diesem Bilderbuch-Maiensäss lohnt sich. Unter dunklen Felsen geborgen ist es heute von leuchtenden Lärchen umhüllt. Der Wegweiser auf der Westseite des Baches mahnt: Wanderweg nach Pignia Bad 2 Std. In 100 Minuten fährt das Postauto. Ich spute mich, eine Genusswanderung bleibt es trotzdem. Etwas nördlich von Pignia Bad, bei der

Postautohaltestelle, ziehe ich endlich meine Schuhe aus und warte im Grünen am Strassenrand. Eine Alpinwanderung von 7.00 bis 16.58 war für mich ein herrlicher Tag auf einem ganz stillen Berg. «Mein Ziel Savognin» wirbt für Ferien im Bergtal, ich freue mich in der Höhe im Stillen.

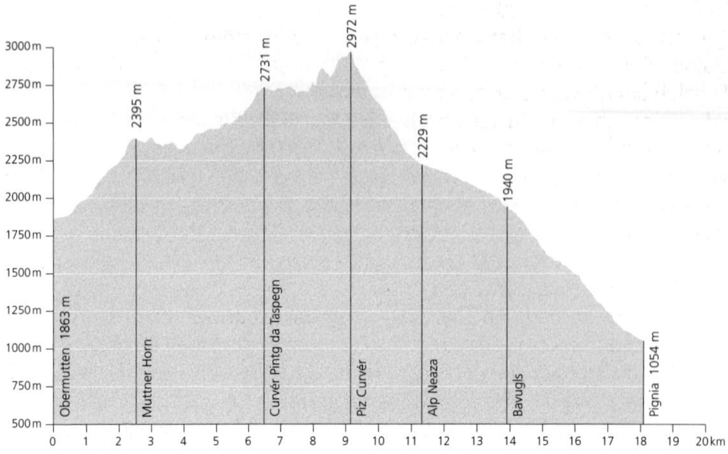

Sicherheit

«Sicherheit» ist das Thema der Foliobeilage NZZ 7/2007. Eine Mutter, Journalistin von Beruf, erzählt, wie sie mit Namensschild am Fuss ihres Säuglings, Pampers, Wickeltasche, das Spital verliess mit einer Broschüre «Angelcare», ein Sensor, der im Kinderbett auf der Liegefläche jede Bewegung registriert. Sobald länger als 20 Sekunden keine erfasst wird, löst «Angelcare» Alarm aus. Kindstod steht im Prospekt nicht. Daheim kamen dann die Gefahren der Wohnung, Steckdosen, Fenster, Treppen Putzmittel, Krankheiten, und Kampfhunde und Strassenverkehr. Dann aber machte sie die erste und wichtigste Erfahrung in Sachen Sorge: Es ist ein Glück, wenn man verdrängen kann, was alles passieren könnte. Das gilt für Bergsteiger auch.

Vielleicht habe sie sich in den ersten Monaten auch so viele Sorgen gemacht, dass irgendwann eine Sorgenerschöpfung eintrat. Ich bin nicht stolz darauf, schreibt die Mutter, aber vielleicht war es auch Angst, dass ihr Kind in Angst aufwachsen muss.

Die Industrie bietet Schutzvorrichtungen an. Sicherheitsriegel für Schubladen und Schranktüren, Kantenschutz, Fensterstops, Steckdosenschutz, Herdgitter, Treppenschutzgitter, Klemmschutz für Türen und Sicherheits-Wärmelöffel mit Temperaturanzeige.

Mit Erleichterung stellt die Mutter dann fest, dass sich unerwünschte Ängste verdrängen lassen. Je mehr Sicherheit die Industrie anbietet, desto entschiedener wehrt sie sich gegen die Angst. Die Mutter sichert Steckdosen, aber den Herd und die Treppe nicht: Das Kind soll lernen, dass es den Herd nicht anfassen darf, weil die Eltern es verbieten. Entscheidend ist, wie viel Sicherheit möglich ist, ohne dass der Aufwand absurd wird? Wieviel Risiko hält eine Mutter aus?

Sie ist überzeugt, der Kampf gegen alle Gefahren wird niemals gewonnen. Wer ihn aufnehme, verliere ihn sicher, wer Vertrauen schafft, stärkt auch das Selbstvertrauen des Kindes.

Beim zweiten Kind denkt die Journalistin an die Ängste beim ersten, sieht beim Kauf eines Himmels für ihren geliehenen Stubenwagen an der Kasse «Angelcare», stark reduziert. Die Mutter zögert, die Verkäuferin sieht es, versichert sich, dass ihre Chefin nicht zuschaut und sagt: «Das Ding geht ständig los, da kriegen sie gar keinen Schlaf mehr. Man muss ja auch ein bisschen Vertrauen haben», sagt die Verkäuferin noch.

Vertrauen in sich und die anderen ist ein wertvolles Bergsteiger-Erlebnis. Glück findet keiner, der beim Bergsteigen stets an die Gefahren denkt. Den Kampf gegen sie gewinnt keiner, aber sie können die Freude am Bergsteigen verderben.

Bergsteigen ist immer ein Wagnis. Wer wagt, gewinnt – den Mutigen gehört die Welt. Wagemut ist das Salz des Bergsteigens. Wohldosiert gesalzen schmeckt Bergsteigen kräftiger, Schwierigkeiten überwinden gibt Kraft und stärkt das Vertrauen in sich selbst. Das ist vielleicht die wertvollste Frucht des Bergsteigens.

Das Lawinenverschütteten-Suchgerät kann die Gefahr einer Lawine verschärfen: Ohne Gerät würde ich den Hang vielleicht gar nicht betreten. Aber es kann den Schreck des Verschütteten lindern: Die Kameraden werden mich finden. Vielleicht bewahrt den Verunfallten dieser Gedanke vor einem Schock.

Auch das Handy im Rucksack erhöht die Bereitschaft zum Risiko. Der zuverlässigste Risikoschutz ist aber der Kamerad. Das Lob vom Bergkameraden und das Lob vom Alleingang singe ich ein andermal, jetzt bleibe ich bei meinen Erfahrungen mit Risiken beim Bergsteigen.

In einer Gesellschaft, die alles versichert, verkümmert die Fähigkeit, Risiken zu beurteilen. Psychologen und Neurologen erklären das so:

«Grundsätzlich können wir auf zwei Arten auf Risiken reagieren: intuitiv oder analysierend. Die intuitive Reaktion, sagt der Psychologe Paul Slovic, hat uns das evolutionäre Überleben gesichert, weil uns der Instinkt davor bewahrte, zum Bespiel gefährlichen Tieren zu nahe zu kommen. Solch gefühlsmässige Entscheide fallen tief im Stammhirn, in der Amygdala, sehr schnell und unbewusst: Dort wird der Befehl ausgelöst, Adrenalin in den Körper zu pumpen, dort wird Kampf oder Fluchtreflex ausgelöst.

Aber die Risiken in unserer modernen Welt sind zu komplex, als dass wir sie gefühlsmässig einschätzen könnten. Dafür haben wir ein nuancierteres, aber langsameres Instrument: das rationale, analytische Abwägen, das im Neocortex geschieht, einer viel jüngeren Gehirnregion, die sich laut dem Psychologen Daniel Gilbert noch in einer «Beta Testphase» befindet: Sie wird von der Instinktreaktion immer wieder überstimmt. Darum fällt es uns schwer, objektiv die Wahrscheinlichkeit des Eintritts und das mögliche Ausmass des Schadens zu bewerten, so wie das die nüchtern kalkulierenden Fachleute tun. Unser Urteil wird meistens getrübt durch Subjektivität und Faustregeln.» PM

Etappe 251

Walserdeutsch auf der Nord- und der Südseite

Chur – Maladers – Montalin – Teufelskopf – Hochwang – Skihaus Hochwang

Chur nennt sich mit Stolz die älteste Stadt der Schweiz. Es gibt auch Bergsteiger, die auf ihr Alter stolz sind, Dankbarkeit wäre würdiger. Freilich hält Bergsteigen frisch, aber Gesundheit im Alter ist vor allem Geschenk. In der herrlichen Kathedrale von Chur hätten wir die beste Gelegenheit, dafür zu danken, es ist ein ganz besonderer Ort, heilig nennen ihn die Leute von heute nicht mehr. Nie musste der Bischofssitz wechseln, in der Schweiz ist Chur damit allein. Fürstenwald, Churs nächster Erholungsraum und die Fürstenalp am Montalin erinnern an die politische Macht des Fürstbischofs.

T4 7 Std. ▶ 13,9 km ▲ 1960 m ▼ 1000 m

Zeit Maladers 1000 m, 7h 15, Fürhörnli 1888 9h 10, Montalin 2256 10h 45, Ful Berg, 2390 12.45 – 13.45, Tüfelsch Chopf 2455, 14.30, Postauto Pagig 16.00

Ausgangspunkt Maladers

Endpunkt Skihaus Hochwang, Sankt Peter, 1958 m ü. M., 769.774/191.665.

Karte 1196 Arosa

Die Route Im Wald von Maladers und auf den Maiensässen ist der Weg noch breit, kurzweilig und frühmorgens schattig. Nach 888 Meter Aufstieg lohnt sich ein Halt auf dem Fürhörnli. Wer hier ein Augustfeuer entzündet, wird von der Stadt Chur belohnt.

Der weitere Weg vom Fürhörnli zum Montalin ist blau-weiss markiert. Gleich nach dem Gipfel blühen Edelweiss am Gratweg. Auf Trittspuren hinüber zum

■ Das Bild zeigt Chur, Fürstenwald, Scaläratobel und Montalin. Fürst ist der Bischof von Chur schon lange nicht mehr, und die toten Churer vom Scaläratobel klopfen auch nicht mehr ans Tor der Stadt. Namen erinnern an vergangene Zeiten.

Gromser Chopf. Die Schafläger sind im Frühsommer satt grün, im Spätsommer stinkt hier der Mist. Schafe streben immer nach oben, nicht nur in der Sommerhitze, auch wenn es schneit. Der Ful Berg trägt seinen Namen zu Unrecht, man bleibt auf der schwindligen Gratscheide auch ohne Angst hellwach. Ein Tierpfad quert die Flanke vom Tüfelsch Chopf, der Grat ist kurzweiliger, hier ist er zum letzten Mal scharf. Ein Wang ist eine steile Grashalde, das ist auch der Hochwang, mit 2532 der höchste Punkt heute. Jetzt wenden wir uns südwärts, immer auf dem Grat bleibend zum Ratoser Stein. Der Ratoser Stein war einst der schönste Schanfigger Skiberg, bis ein Lift ihm den Reiz für Skibergsteiger stahl, und Fatschel vom Maiensäss zum Feriendörfli mutierte.
Wir werden auf dem Ratoser Stein etwa sieben Stunden unterwegs sein und froh, dass 500 tiefer im Skihaus Hochwang jetzt auch im Sommer gewirtet wird. Es liegt am Schanfigger Höhenweg.

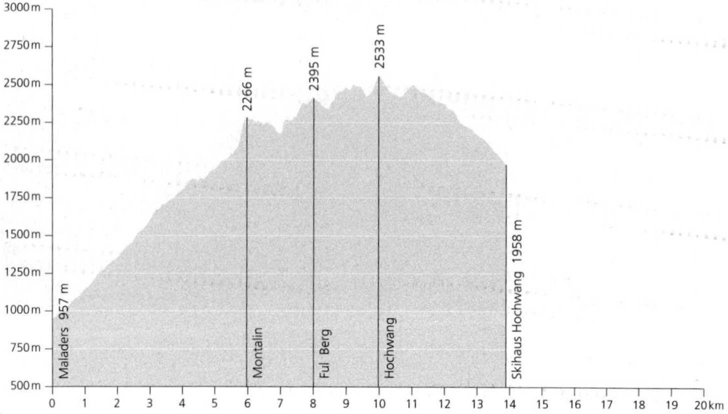

Möge der Heiland dem Lawinenschutz Kraft verleihen, wird sich der Maurer gesagt haben, der im Auftrag des Bischofs die Alphütte auf der Fürstenalp schützte.

Etappe 252

Fondei, Ruheraum zwischen Arosa, Davos und Klosters

Skihaus Hochwang – Mattjisch Horn – Skihaus Casanna im Fondei

Wir gratwandern weiter: Arflinafurgga - Mattjisch Horn - Zenji - Strassberger Fürggli - Kistenstein. Auf dem Mattjisch Horn liegt eine ganz andere Welt vor uns. Zwischen den Kurorten Arosa, Davos und Klosters ein Hochtal in Ruhe, Frieden und Stille. «Fondei Skiliftfrei» das ist das Schlagwort der vier Fondeier Frauen, die für ihr Fondei kämpfen. Fondei ist raumplanerisch eine Erhaltungszone, Zweckänderungen von Bauten sind erlaubt, in Kuhställen macht man jetzt Ferien. Strom gibt es nur aus Kollektoren, für Kühlschränke und Haushaltmaschinen reicht das nicht. Petrollampen verrussen die Stuben nur noch selten, es leuchtet gespeichertes Sonnenlicht.

T3 5 Std. ▶ 7,9 km ▲ 580 m ▼ 600 m

Ausgangspunkt Skihaus Hochwang, 1958 m, Tel. 081 374 11 08.

Endpunkt Skihaus Casanna Fondei, 1944 m, Tel. 081 374 20 82. Christoph Menegon-(Hafen), Pension.

Karte 1196 Arosa

Die Route Auf Wegspuren nach Muschgel und über den Rücken zum Cunggel, 2413 m, über den Faninpass, 2306 m, zum Mattjisch Horn 2460 m, und auf Wegspuren Abstieg zum Skihaus Casanna, 1944 m.

Wir können den Tag auch ganz gemütlich gestalten: Ein Bad im Glunersee, ein zweites im Grünsee und dann ¾ Std. Abstieg ins Skihaus Casanna bei Strassberg. Oder auf dem Schanfigger Höhenweg zum Zmittag im Berggasthaus Pirigen, 1773 m, und übers Fürggli nach Strassberg in Fondei.

■ Fondei Skiliftfrei ist das Schlagwort der vier Fondeier Frauen. Sie wollen zwischen Arosa, Klosters und Davos eine Insel der Ruhe erhalten. Skilifte wurden abgebrochen.

■ Die «Alpenruh» auf Strassberg war einmal ein Stall für Kühe, jetzt wird darin nicht mehr in der Futterkrippe gegessen.

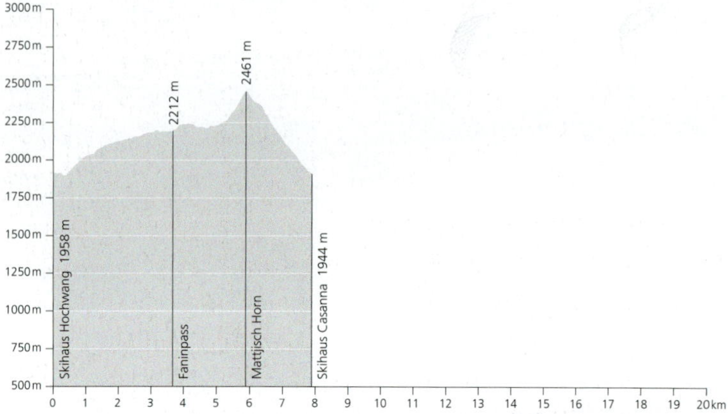

Fondei Skiliftfrei

Begeistert erzählt man mir: In Fondei lebt man noch in einer Art, die nicht an den Grundlagen des Lebens nagt! Mir fällt das Modewort Nachhaltigkeit ein: Zwischen den Weltkurorten Davos, Arosa und Klosters soll Fondei nachhaltig genutzt werden. In der Abstimmung über Rothenthurm hat das Volk Moorlandschaften der Schweiz geschützt. In Fondei gibt es sie in herrlicher Vielfalt. Die Leidenschaft, mit der die vier Frauen mir davon erzählen, hat mich begeistert, und ich versuchte, ihr Anliegen in Worte zu fassen. Den Text legte ich dem Gemeindepräsidenten vor.

Dieses Bild von Fondei sei grundfalsch. Die Bauern arbeiten nicht mehr mit Sense und Heutuch, Arbeitskräfte dafür gibt es gar nicht. Jeder besitzt einen Maschinenpark, der weit über 100000 Franken kostet, und der kommt mit ins Fondei. Fondei wird mit Maschinen der Neuzeit genutzt. An der Langwieser Gemeindetankstelle werden jährlich 20000 l Dieselöl und 40000 l Benzin bezogen, ein grosser Teil davon wird im Fondei verbrannt. Der Präsident war mit meiner Gegenüberstellung zufrieden, die vier Frauen nicht.

Nach 30 Jahren sind die Skilift-Ruinen endlich abgeräumt. Die vier tapferen Frauen aber legen ihre Hände nicht in den Schoss. Und sie haben Grund: Am 30. September 2006 hob die Eidgenossenschaft den Lehrstuhl für Natur und Landschaftsschutz an der ETH auf: «Die wissenschaftlichen Errungenschaften im Landschaftsschutz drohen in alle Richtungen zu verflattern», sagt der letzte Professor für Natur und Landschaftsschutz in der Schweiz. (NZZ 2006 No 153 S. 15). Bis jetzt hatte die Schweiz die bestgeschützten Alpen der Alpenländer.

Etappe 253

Über Grossbaustelle in «Heimeli»

Skihaus Casanna – Fondei Sattel – Zenjiflue – Weissfluh – Sapün

Aus einem der allerlieblichsten aller Bündner Täler auf einen schrecklich verunstalteten Gipfel und wieder hinab in die heimelige Pension «Heimeli».

T6 6 Std. ▶ 10,6 km ▲ 1180 m ▼1240 m

Ausgangspunkt Skihaus Casanna, 1944 m, Tel. 081 374 20 82, Menegon Christof-(Hafen) Pension.

Endpunkt Berggasthaus Heimeli
Tel. Langwies: 081 374 21 61, Fax 081 374 21 71.
E-Mail: info@heimeli.com

Karten 1196 Arosa, 1197 Davos

Die Route Bei «Sattel» P. 1980 überschreiten wir auf einem Brett den Fondeier Bach, erreichen über Wangegg P. 2394 die Felstürme, die «Zenji». Unter den Felsen ein paar Schritte nach rechts und in leichter Kletterei auf die Spitzen der Zenji und weiter auf den Gipfel der Zenjiflue, 2686 m.
Auf der Schwerzi, P. 2568 setzt dann der Westgrat zur Weissfluh an. Er beginnt sanft, wird steiler und türmt sich zuoberst zu Zacken auf. Der Fels ist griffig und eisenhart, man kann die Schwierigkeit suchen oder sie ganz umgehen. Sie zu erklettern ist ein Genuss. Die Aussicht von der Weissfluh ist einzigartig, doch im Sommer ist der Gipfel eine Grossbaustelle. Gebaut wird für die Flugüberwachung der Schweiz, zivil und auch militärisch, also geheim. Meine Fragen hat man hochdeutsch beantwortet. Wenn man Pech hat, wird die Flugleitstelle gerade beübt, dann heulen und dröhnen einem die Luftraumbewacher stundenlang um die Ohren. Zum Glück üben sie selten.
Das Bergrestaurant am Südrand der Baustelle ist im Sommer geschlossen.

An eine Gipfelrast auf der Weissfluh ist gar nicht zu denken. Wo es im Winter von Skifahrern wimmelt, sind im Sommer nur Arbeiter da. Ein Bergweg führt von der Bergstation aus der Wüste hinunter aufs Weissfluhjoch, viel schöner sieht es dort unten im Sommer nicht aus. Wir verlassen den Weg nach 100 m nach Süden und steigen Richtung Haupter Alp ab. Zwei Felsriegel erschweren den Abstieg, im Nebel wären die Durchgänge nicht leicht zu finden. Ein Steinmann zeigt den Einstieg in den unteren Riegel an, westlich P. 2622.
Das Geröll an der Halde hinunter zur Alp ist schiefrig und weich, man gleitet bei jedem Schritt angenehm weiter. Den Fussweg suche man erst beim See, 2091 m «Haupt» ist seit Jahrhunderten ein Alpsitz der Walser, erhalten ist er wie ein Museum. Jetzt steht bei jedem Haus ein Auto. Zum Berggasthof «Heimeli» auf der Höhe 1831 sind es zu Fuss noch zehn Minuten. Im gemütlichsten Stübchen im ganzen Schanfigg wird man freundlich empfangen.

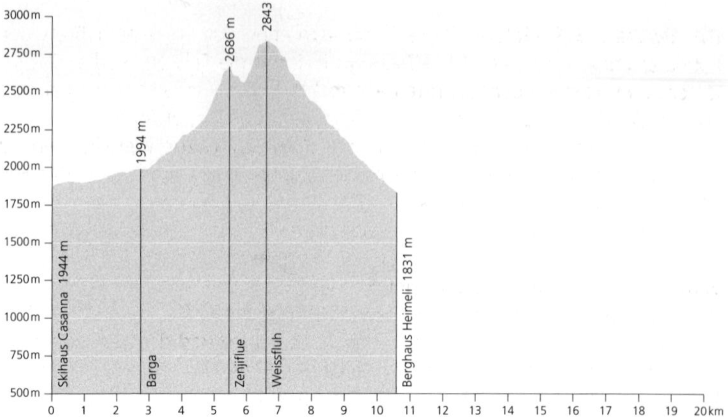

■ Wegweiser aus alter Zeit und doch noch immer gültig.

Wunderbare Abendstimmung.

Etappe 254

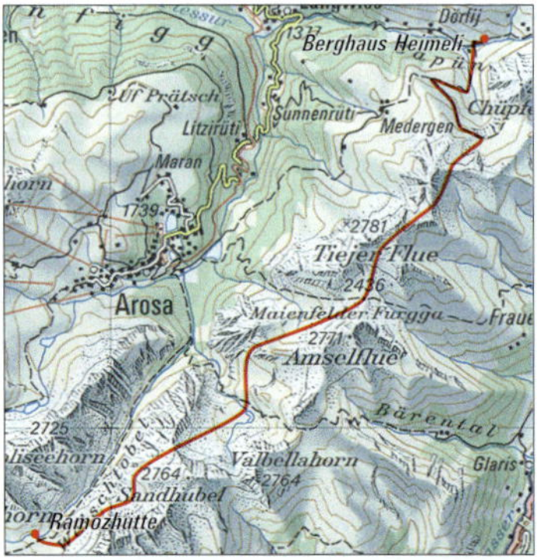

Eine lange Reihe prachtvoller Aroser Berge

Sapün – Altein – Ramozhütte

Der Weg ist zwar weit, das Ziel aber erreichbar. Möglich ist eine Zwischenstation im Heulager der Maienfelder Furggenalp. Die Natelnummer der Hirtin ist bei der Stadtverwaltung in Maienfeld zu erfragen. Je nachdem bewirtet sie gerne Gäste, um ihren Hirtinnenlohn aufzubessern. Auf der Furggenalp finden etwa 100 zweijährige Rinder ihr Futter, sie gehören den Bauern von Maienfeld. Die Alp besass das Kloster Churwalden. Die mittelalterlichen Freiherren von Vaz haben das Kloster mit Gütern in Maienfeld reich beschenkt. Was nach der Reformation mit diesen Gütern geschah, schreit noch heute zum Himmel. Vom verarmenden Kloster kaufte auch Maienfeld die Alp Furgga, sie war dreimal grösser als heute. Um 1630 geriet die Stadt Maienfeld in Kriegsnöte. Zwei Drittel ihrer grossen Furggenalp musste sie an die Stadt Chur verkaufen.

T4 8–9 Std. ▶ 18,3 km ▲ 1780 m ▼ 1320 m

Ausgangspunkt Berggasthaus Heimeli, Tel. Langwies: 081 374 21 61, Fax 081 374 21 71 E-Mail: info@heimeli.com

Endpunkt Ramozhütte, SAC Sektion Arosa, Präs. Hatz Jann Sandhubel 7050 Arosa 081 356 50 52. Die nicht bewartete Hütte ist ein beliebtes Ziel für Familienwanderungen von Arosa.

Karten 1196 Arosa, 1216 Filisur

Die Route Wir folgen vom Heimeli dem Schanfigger Höhenweg Richtung Medergen bis auf die Wangegg. Dort steigen wir über den Grasrücken hoch und über eine kleine, felsige Stufe (T4) hinauf auf den Grat zur Mederger Flue

■ Maienfelder Furka heisst dieser sanfte Übergang von Davos nach Arosa nach der Furggenalp, welche die Stadt Maienfeld vom Kloster Churwalden erwarb.

2674 m. Abstieg vom Gipfel zuerst nach Süden, man umgeht die Felsen östlich und erreicht die Schwifurgga. Weiter über Tiejer Fürggli zur Maienfelder Furgga. Man steige nicht bis zum Wegweiser bei P. 2153 m ab, an den Moränenseelein im Aufstieg zum Schönboden gönne man sich eine Rast, sie spiegeln Furggahorn, Amselflue und Schiesshorn. Ein Abstecher ohne Rucksack auf das nur 200 m höhere Schiesshorn lohnt sich. Man schaut von rauen Kalkfelsen auf die Gartenstadt Arosa zwischen Alpweiden und Tannengrün.
Rot oder blau kriecht die Arosabahn durch die Tannen, schlüpft beim Untersee gar in einen Tunnel, und erscheint auf dem Bahnhof wie aus dem Untergrund.
Von Schönböden zur Leidfluefurgga ist es abseits des Wegs schöner, kurze Alpgräser und Blumen füllen die Zwischenräume der Steine, man geht wie auf einem Teppich. Vorbei am Alteinsee erreicht man dann froh die Leidfluefurgga.
Der Sandhubel überragt sie nur um 295 m. Er ist der einzige freundliche unter den wilden Kalkbergen ringsum. Mit mühsamen Geröllhalden und widerspenstigen Gratzacken weisen sie alle andern Besucher ab. Auf den Sandhubel steigt man ohne Schwierigkeiten in einer Stunde hinauf und hinab, wenn man den Rucksack am Wegrand zurücklässt. Der Blick von sanfter Höhe auf garstige Nachbarn ringsum schmeichelt vor allem dem Einzelgänger.
Der Alteinsee sammelt die Bächlein aus Osten, Süden und Westen in einer offenen Mulde und schickt sie vereint hinunter nach Norden. Über den Alteiner Wasserfall springt er zum Vergnügen der Wanderer hinunter ins Welschtobel.
Wir wandern am Seelein vorbei und steigen im satten Grün zum P. 2465, eine namenlose Furgga und bewundern dabei die Steinwüste von Murterus. Wüsten können gar schöner sein als Alpweiden! Goethe findet in seiner Farbenlehre Grün stumpf. Mit dem Blick auf die Vielfalt der riesigen Geröllhalde steigen wir auf den kleinen Sattel. Unter uns liegt jetzt Ramoz.
Wer von Arosa durchs Welschtobel ansteigt, erreicht die Hütte über eine Steilstufe. Wir kommen von oben, Erzhorn und Aroser Rothorn rahmen den herrlichen Talschluss ein, und die Pizza Naira deutet die Sprachgrenze an. An ihrem Südfuss liegt Alvagni (Alvaneu) im Albulatal.
Am Rande der Mulde steht die Ramozhütte des SAC. Die Sektion Arosa mit ihren Weltklassehotels unterhält ihre Hütte nach Grossväter Art. Sie wurde 1921 gebaut, 1945 von einer Lawine zerstört und gleich wieder aufgebaut. 40 Schlafplätze, etwas weniger Sitzplätze und eine kleine, offene Küche mit fliessendem Wasser. In 2½ Stunden leicht von Arosa erreichbar, wird sie von Familien und Schulen gerne besucht. Sie ist nicht bewartet, jeder kocht, was er mitbringt. Man wäscht sich die Hände am Brunnen über der Hütte nach dem Besuch des einzigen Aborts für 40 Männer und Frauen. Tourenziele sind das Aroser Rothorn, Lenzerhorn und Übergänge nach Lenzerheide und Alvaneu.

■ Am Ufer des Stausees von Arosa liegen die untersten Weiden der Maienfelder Alp Furgga.

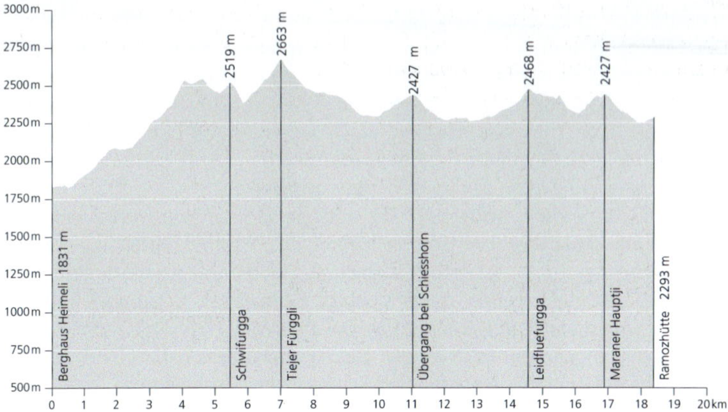

Etappe 255

Wandernd und kletternd zum Aroser Rothorn

Aroser Rothorn – Parpaner Rothorn – Lenzerheide

Ein leichter Anstieg zum Gipfel, ein ausgesetzter Übergang zum nächsten, und sanft hinunter ins Tal.

T6 7 Std. 30 Min. ▶ 12,6 km ▲ 1330 m ▼ 2150 m

Zeit 7½ Std.

Ausgangspunkt Ramozhütte

Endpunkt Lenzerheide Postauto nach Chur und St. Moritz.

Karte 1216 Filisur

Die Route Man steigt von der Hütte auf markiertem Bergweg erst westwärts, dann nordwärts an und erreicht den Südgrat nördlich P. 2789. Ein Schuttrücken führt weiter zum Gipfel.
Der Übergang vom Aroser Rothorn zum Parpaner Rothorn dagegen ist T6 und hat eine Geschichte. «In leichter bis mässig schwerer Kletterei, teilweise bald rechts, bald links etwas ausweichend», steht im Führer von 1925. Einmal wurde der Grat rot-weiss markiert. Nach einem Unfall überstrich man die Wegzeichen grau. Jetzt wird das Rot wieder sichtbar. Der Fels ist gutgriffig und trittfest, einzelne Partien sind wirklich sehr ausgesetzt.
Wer nach Sanaspans absteigen will, rutsche am tiefsten Punkt eine der Schuttrinnen hinab, die vom Grat nach Plang digl Mestgel führen. Auf der linken Talseite steigt man auf einem Teppich aus Blumen und ganz kurzem Gras ab, das macht mehr Freude als der staubige Bergweg vom Parpaner Rothorn. Von Alp Sanaspans wähle man den Bergwanderweg «Zum Wasserfall», er ist zwar etwas länger, aber kurzweiliger. Das ist die kürzere Variante der grossen Gratüberschreitung, die längere führt hinüber zum Lenzer Horn.

Variante: Vom Aroser Rothorn zum Lenzer Horn.
Lenzer Horn, das Horn in der Mitte.
Nach dem SAC Führer wurde der Grat vom Rothorn zum Lenzer Horn schon vor 1925 begangen.

Routencharakter und Schwierigkeit Der Pizza Naira kann westlich ganz umgangen werden. Vom P. 2499 führen Wegspuren auf den Grat P. 2624. Der Grat vom Piz Mosch zum Lenzer Horn ist bei P. 2791 äusserst ausgesetzt, der Fels aber gutgriffig und fest, jedoch mit Grasbüscheln durchsetzt. Man krallt sich hin und wieder an ihnen fest.

Zeit 3–4 Std.

Ausgangspunkt Aroser Rothorn 2980 m

Zwischenziel Lenzer Horn 2906 m

Endpunkt Lenzerheide

Die Route Über einige kleine Felsstufen auf dem Südgrat hinunter in den Sattel vor dem Pizza Naira. Dieser lässt sich zwar überklettern, aber auch grossräumig umgehen bis zum P. 2149 auf Alp Sanaspans. Dort führen Wegspuren zum P. 2674 zum Fuss des Südostgrats des Piz Mosch. Leicht zum Piz Mosch und für ganz Schwindelfreie in einer Genusskletterei an den Fuss des Ostgrats vom Lenzer Horn. Den Gipfelgrat umgeht man über Schutthänge südlich und erreicht auf Wegspuren über den Südgrat den Gipfel.
Kürzer ist der Weg von der Ramozhütte über die Fuorcletta auf die unbenannte Furgga 2615 über Culmet am Nordgrat des Piz Mosch. Die reizvollste Kletterei der Überschreitung zum Lenzer Horn entgeht uns auch so nicht. Er schliesst die Gratwanderung vom Montalin über Chur auf dem Lenzer Horn glanzvoll ab.
Der Abstieg nach Sanaspans über Felsstufen ist gut markiert, aber immer noch sehr ausgesetzt bis auf die blumenreiche Gratschulter vor P. 2550. Dort biegt man nach Osten ab und erreicht Sanaspans.
Der kürzeste Abstieg nach Lenzerheide folgt erst dem Alpweg von der Hütte, biegt bei P. 1872 nicht leicht sichtbar rechts vom Weg ab. Er wird nicht sehr oft begangen, meist steil und zum Teil eingewachsen, alte Markierungen weisen uns durch oft dichte Büsche.

■ Schon im Postauto nach Chur steht der Calanda wieder vor uns. Vor sechs Tagen machen wir uns an seinem Fuss auf den Weg auf den Montalin.

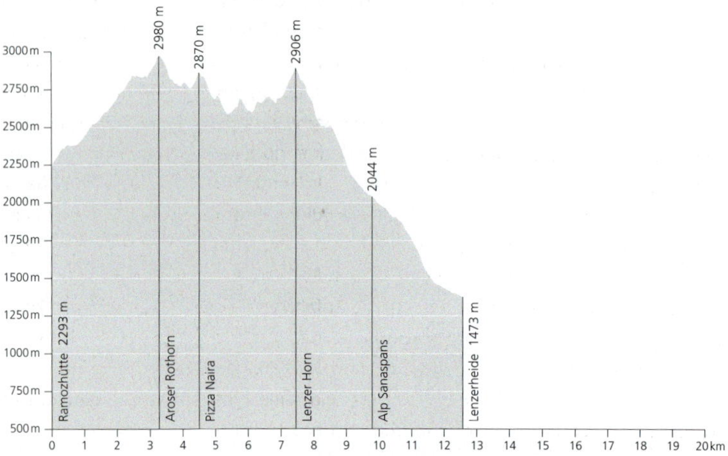

Die Schau vom Horn in der Mitte

Vom Lenzer Horn reicht der Blick bis an die Bündner Grenzen, und am Fuss liegt ein Machtzentrum von Alt Fry Rätien im Mittelalter. Über den scharfen Zacken der Unterengadiner Berge wölbt sich schneeweiss der Ortler, im Süden glänzen Palü und Roseg, im Westen Rheinwaldhorn, Piz Medel und die Kuppe des Tödi. In der ersten Kulisse stehen Piz Grialetsch, Piz Kesch, Piz Platta, Beverin und Calanda. Lai, der Kern von Lenzerheide und Igl Lai, der liebliche See liegen zu unseren Füssen, ein Fichtenwald trennt den Ruheraum vom fast städtischen Zentrum. An den Bergfuss schmiegt sich Vaz/Obervaz, der Hauptsitz der Freiherren von Vaz, die als ihre Grabstätte das Kloster Churwalden auswählten. Ein Baron von Vaz, ein Mann von sonst leichter Lebensart, war bei der Befreiung einer Frau von bösen Geistern zugegen. Darauf änderte er seine Gesinnung, tat Busse und stiftete das Kloster Churwalden. Der Frieden in seiner Seele lag ihm jetzt näher als siegreiche Fehden. Doch was mit dem Kloster nach der Reformation geschah, schreit noch heute zum Himmel. Am Fuss des Lenzer Horns liegen die Stammlande der Freiherren von Vaz. 1330 wird ihr Kernland als ein Güterverband im Raume Vaz Obervaz erwähnt: Eine Kirche um einen Grosshof gruppiert. Das Land war Reichsgut aus der Zeit Karls des Grossen, dessen bedeutendes Standbild im Kloster Müstair steht. Neben dem Bischof von Chur versuchten die Freiherren von Vaz im rätischen Passland für Ordnung zu sorgen. Es gehörte zur Alltagskultur des Mittelalters, Konflikte jeder Art mit Waffen auszutragen. Auch der Konflikt um die Vormacht des Papstes über den Kaiser dienten dem Bischof von Chur und dem Freiherr Donat von Vaz zu einem blutigen Kleinkrieg. Dem Volk aber brachte dieser Entscheid bitteres Leid, denn die Soldaten lebten vom Plündern und Rauben und die Kriegsherren freute es, wie ihre Soldaten vom Siegen belohnt und erfreut und ermutigt für sie in der nächsten Schlacht wieder wacker stritten.1335 flauten die Kämpfe ab. «Wenn man die Auseinandersetzungen zwischen Donat von Vaz und dem Bischof um die landesherrliche Vormacht in Rätien deuten will, muss man den Ausgang als unentschieden bezeichnen, war es doch keiner Partei gelungen, den Gegner zu schlagen» (Werner Meyer). Bleibende Verdienste für Graubünden erwarben sich die Freiherren von Vaz durch die Besiedlung ihres Landes mit Einwanderern aus dem Wallis. Die Macht der Landesherren beruhte allein auf den Rechten über die Menschen, die ihr Land bewohnten. Diese Rechte wurden gehandelt wie heute Aktien. Durch sesshafte Bauern wurden die Zufahrten zu den Pässen sicherer. Zwar hatten die Walser ihr Land selber zu erschliessen, doch die Freiherren boten ihnen die Möglichkeit an, sich selber zu verwalten. Auf diese Freiheitsbriefe sind Walser noch heute stolz. Um 1337 starb Donat von Vaz und seine Erbschaft wurde geteilt. Der Bischofsitz in Chur aber musste als einziger in der Schweiz nie wechseln. PM

Literatur

Club- und Alpinführer aus dem SAC-Verlag zum beschriebenen Gebiet

Manfred Hunziker, *Clubführer Bündner Alpen 3,* 1994

Manfred Hunziker, *Clubführer Bündner Alpen 6,* 2000

Bernard Condrau, *Clubführer Bündner Alpen 8,* 1985

Jachen Egler, Martin Pernet, *Clubführer Bündner Alpen 9,* 1986

Skitourenführer aus dem SAC-Verlag

Vital Eggenberger, *Skitouren Nordbünden*, 2008

Vital Eggenberger, *Skitouren Südbünden*, erscheint Saison 09/10

Wanderführer aus dem SAC-Verlag

Thomas Bachmann, *Wanderfitzig – talein, talaus durchs Göschenertal,* 1999

Bernhard Rudolf Banzhaf, *Alpinwandern Wallis,* 2003

Remo Kundert, Marco Volken, *Alpinwandern Zentralschweiz-Glarus-Alpstein,* 2006

Philippe Metzker, *Alpinwandern • Schweiz – von Hütte zu Hütte,* 2007

Ueli Mosimann, *Alpinwandern • Rund um die Berner Alpen,* 2007

Ueli Mosimann, *Alpinwandern • Zwischen Saane und Reuss,* 2006

Marco Volken, Remo Kundert, Teresio Valsesia, *Alpinwandern Tessin,* 2004

Marco Volken, Remo Kundert, *Alpinwandern Südbünden,* 2007

Sabine und Fredy Joss, *Wanderziel Gipfel – Oberwallis,* 2008

Hüttenführer aus dem SAC-Verlag

Remo Kundert, Marco Volken, *Hütten der Schweizer Alpen,* 2006

Dres Balmer, *Alpinwandern – Wanderziel Hütte,* 2006

Bildquellen

Plaun la Greina, Pizzo Coroi, Aquarell von Bryan Cyril Thurston, Legende Greina, 2008, ©Schweizerische Greina-Stiftung, Zürich: 253

Donatsch Peter: 161, 165

Hans Ott: 89

Paul Meinherz: alle übrigen

Ortsverzeichnis

SAC-Alpinwanderführer, eine Auswahl

Alpinwandern Südbünden
Engadin Müstair Puschlav Bergell Misox

von Marco Volken / Remo Kundert

352 Seiten, mit Routenbeschreibungen
und Farbfotos
2007

ISBN 978-3-85902-259-1

Alpinwandern
Zentralschweiz – Glarus – Alpstein

von Remo Kundert, Marco Volken

Diese Neuauflage beschreibt 55 anspruchsvolle, einsame Wanderungen im Einzugsgebiet der Urner und Glarner Alpen sowie des Säntis, die sich zu vier Trekkings kombinieren lassen.

336 Seiten, mit farbigen Routenkärtchen,
Zeichnungen und Farbfotos
3. Auflage 2006

ISBN 3-85902-246-6

Wanderziel Hütte
Ein Kulturführer zu 50 SAC-Hütten

von Dres Balmer

Immer mehr Bergwanderer steigen in luftige Höhen und entdecken so die Vielfalt der SAC-Hütten: traditionell gemütlich, beunruhigend modern oder beides kombiniert.

288 Seiten, durchwegs vierfarbig bebildert
2006

ISBN 3-85902-250-1

Alpinwandern Schweiz
Von Hütte zu Hütte

von Philippe Metzker

336 Seiten, vierfarbig, mit Routenkärtchen, Streckenprofilen und zahlreichen Fotos,
8. Auflage 2007

ISBN 978-3-85902-263-8

SAC-Alpinwanderführer im Überblick

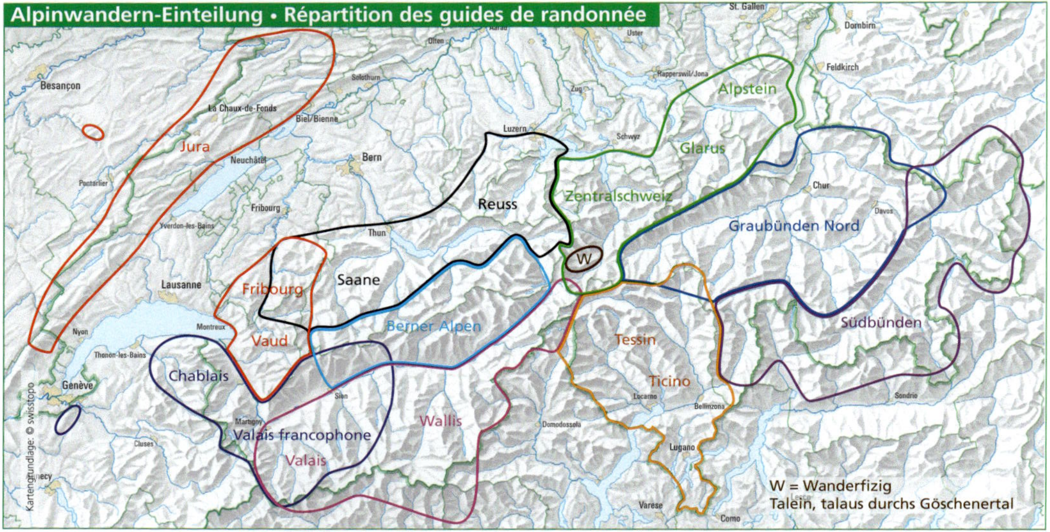

SAC-BÜCHER PROBLEMLOS BESTELLEN: **WWW.SAC-VERLAG.CH**

Erhältlich im Buch- und Sporthandel.